Norbert Ohler

Pilgerstab und Jakobsmuschel

Norbert Ohler

PILGERSTAB UND JAKOBSMUSCHEL

Wallfahren in Mittelalter und Neuzeit

Artemis & Winkler

Die Deutsche Bibliothek-CIP-Einheitsaufnahme

Ohler, Norbert:
Pilgerstab und Jakobsmuschel : Wallfahren in Mittelalter und Neuzeit /
Norbert Ohler. – Düsseldorf ; Zürich : Artemis und Winkler, 2000
ISBN 3-538-07101-2

Satz: Josefine Urban – KompetenzCenter, Düsseldorf
Umschlagmotiv: Unter Verwendung eines Ausschnitts aus
Jean Fouquet († nach 1478), „Rast der Pilger“
(Boccaccio, Des cas des nobles hommes et femmes)
Druck und Bindung: Bercker, Kevelaer
ISBN 3- 538-07101-2

INHALT

© W. Neumeister, München

Abb. 1: Pilger in Santiago de Compostela (1982). Eine junge Frau berührt die den hl. Jakobus tragende Säule an der Stelle, die der Legende nach den Abdruck der Hand Jesu trägt (vgl. Abb. 40).

Abb. 2: Fußwallfahrt von Bocholt zum niederrheinischen Marienwallfahrtsort Kevelaer (1983).

© H. Küpper, Bocholt

VORWORT

Pilgerreisen gibt es in vielen Religionen. In diesem Buch geht es um Wallfahrten im Abendland, in der von Rom geprägten lateinischen Christenheit.

Wer eine Wallfahrt unternimmt, unterwirft sich einem zeitweiligen Ausnahmezustand; er verläßt die Heimat und bricht in die Fremde auf. Das Wort ›Pilger‹ spiegelt solche Gegebenheiten; wie französisch *pèlerin* und englisch *pilgrim* geht es auf ein lateinisches Wort zurück: *peregrinus* bezeichnet den Fremden, der außerhalb des Gebietes lebt, in dem er Bürgerrecht hat.

Kranke und Gesunde, Arme und Reiche, Verzweifelte und Glückliche sind seit dem vierten nachchristlichen Jahrhundert unterwegs, um an heiligen Stätten Gott zu loben, Hilfe zu erflehen, Dank zu sagen, Schuld zu sühnen. Vielen erlaubte die Pilgerfahrt, dem Alltag zu entfliehen oder sich andernorts nach besseren Lebensbedingungen umzuschauen.

Wallfahrten bilden in der europäischen Geschichte ein ›Element langer Dauer‹ (F. Braudel). Begünstigt wurden sie dadurch, daß Europa schon Jahrhunderte vor dem Bau moderner Verkehrswege mit einem Netz von Wegen überzogen war, auf denen Pilger die Strapazen mit Kaufleuten, wandernden Scholaren und anderen Reisenden teilten. Angesichts vielfältiger Gefahren verbanden sich Männer und Frauen auf den Wegen nach Jerusalem, Rom oder Santiago, nach Aachen, Canterbury oder Einsiedeln mit Schicksalsgefährtinnen und Leidensgenossen.

Bis zur Jahrtausendwende dürfte die Zahl einzelner, spontan aufbrechender Pilger überwogen haben; seit dem Hochmittelalter gab es mehr und mehr von langer Hand vorbereitete, insgesamt risikoärmere, kollektive Wallfahrten. Im Spätmittelalter ging der Anteil der Fernwallfahrer zurück, mancherorts unter dem Druck der Obrigkeit. Das gilt erst recht für Länder, die sich im 16. Jahrhundert der Lehre der Reformatoren anschlossen. Aber auch wenn der alte Glaube sich behauptete, wurden Wallfahrten eingeschränkt, oft sogar verboten. Sofern noch Fernwallfahrten ausgeführt wurden, änderte sich deren Charakter; nicht selten gingen sie unmerklich in Bildungs-, Vergnügungs- oder Abenteuerreisen über.

Zu einer Polarisierung der Urteile über Pilgerreisen kam es jedoch nicht erst im 16. Jahrhundert im Gefolge der Reformation. Schon seit der Frühzeit des Christentums gab es neben freudiger Zustimmung zum Wallfahrtswesen leidenschaftliche Ablehnung. Eine schwere Krise brachte die Aufklärung im 18. Jahrhundert, auch in katholischen Ländern. Im 19. Jahrhundert begünstigte die Wiederentdeckung von Werten im christlichen Brauchtum und die – oft genug romantische – Verklärung des Mittelalters einen neuerlichen Aufschwung des Wallfahrtswesens. Lange Erfahrungen des Katholizismus und der Bau eines bald europaweiten Eisenbahnnetzes machten es möglich, rasch und preiswert Großwallfahrten und Massenreligiosität in ganz neuen Dimensionen zu organisieren; stellvertretend für traditionelle und neue Pilgerfahrten seien Wallfahrten nach Rom und Lourdes genannt.

Weltkriege und weitverbreitete Not dämpften die Pilgerfreude in der ersten Hälfte des 20. Jahrhunderts. Seit den 1960er Jahren ist ein zunächst zaghafter, dann lebhafter Aufschwung des Pilgerwesens zu beobachten. Die ökumenische Bewegung führte dazu, daß Wallfahrten ihren Charakter als offensives Bekenntnis gegen die Neugläubigen verloren. Einzeln oder in Gruppen brechen heute auch evangelische Christen auf, um im Heiligen Land Christus zu ehren oder auf dem Weg nach Santiago den Aposteln nahe zu sein.

Für dieses Buch werden Chroniken, Lebensbeschreibungen, Berichte vom wunderbaren Wirken einzelner Heiliger ausgewertet; Abbildungen liefern Ergänzungen zu Bereichen, für die die Verfasser schriftlicher Werke sich nicht interessierten. Wiederholt wird ein ›Pilgerführer‹ nach Santiago aus der Mitte des 12. Jahrhunderts herangezogen, der anschauliche Einzelheiten bringt, die auch für andere Orte und Zeiten gelten. Aus diesen vielfältigen Quellen wird das Buch ein idealtypisches Bild vom grauen Alltag und von lichten Festtagen der Pilger entwerfen; kein Einzelner wird all das erfahren, geschweige denn bewußt erlebt haben, was unterschiedliche Schriften und Bilder von Pilgern berichten. Zudem halten viele Quellen eher das Außergewöhnliche fest. Wären Widrigkeiten, Unzulänglichkeiten und Verbrechen so verbreitet gewesen, wie sie nach Ausweis mancher Quelle erscheinen, hätten kaum Millionen von Menschen das Risiko einer langen Reise auf sich genommen, viele gar mehrmals in ihrem Leben. Wahrscheinlich hatten Pilger häufiger Anlaß zur Freude, als in schriftlichen Zeugnissen sichtbar wird. Dem Frommen konnte jeder Tag zum Fest werden, an dem er sich auf den Spuren Jesu wußte, an dem er der heiligen Stätte näher kam, oder Widrigkeiten des Reisens als Buße annahm.

Vieles von dem, was hier zu Wallfahrten gesagt wird, trifft für Reisen und Reisende ganz allgemein zu, von der Antike bis in die Gegenwart. Hinsichtlich der Fortbewegung kam es erst im 19. und 20. Jahrhundert zu einem revolutionären Umbruch, als zunächst Eisenbahn und Dampfschiff, dann Kraftfahrzeug und Flugzeug das Reisen erleichterten und beschleunigten. Dank rasch sinkender Transportkosten konnten immer mehr Menschen auch ferne Pilgerziele aufsuchen. Dennoch verzichten nach wie vor Einzelne und Gruppen bewußt auf Annehmlichkeiten moderner Verkehrsmittel. Auf den Wegen zu fernen heiligen Stätten begegnet man Pilgern, die wochenlang *per pedes Apostolorum* reisen wollen, ›zu Fuß wie die Apostel‹. Und wer sich an Wallfahrtsorten umschaut, findet auch heute Menschen, die für eine außergewöhnliche Gnade danken wollen, sieht Mühselige und Beladene, denen kein Arzt helfen kann und die hier wenn schon nicht Heilung, so doch Trost zu finden hoffen.

Das Buch bildet die zweite Fassung von ›Pilgerleben im Mittelalter. Zwischen Andacht und Abenteuer‹, das 1994 in Freiburg erschienen und seit langem vergriffen ist. Gern hat der Autor das Angebot des Verlages Artemis & Winkler angenommen, das Buch zu überarbeiten und zu ergänzen, vor allem um charakteristische Einzelheiten zu Wallfahrten in der Neuzeit. Das Buch wendet sich in erster Linie an Leser, die gern wissen möchten, wie man sich Pilgerfahrten in der Vergangenheit vorzustellen hat. Wer aus Anlaß des Heiligen Jahres 2000 nach Rom pilgert, wird überraschende Kontinuitäten durch die Jahrhunderte feststellen; man denke an die Mühen bei der Quartierbeschaffung, Gedränge und Hetze sowie Sorge vor

Übeltätern. Sollte das Buch beim Leser ein freundliches Echo finden, so sähe der Autor sich für manche Mühe belohnt.

EINLEITUNG

»Seine Eltern reisten jedes Jahr zum Paschafest nach Jerusalem«, heißt es in einem altbekannten Pilgerbericht; der Evangelist fährt fort (Lk 2, 41–45): »Auch als Jesus zwölf Jahre alt geworden war, zogen sie hinauf, wie es dem Festbrauch entsprach. Nachdem die Festtage zu Ende waren, machten sie sich auf den Heimweg. Der junge Jesus aber blieb in Jerusalem, ohne daß seine Eltern es merkten. Sie meinten, er sei irgendwo in der Pilgergruppe, und reisten eine Tagesstrecke weit; dann suchten sie ihn bei Verwandten und Bekannten. Als sie ihn nicht fanden, kehrten sie nach Jerusalem zurück und suchten ihn dort«.

Lukas erzählt hier von einem Brauch, den die damals über die Länder des Mittelmeerraumes, des Nahen und Mittleren Ostens verstreuten Juden mit Eifer pflegten. Wer es eben einrichten konnte, zog Jahr um Jahr nach Jerusalem, um dort zusammen mit Verwandten und anderen Angehörigen des eigenen Volkes das höchste Fest zu feiern. Erst recht machten sich fromme Juden, die nur wenige Tagereisen entfernt wohnten, auf den Weg. Von Nazareth aus, dem Heimatort Jesu, rechnete man drei Tage; das entspricht einer durchschnittlichen Leistung von mehr als dreißig Kilometern pro Tag. Da das Paschafest nach dem ersten Frühlingsvollmond gefeiert wurde, konnte es nachts noch recht kalt werden – was Hitze tagsüber nicht ausschloß.

Lukas entwirft ein anschauliches Bild der Wallfahrt. Wenn möglich nahm man Kinder mit; so wuchsen sie in eine ihrem Volk heilige Tradition hinein; auch lernten sie ihre weitere Heimat kennen. Man reiste in einer Gruppe von Verwandten und Nachbarn, die einander kannten. Eltern mußten deshalb nicht genau auf ihre Kinder achtgeben; Weggefährten dürften sich darum gekümmert haben, daß die Kinder ausreichend zu essen und zu trinken hatten. Deshalb konnte es geschehen, daß Eltern – wie Lukas es erzählt – erst in Sorge gerieten, als sie ein wahrscheinlich traditionelles Quartier für die

Nacht aufsuchten. Ihnen blieb nichts anderes übrig, als den Weg zurück zu gehen bis zu dem Punkt, an dem sie den Sohn das letzte Mal gesehen hatten, und das hieß in diesem Fall: ihn im Getümmel der großen Stadt Jerusalem zu suchen.

Abb. 3: Die Heilige Familie auf dem Weg (Ende 11. Jh., Salerno, Dom). Josef hat den Stock geschultert, an dem eine Wasserflasche hängt (vgl. Abb. 19). Anders als im Orient üblich, reitet die Frau, und der Mann geht zu Fuß – ein Hinweis auf die Achtung, derer sich die Frau im Abendland erfreute.

In biblischen Erzählungen wie diesem Bericht des Evangelisten Lukas finden christliche Pilger seit fast zwei Jahrtausenden Vorbilder.[1] Wie Jesus und seine Eltern sind sie unterwegs zur heiligen Stätte. Die uns vorliegenden Quellen kennen noch viele andere biblische Gestalten, denen Pilger nacheifern wollten: Sie waren unterwegs wie Adam, der das Paradies verlassen mußte; wie Israels Stammväter Abraham, Isaak und Jakob, die keine feste Heimat hatten; wie Josef, der ins fremde Land Ägypten verkauft wurde; wie das Volk Israel, das durch die Wüste ziehen mußte; wie die Weisen aus dem Morgenland, die den neugeborenen Messias suchten; wie Jesus und die Apostel, die durch das Land wanderten; wie die Jünger von Emmaus, die der Auferstandene unerkannt begleitete …

»Nach einem Pilgermarsch von 2400 Kilometern ist am Wochenende der 72 Jahre alte Kölner Hubert Winterscheidt in dem nordwestspanischen Wallfahrtsort Santiago de Compostela eingetroffen. Der Wanderer legte zunächst in fünf Wochen die 1400 Kilometer lange Strecke von Köln bis zum südfranzösischen Wallfahrtsort Lourdes zurück und dann in vier Wochen den Weg nach Santiago in Galicien.«

Auch diese Kurzmeldung der Deutschen Presseagentur aus dem Jahre 1981 sei genauer betrachtet.[2] Der rüstige Kölner stand in jahrtausendealten Traditionen, da er ferne Pilgerziele zu Fuß erreichen wollte. Wenn man dem Bericht folgt, hat er täglich vierzig Kilometer zurückgelegt, um die Strecke in fünf Wochen zu schaffen – eine respektable Leistung. Sie bedeutet den Verzicht auf Ruhetage oder noch höhere Leistungen an ›Marschtagen‹.

Obwohl der Christ nicht zu einer Wallfahrt verpflichtet ist, entschlossen sich immer wieder Menschen, in der Nachfolge Jesu sowie anderer biblischer und nachbiblischer heiliger Männer und Frauen, in die Unsicherheit der Fremde aufzubrechen. Im Folgenden möchten wir Fragen nachgehen, die sich daraus ergeben: Warum unternahm man Wallfahrten? Wer waren die Pilger? Wie standen die Pilger und ihre Mitmenschen, wie standen kirchliche und weltliche Obrigkeiten zum Wallfahrtswesen? Wann reiste man? An was sollte man vor dem Aufbruch denken? Womit mußte man unterwegs rechnen? Wo fand man Unterkunft? Was erwartete einen am Ziel? Welche Folgen hatten Pilgerfahrten für das Denken Einzelner und für die abendländische Völkergemeinschaft?

© dpa

Abb. 4: Papst Johannes Paul II. schreitet am 24. Dezember 1999 durch die Heilige Pforte im Petersdom zu Rom. In feierlicher Zeremonie hat der Papst die Heilige Pforte geöffnet. Das 79-jährige Kirchenoberhaupt berührte die Bronzetür mit beiden Händen, worauf Helfer diese von innen aufzogen. Dies markiert den Beginn des Heiligen Jahres, das die katholische Kirche alle 25 Jahre feiert. Millionen Menschen in aller Welt verfolgten den Ritus live im Fernsehen.

I. DER HINTERGRUND

Ereignisse und Zusammenhänge, die in diesem Buch erwähnt werden, sollen in Umrissen in die ›allgemeine Geschichte‹ eingeordnet werden können. Deshalb seien für das Thema bedeutsame Gegebenheiten aufgezeigt.

An erster Stelle seien positive Faktoren genannt, die Raum und Klima boten. Die starke Gliederung Europas begünstigte das Reisen, sogar über weite Entfernungen. Denn viele Orte liegen in der Nähe des Meeres oder schiffbarer Seen und Flüsse; zu ihnen gehörten nicht nur Ströme wie Rhein und Donau, sondern auch die Loire und sogar die Ill im Elsaß. Hochgebirge gliedern den Raum; sie waren lange Zeit siedlungsleer und daher verkehrsfeindlich. Und doch hatten die Menschen seit unvordenklichen Zeiten selbst hier Wege gefunden, dann gebahnt. Die Alpen, um ein Beispiel zu nennen, weisen in der für Wallfahrer wichtigen Nord-Süd-Richtung zahlreiche Pässe auf, von denen mindestens der Brenner mit 1371 Metern Scheitelhöhe auch im Winter leidlich passierbar war. Es ist bezeichnend, daß auf der Karte, die Erhard Etzlaub Ende des Mittelalters von Europa anfertigte und auf der alle Wege nach Rom führen, die Alpen nicht als verkehrsfeindliche Barriere erscheinen. Beiläufig festgehaltene Worte aufmerksamer Zeitgenossen bestätigen diese Beobachtung. So fand Michel de Montaigne auf seiner Italienreise 1580/81 einzig den Staub auf dem Brenner bemerkenswert.[3] Dem entspricht eine Äußerung Grimmelshausens (†1676): »Solchergestalt überwanden wir das hohe Gebirge und kamen miteinander in das fruchtbare Italia«.[4]

Als ausgesprochen reisefreundlich erwiesen sich ferner das milde Klima und die relative Sicherheit vor Naturkatastrophen. Mißernten und Hungersnöte, die es selbstverständlich auch in Europa gegeben hat, waren meist regional und zeitlich begrenzt. Erd- und Seebeben, gewaltige Überschwemmungen, Dürre, Wirbelstürme, die in anderen Kontinenten zum Alltag gehören, blieben in Europa die Ausnahme. Die Große Pest in der Mitte des 14. Jahrhunderts hat sich wohl auch deshalb den Menschen so nachhaltig eingeprägt, weil man an Unglück derartigen Ausmaßes nicht gewöhnt war.

Das Christentum hatte sich in den ersten drei Jahrhunderten im Römischen Reich ausgebreitet, von Ägypten bis nach Nordengland, von Nordwestafrika bis in das Zweistromland, wenn nicht gar bis nach Indien. Schriftliche und archäologische Quellen zeugen davon, daß sich in den Umbrüchen der Völkerwanderungszeit Gemeinden an Rhein und Donau gehalten haben; sie gaben den christlichen Glauben an die neuen Herren weiter, die als Eroberer erschienen oder langsam in das Römische Reich einsickerten. In einem Jahrhunderte dauernden Prozeß wurde der größte Teil Europas für das Christentum römischer Prägung gewonnen.

Wallfahrern kam zugute, daß sie in einem religiös homogenen Raum reisen konnten. Wer sich zum christlichen Glauben bekannte, sollte sein Verhalten am Evangelium ausrichten. Zu den hier genannten Idealen, die für Pilger eine unschätzbare Hilfe bedeuteten, gehörte das Gebot, im Fremden Jesus selbst aufzunehmen (Mt 25, 35) und Menschen in Not zu helfen, wie es der Barmherzige Samariter getan hatte (Lk 10, 30–37).

Wenn der Pilger unterwegs einen Gottesdienst besuchte, konnte er sich ein wenig wie zu Hause fühlen: Die Gebete, die Architektur von Kirchen und Kapellen, Bilder zur Erläuterung der Heilsgeschichte, die Farben der Meßgewänder, die Gesten des Priesters waren allenthalben einander recht ähnlich. Selbst wer den genauen Sinn nicht verstand, konnte in das *Kyrie eleison* und in das *Pater noster* einstimmen und mit den Einheimischen zusammen, und oft mit mehr Grund als diese, den Herrn um Erbarmen und Gott um das tägliche Brot bitten.

Latein war die Sprache auch der Gebildeten. Diesen stand somit ein Medium zur Verfügung, in dem sie sich unter ihresgleichen überall in Europa verständigen konnten. Weitere Gemeinsamkeiten im Bereich von Recht, Wirtschaft und Gesellschaft sollen im Laufe der Darstellung noch zur Sprache kommen.

Zwar machten Fehden und Kriege, Seuchen und Räuberbanden das Reisen gefährlich; doch manche Entwicklung kam Pilgern zugute und erhöhte ihre Sicherheit unterwegs. In jahrhundertelanger Mühsal formten Millionen meist anonym bleibender Menschen die Natur- zu einer Kulturlandschaft um; Klöster trugen dazu bei, einzelne Siedlungsinseln zu vernetzen. In manchen Landstrichen lagen Dörfer seit der Völkerwanderung in Rufweite, Klöster nicht selten im Abstand einer Tagereise voneinander entfernt; seit dem 11. Jahrhundert kamen immer mehr Städte dazu. In Italien, Frankreich, den Niederlanden, West-, Mittel- und Süddeutschland reiht sich oft im Abstand von wenigen Kilometern eine Stadt an die andere. Wer sich in Europa auskannte, wußte um Unterschiede zu anderen Ländern; je weiter man nach Osten kam, desto größer wurde der Abstand zwischen den einzelnen Siedlungen.

In einem dünn besiedelten Raum mußte man mit unliebsamen Zwischenfällen rechnen, die die Reisezeit verlängerten: Hier war ein Weg verschüttet und nicht freigeräumt, dort der Fährmann gestorben, ohne daß sich ein Nachfolger gefunden hätte. War ein Land dicht besiedelt, waren viele Menschen unterwegs; dann lohnte es sich, die Gunst des Raumes zum Landesausbau zu nutzen; unter Einsatz von Kapital und Arbeit wurden Straßen gebaut, Brücken unterhalten, Herbergen eingerichtet. An solchen Verbesserungen der Infrastruktur waren in erster Linie Herrscher, Krieger und Kaufleute interessiert, ferner Handwerker, die seit dem Spätmittelalter oft eins von drei Lehrjahren auswärts verbringen sollten, nicht zuletzt Wallfahrer. Zu Beginn der Neuzeit war der Verkehr im ›Rhein-Main-Dreieck‹ schon so dicht, daß zwischen Frankfurt und Mainz ein »Früheschiff« fuhr, auf dem Albrecht Dürer im Jahre 1521 in die Niederlande reiste.[5] Die Bezeichnung läßt ein ebenso regelmäßig verkehrendes Spätschiff erwarten.

Je mehr Menschen ein Land bewohnten, desto rascher kam man voran. Denn auch Pilger durften davon ausgehen, in absehbarer Zeit Hilfe zu finden, etwa in einem Kloster oder bei einem Hirten. Im Gebirge bauten selbstlose Menschen Hospize, um Reisenden beistehen zu können. In Städten wurden Spitäler und Bruderschaften gegründet, oft eigens für durchreisende Pilger.

Straßen und Pfade verbanden Städte und Dörfer, Burgen und Klöster; vielerorts war das Netz von Siedlungen und Wegen im Spätmittelalter so dicht, daß ausweichen konnte, wer hörte, daß hier eine Gefahr lauere, dort eine Brücke fortgeschwemmt sei. An Wallfahrten Interessierte hatten viel zur Verbesserung der Infrastruktur beigetragen; der schon erwähnte ›Pilgerführer‹ geht so weit zu sagen, die Erbauer von Straßen, Brücken und Spitälern hätten sich das Himmelreich verdient – nicht anders als Heilige.[6]

Seit der Jahrtausendwende beschleunigte sich die Entwicklung. Das Wachstum der Städte, Ostsiedlung, *Reconquista* und Kreuzzugsbewegung zeugen auch von der Zunahme der Bevölkerung. Gleichzeitig kam es im sozialen und gewerblichen Bereich zu einer Differenzierung, vor allem in den Städten. Einzelnen und Gruppen gelang es, ihre Unfreiheit nach und nach abzustreifen, so daß sie schließlich als ›Freie‹ selber darüber bestimmen durften, wo sie leben und wie sie arbeiten wollten. Das galt für Bewohner auf dem Lande, Angehörige bestimmter Gewerbe (z. B. Bergleute), vor allem aber für Städter.

Im Frühmittelalter waren noch relativ wenige Menschen unterwegs; Gastfreundschaft wurde ihnen meist unentgeltlich gewährt. Seit der Jahrtausendwende nahm die Zahl der Reisenden rasch zu, nicht zuletzt dank organisierter Wallfahrten. Die Scharen, die nun die Straßen bevölkerten, waren nicht mehr für ein Vergelt's Gott zu beherbergen. Auch nördlich der Alpen wurden nun gewerbliche Gasthäuser eingerichtet. Doch noch in unseren Tagen nehmen Klöster, Spitäler und Privatpersonen Pilger unentgeltlich auf.

Schon seit dem 11. Jahrhundert (Gottesfriedensbewegung) und verstärkt seit dem 13. Jahrhundert waren die sich langsam festigenden Territorialherrschaften sowie Städte, Kaufleute und Pilger, Humanisten und Künstler daran interessiert, daß auf öffentlicher Straße das Recht herrschte. Einzelheiten zu diesem für Pilger so wichtigen Bereich sollen in einem späteren Kapitel folgen; jedoch sei schon hier gesagt: So locker das Messer bei vielen saß, so fest legte sich nach kurzem Prozeß mitunter der Strick um den Hals des Missetäters. Sicherer – und unterhaltsamer! – reiste man auf jeden Fall in Gesellschaft; Pilger schlossen sich deshalb zusammen oder anderen Reisenden an.

Abb. 5: Pilgerbrücke im nordspanischen Canfranc. Ist hier überhaupt eine Brücke nötig? Der weite Bogen zeigt, daß das schmale Rinnsal kräftig anschwellen kann. Steinerne Brücken, langlebiger als solche aus Holz, mußten nicht nur für viel Geld gebaut, sondern auch unterhalten werden.

Grenzen, wie es sie zwischen Reichen und Herrschaften gab, störten nur wenig den normalen Verkehr. Zwar stieg am Rhein die Zahl der Zollstationen vom Ende des 12. bis zum Ende des 15. Jahrhunderts von etwa 20 auf mehr als 60 an.[7] Doch wirkten sie eher wie Nadelstiche, als daß sie ernsthaft den Verkehr behindert hätten; die Abgaben waren meist maßvoll, und ein selbstbewußter Mann wie Dürer verweigerte sie gelegentlich mit Erfolg.[8]

Eine Hilfe, die Menschen in früheren Jahrhunderten nicht zur Verfügung gestanden hatte, gab es seit dem Spätmittelalter. Anhand gedruckter, daher preiswerter Karten konnte man sich ein Bild von der Weite, oft sogar von Schwierigkeiten einer Reise machen; was Fluß- und Gebirgsübergänge anging, war man deshalb nicht mehr auf vage Informationen angewiesen. Auf der schon erwähnten Romwegekarte Erhard Etzlaubs, die Mitteleuropa und Italien abdeckt, kann man »die Entfernungen der Städte und der Flußläufe« ablesen.[9] Etzlaub deutet Straßen zwischen bedeutenden Orten durch eine Folge von Punkten an; das Intervall zwischen zwei Punkten entspricht einer deutschen Meile (hier mit 10 000 Schritt angegeben, etwa 7,4 Kilometer). Um eine Entfernung zu bestimmen, brauchte man also nur die Intervalle zwischen zwei Orten auszuzählen. Ein Maßstab am Rand ergänzt die Karte.

Je mehr Menschen unterwegs waren, desto sicherer wurden auch Seereisen. Das läßt sich aus der Tatsache schließen, daß Jerusalempilger aus Mitteleuropa gern in Venedig an Bord gingen. Wäre der Weg zu Lande günstiger gewesen, hätten sie mindestens bis Bari in Unteritalien die Straße gewählt. Als Columbus im Oktober 1492 in See stach, um westwärts segelnd das im Osten gelegene Indien zu erreichen, standen ihm hochseetüchtige Schiffe und modernes nautisches Gerät zur Verfügung; mit Jakobsstab, Astrolabium, Quadrant, Kompaß, Zeitmesser, Karte konnte er weit besser als frühere Seefahrer Position und Route seiner Schiffe bestimmen. Er wußte um Winde und Strömungen; er wußte auch, wie lange er für die etwa 1 500 Kilometer bis zu den (bereits der spanischen Herrschaft unterworfenen) Kanarischen Inseln brauchen würde.[10] Damit sollen sein und seiner Leute Wagemut nicht geschmälert werden. Als letzte Rettung in Seenot, in der die Schiffe hilflos Wind und Wellen ausgeliefert waren, kannte auch Columbus, wie wir noch erfahren werden, nur noch das Gelübde einer Wallfahrt.

2. EINE VIELZAHL VON ZIELEN

In der ausgehenden Antike pilgerten Christen vornehmlich ins Heilige Land sowie zu den Gräbern der Apostel und Märtyrer. Dann suchten die Gläubigen immer mehr heilige Stätten auf. Für die Franken war der hl. Martin, Soldat und Bischof, so etwas wie ein ›Nationalheiliger‹; zu seinem Grab nach Tours zogen Könige und einfache Leute. Auch andere Völker hatten zeitweise ein besonders inniges Verhältnis zu ›ihrem‹ Heiligen, die Iren zu Patrick, die Deutschen zu Bonifatius, die Engländer zu Thomas Becket, die Norweger zu Olaf, die Ungarn zu Stephan, die Böhmen zu Wenzel, die Schweizer zu Bruder Klaus; dieser hatte 1480/81 die seinerzeit noch junge Eidgenossenschaft vor Bruderkrieg bewahrt.[11] Die Verehrung solcher Heiliger spielte eine große Rolle bei der Ausbildung eines Gruppen übergreifenden Zusammengehörigkeitsbewußtseins.

Jerusalem, Rom, Santiago…

Palästina und Jerusalem sind den Christen seit der frühen Kirchengeschichte heilig, weil Jesus hier gelebt und gelitten hatte, weil er hier gestorben und auferstanden war. Im Mittelalter konnten Pilger das Heilige Land im 12. und 13. Jahrhundert recht ungestört aufsuchen, als die Kreuzfahrer hier politisch-militärische Gewalt ausübten. Vorher und später mußte man mit Belästigungen durch örtliche Banden rechnen, vielleicht auch mit Behinderungen durch muslimische Machthaber; doch selbst wenn die Kreuzfahrer dafür sorgten, daß Pilger leidlich sicher kommen und gehen konnten, drohten auf dem Meer Gefahren durch Elementargewalten, mehr noch durch christliche und muslimische Seeräuber. 1291 mußten die Kreuzfahrer ihre letzten Stützpunkte im Heiligen Land räumen. Spätestens von da an war eine Wallfahrt nach Jerusalem wieder mit besonderen Schwierigkeiten verbunden.

Nutznießer dieser Entwicklung wurden Wallfahrtsorte in Europa. Denn Millionen von Pilgern waren weiterhin entschlossen, ferne Ziele aufzusuchen. Die Päpste trachteten danach, diesen Strom nach Rom zu lenken, von wo aus sie die abendländische Christenheit lenkten. Rom galt ebenfalls als Heilige Stadt, ruhten hier doch die Apostelfürsten Petrus und Paulus sowie zahllose Märtyrer. Erstmals rief Papst Bonifaz VIII. das Jahr 1300 zum ›Heiligen Jahr‹ aus, in dem den Pilgern besonders viele Gnaden verheißen wurden; weitere Heilige Jahre folgten nach fünfzig, später dann alle fünfund-

Abb. 6: Der hl. Jakobus (15. Jh., Kupferstich von Martin Schongauer). Der Heilige wird hier so dargestellt, wie Pilger oft gereist sind: barfüßig. An Kragen und Hut trägt er ›sein‹ Pilgerzeichen, die Muschel (vgl. Abb. 13 und 21). Zu seinen Füßen Pilger mit den typischen Stäben, die zwischen den beiden Knäufen leicht in der Hand gleiten. Links oben ein Hinweis auf die Rettung des zu Unrecht Gehenkten.

zwanzig Jahre und aus besonderen Anlässen. Der kürzere Abstand erlaubte vielen, wenigstens einmal in ihrem Leben das Heilige Jahr in Rom zu erleben. Vergleichbare, bei den Pilgern überaus beliebte Höhepunkte kannte man, in kürzeren Abständen, in Aachen, Einsiedeln, Santiago und Trier.[12]

Die dritte ›große Wallfahrt‹ führte nach Santiago de Compostela, wo Jakobus der Ältere geehrt wurde. Der Überlieferung nach hatte er als erster Apostel das Martyrium erlitten; seine sterbliche Hülle soll auf wunderbare Weise in den Nordwesten der Iberischen Halbinsel gekommen sein. Seit der Jahrtausendwende zogen immer mehr Pilger von nah und fern zu seinem Grabe. In Santiago feierte und feiert man ›Heilige Jahre‹, wenn das Fest des Apostels, der 25. Juli, auf einen Sonntag fällt, zuletzt in den Jahren 1993 und 1999. Auch andernorts wurden bestimmte Jahre besonders festlich begangen, so etwa jedes siebte in Aachen, auf das bis weit in die Neuzeit die sakrale Aura Karls des Großen ausstrahlte. Die hier Heiltümer genannten Reliquien – unter ihnen Windeln und das Lendentuch Jesu – wurden im siebten Monat und sieben Tage lang gezeigt.[13]

... und tausend andere heilige Stätten

Im Laufe des Mittelalters werden immer mehr Heilige verehrt; entsprechend wuchs die Zahl der Wallfahrtsstätten. ›Auf Kosten‹ von Märtyrern und Bekennern nahm die Verehrung der Muttergottes zu. Bald gab es allenthalben Wallfahrtsorte, an denen Maria erschienen war oder wo eine Reliquie oder ein Gnadenbild von ihr in hohem Ansehen stand; genannt seien Altötting, Chartres, Kevelaer, Loreto, Mariazell, Montserrat, Rocamadour, Tschenstochau, Walsingham. Von den Wallfahrtsorten, die im deutschen Sprachraum überregionale Bedeutung gewannen, seien Aachen genannt sowie Einsiedeln; der Legende nach hat Christus hier im Jahre 948 unter Assistenz von Engeln eine Kapelle geweiht.[14] Verehrt wurden in Köln die hl. Drei Könige, in Thann/Oberelsaß der hl. Theobald, in Trier der Apostel Matthias, in Wilsnack (Brandenburg) das Heilige Blut. Auch aus fernen Orten pilgerten Menschen nach Siegburg zum Grab Annos (Erzbischof von Köln, †1075) sowie nach Marburg zum Grab Elisabeths

(Landgräfin von Thüringen, †1231). Gelegentlich bildeten Heilige eine Art Genossenschaft; so jedenfalls läßt sich die Verehrung deuten, die vierzehn Heilige seit 1445/48 in Franken fanden. In der Regel zählen dazu Achatius, Aegidius, Barbara, Blasius, Christophorus, Cyriacus, Dionysius, Erasmus, Eustachius, Georg, Katharina, Margareta, Pantaleon und Vitus; an die Stelle des einen oder der anderen dieser Nothelfer mag hier und dort Florian oder Leonhard treten.[15] Daß unter den vierzehn nur drei Frauen sind, ist kein Zufall; Frauen hatten bis in die jüngste Vergangenheit geringere Chancen als Männer, zur Ehre der Altäre erhoben zu werden.[16]

Die Vielfalt von Pilgerzielen sei an einem Beispiel aufgezeigt.[17] Testamentarisch verfügten Lübecker Bürger im Spätmittelalter (mindestens) 704 Stellvertreter-Wallfahrten nach (mindestens) 42 Orten (in Klammern die Häufigkeit dieser Fahrten): Jerusalem (25), Rom (76), Santiago de Compostela (46); auch die folgenden Ziele hatten ein europaweites Einzugsgebiet: Aachen (128), Canterbury (1), Einsiedeln (72), S. Josse (in der Pikardie/Frankreich; 18), Köln (5), Rocamadour (in Südwestfrankreich; 3), Thann (111), Trier (12), Trondheim (Norwegen; 4), Walsingham (England; 1), Wilsnack (124). Bei weiteren Zielen denken wir kaum an Wallfahrtsorte: Güstrow (5), Hamburg (1), S. Hulpe (bei Göttingen; 6), Königslutter (5), Osnabrück (2), Ratzeburg (1); in größerer Ferne: Beverley und Bridlington (beide in England; je 1), Finisterre (unweit Santiago de Compostela; 1) usw.

Zu den Pilgerzielen, die seit dem ausgehenden Mittelalter erst richtig aufblühten, gehört Loreto; im 16. Jahrhundert wurde es einer der bedeutendsten Wallfahrtsorte Europas.[18] Als Marienwallfahrtsorte mit nun schon weltweiter Ausstrahlung kamen 1858/62 Lourdes in Südfrankreich und 1917/30 Fatima in Portugal dazu.[19]

Warum ausgerechnet hierhin oder dorthin?

Die geographische Verteilung der Pilgerziele wirft Fragen auf, die sich bestenfalls annäherungsweise beantworten lassen: Warum zogen im Spätmittelalter so viele Lübecker nach Thann und eher wenige nach Köln? Immerhin gab es in Lübeck zeitweise eine Drei-

Abb. 7: Zu den besonders verehrten Heiligen zählten im Mittelalter Martin von Tours, Christophorus, Ursula und ihre Gefährtinnen, Felicitas. Zwar konnte man zu jedem Heiligen flehen, doch wurden vierzehn Nothelfer besonders verehrt, unter ihnen der hl. Christophorus; den rief man an, wenn ein Gewässer zu durchwaten oder ein Strom zu überqueren war. Hilfe des hl. Martin war gefragt, wenn man mit unzulänglicher Kleidung von Kälte überrascht wurde. Bildliche Darstellungen von Ursula und ihren Gefährtinnen zeigen, wie selbstverständlich auch Frauen reisten.

Abb. 8: Wallfahrtsorte und-routen in Antike und Mittelalter (aus: Atlas zur Kirchengeschichte, S. 18). Das Abendland war mit einem Netz von Wegen überzo-

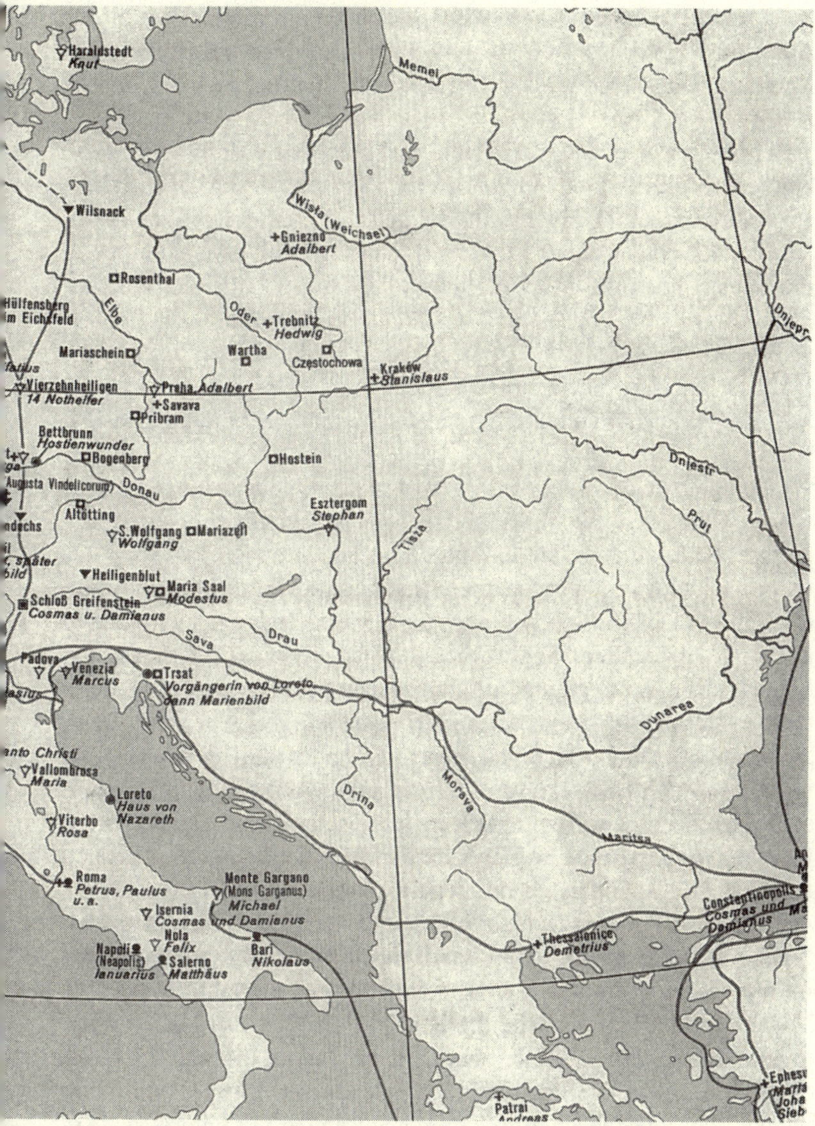

gen, die ein leichtes Ausweichen vor Gefahren und Unbilden begünstigten. Auf dem Hin- und Rückweg suchte man weitere heilige Stätten auf.

königsbruderschaft, die die Wallfahrt nach Köln förderte. Warum war Aachen beliebter als Trier? Hier konnte man doch am Grabe eines Apostels beten. Und was bewog so viele Ungarn, nach Aachen zu ziehen?

Schließlich barg jeder Altar die Reliquie eines Heiligen. Davon künden auch die vielen Ortsnamen auf ›Sankt‹, ›Heilig‹ und ›Selig‹, etwa Sankt Peter, Heiligenstadt, Seligenstadt, ferner auf *San, Santo, Saint* in den romanischen Ländern und in England; dazu kommen in Frankreich noch die ursprünglich auf *Dominus* lautenden Ortsnamen: Dammartin geht zurück auf *Dominus Martinus* bzw. *ad Dominum Martinum*. Grundsätzlich konnte jede Kirche zum Wallfahrtsort werden, auch eine Quelle, deren Wasser Menschen als heilbringend erfahren hatten; man errichtete über ihr dann eine Kapelle.

Gemessen an der Zahl der Pilger ist in den Quellen eher selten davon die Rede, was die Wallfahrer veranlaßte, sich für eine bestimmte heilige Stätte zu entscheiden und damit gegen andere. Wer auf der Fahrt nach Norwegen in Seenot geriet, konnte vielleicht noch rufen: ›Heiliger Olaf, hilf! Ich will auch zu deinem Grab nach Trondheim pilgern!‹ Ein anderer Schiffbrüchiger bat vielleicht Nikolaus, den Schutzpatron der Seeleute, um Fürsprache bei Gott; später reiste er dann ins ferne Süditalien, um in Bari dem Heiligen gebührend Dank zu sagen. Wer einen Heiligen angerufen hatte, und sei der noch so unbekannt, und Hilfe erfuhr, war geneigt, diesem die Wohltat zuzuschreiben. Von dem Augenblick an stand man in der Schuld dieses Heiligen, und man wußte sich zu mehr verpflichtet als zum Besuch einer nahen Kapelle gelegentlich eines Sonntagsspaziergangs. Denn gefragt war solche Hilfe auch in Zukunft, in den kleinen und großen Nöten des Lebens, vor allem dann, wenn man Gott entgegentreten mußte, in der Todesstunde bzw. beim Jüngsten Gericht.

Zur Dankbarkeit gehörte, daß man die Großtat des Heiligen bekanntmachte. Man erzählte also anderen davon, die zu gegebener Stunde denselben Heiligen anriefen, wieder mit Erfolg – und schon waren mehrere Menschen zu einem bestimmten Ort unterwegs. Am Ziel gab man vor Zeugen zu Protokoll, was man erlebt hatte; der Bericht wurde oft in eine Sammlung der Mirakel – wunderbare Ereignisse, die sich nach Anrufung dieses oder jener Heiligen ereignet hatten – aufgenommen, die wiederum den jeweiligen Heiligen und den Ort priesen, an dem er verehrt wurde. Mit Mund-zu-Mund-Propaganda könnte sich erklären, daß viele Menschen aus Nord- und Ostdeutschland zum hl. Theobald nach Thann gewallt sind.

Viele Pilger wollten, wenn sie zu einer fernen heiligen Stätte aufbrachen, mehrere Heilige ehren. Wer von Norddeutschland aus nach Rom zog, konnte es recht leicht so einrichten, daß er auf dem einen Weg über Köln, Thann und Einsiedeln reiste, auf dem anderen über Altötting und Wilsnack; und wer nach Santiago pilgerte, besuchte die Muttergottes in Le Puy sowie die hl. Fides in Conques auf dem Hin-, auf dem Rückweg den hl. Martin in Tours.

Verfügungen, die sich auf Wallfahrten beziehen, machen auch Annahmen verständlich, nach denen schon im Mittelalter Millionen von Menschen zu nahen und fernen Zielen unterwegs waren. Maßlose Überschätzung? Immerhin wurden allein aus Lübeck Hunderte von Stellvertretern zu Wallfahrten entsandt; ob wirklich jeder den übernommenen Auftrag gewissenhaft ausgeführt hat, kann dahingestellt bleiben. Königin Margarete von Dänemark setzte 1411 in ihrem Testament 2000 Mark lüb. aus für die Entsendung von 130 Wallfahrern zu 44 Orten; und nach Santiago de Compostela sollen im Spätmittelalter jährlich bis zu 500000 Pilger gezogen sein[20] – was nicht heißt, daß *jedes* Jahr Hunderttausende hier den hl. Jakobus geehrt haben. Ergänzend weitere Zahlen, und zwar zu Einsiedeln (Kanton Schwyz): Im Jahre 1466 dürften etwa 130000 Pilger hierhin gezogen sein.[21] Für die Neuzeit werden die Angaben genauer. Im Durchschnitt der Jahre 1655 bis 1680 kamen nach Einsiedeln 42416 Pilger, von 1683 bis 1771 durchschnittlich mehr als 100000, im Jahr 1710 sogar 260940, und in den Jahren 1713 bis 1724 immerhin noch über 150000. Selbst im Zeitalter der Aufklärung sank hier die Zahl der Pilger nicht unter 62300 (dieses Minimum des 18. Jahrhunderts für das Jahr 1771). Ähnliche Zahlen werden für Walldürn (Odenwald) und Mariazell genannt.[22]

Nur wenigen Wallfahrtszielen, vor allem Rom, war es vergönnt, durch die Jahrhunderte immer wieder Scharen von Pilgern anzuziehen. Die meisten Orte kannten einen oft steilen Anstieg der Zahl der

Pilger, eine Zeit der Blüte und dann des Verfalls, auf den manchmal eine neue Blüte folgte. Wie eine Wallfahrt ihre Beliebtheit einbüßte, zeigt Vézelay, wo man Maria Magdalena ehrte. Als im späten 13. Jahrhundert Zweifel an der Echtheit ihrer Reliquien immer bohrender wurden, versiegte der Strom der Pilger. Auch ein Aufruf Papst Pius' II., dem wirtschaftlich darnieder liegenden Ort wieder Mittel für Unterhaltung und Instandsetzung der Kirche zukommen zu lassen, half nichts.[23] Schon lange vor der Reformation wurden Fragen laut, ob in Wilsnack wirklich geweihte Hostien mit wunderbarem Blut verehrt würden; »vele ghelerde lude (...) twyvelden hiirane«.[24]

Kritik und Krisen

Willkommen waren Pilger in Jerusalem und Rom, Santiago und Trier, Einsiedeln und Aachen schon deshalb, weil sie Ansehen und Wohlstand des Ortes mehrten. Doch hat die kirchliche Obrigkeit seit je ein gespaltenes Verhältnis zur Wallfahrtsbewegung; als nicht-klerusgebundener Ausdruck der Frömmigkeit erschien sie vielen wie Wildwuchs.[25]

Warum auf Wallfahrt gehen, wenn Gott doch von jedem Ort aus angerufen werden kann? Gegen Ende des 4. Jahrhunderts schreibt der hl. Hieronymus, einer der vier großen, in der abendländischen Kirche verehrten Kirchenväter: »Von Jerusalem wie von Britannien aus steht der Himmel gleichermaßen offen; denn das Reich Gottes ist inwendig in euch.« Hieronymus kannte Jerusalem aus eigener Anschauung und wußte, daß man dort wenig erbauliche Erfahrungen machen konnte; zugleich weist er auf Traditionen hin, in denen nicht nur die Heilige Stadt gelobt, sondern auch vor dem Sündenpfuhl gewarnt wird; sogar Wallfahrtsorte können ›Babel‹ sein. Besonders unzufrieden ist er mit pilgernden Mönchen. Von letzter Torheit sei es, »der Welt zu entsagen, aus der Heimat fortzugehen, die Städte zu verlassen, Mönch zu werden – und dann nach Jerusalem zu ziehen, in das Getümmel einer Stadt, in der es einen Magistrat, eine Militärgarnison, Huren, Schauspieler und Possenreißer und überhaupt alles gibt, was in Städten vorzukommen pflegt«.[26]

Wiederholt ist Bonifatius in der ersten Hälfte des 8. Jahrhunderts zu den Schwellen der Apostel gewallt. Wie aufmerksam er unterwegs beobachtete, zeigt sein Schreiben an Erzbischof Cudberht von Canterbury aus dem Jahre 747. Dringend rät er dazu, Nonnen und Frauen überhaupt die Pilgerfahrt nach Rom zu untersagen; denn »zum großen Teil« gingen sie zugrunde, und kaum eine bleibe rein. Man finde nämlich nur sehr wenige Städte in der Lombardei, in Franzien oder in Gallien, »in der es nicht eine Ehebrecherin oder Hure gibt aus dem Stamm der Angeln.« Das sei aber »ein Ärgernis und eine Schande für Eure ganze Kirche«.[27]

Geradezu aufklärerisch mutet Kritik an, die seit der Jahrtausendwende an Heiligenverehrung und Pilgerwesen laut wird; es ist bemerkenswert, daß sie in Quellen begegnet, die Wallfahrten nachdrücklich propagieren. »Wenn Pferde- und Ochsenknochen als Reliquien von Heiligen ausgegeben und durch die Welt getragen werden, ist es sinnlos, ihnen zu Ehren aufzustehen oder ihnen entgegenzugehen«. So spottet in den 1180er Jahren eine Frau aus Siegburg über Menschen, die den verstorbenen Erzbischof von Köln ehren wollten[28]; nicht anders argumentierte Luther etwa 350 Jahre später.[29] – Anno, zu Lebzeiten ein selbstbewußter, harter Bischof, beweist auch nach seinem Tode, daß er Kritik nicht erträgt. So wie andere Zweifler und Neider erfährt die Spötterin seine Macht: Sie wird mit Blindheit geschlagen und findet ihre Gesundheit erst wieder, als sie ihre Verfehlung als schwere Schuld eingesehen und demütig am Grabe Annos bekannt hat. Etwa fünfzig Jahre später war eine andere Frau, die blinde Orthrun aus Beyenheim, nach vergeblichem Flehen vom Grabe der hl. Elisabeth traurig heimgekehrt. Ihr Mann tröstet sie mit Worten, aus denen man verhaltene Kritik an Pilgerfahrten herauslesen kann: »Mach dir keine Sorge, denn wenn du sie zuhause aus ganzem Herzen anrufst, so ist sie mächtig genug, dich auch dort zu heilen.« Daraufhin bestürmt Orthrun Tag und Nacht Elisabeth mit Bitten, bis sie allmählich das Augenlicht wiedergewinnt.[30] Die Heilige läßt die Heilungsuchende den Zweifel ihres Mannes nicht entgelten.

Ende des 14. Jahrhunderts äußert sich Thomas von Kempen entschieden, verglichen mit manchen seiner Zeitgenossen allerdings noch recht milde. In seinem Hauptwerk – »Die Nachfolge Christi«, zeitweise vielleicht mehr gelesen als die Bibel – wendet er sich gegen eine äußerliche Nachahmung; es komme darauf an, Jesus im Herzen zu finden und im Alltag, wohin man gestellt sei. Thomas schreibt: »Da gibt es viele, die dahin und dorthin reisen, um die Überreste der Heiligen verehrend zu besuchen; voll Verwunderung hören sie dann von ihren Taten, stehen staunend vor ihren prächtigen Kirchen und küssen ihre in Gold und Seide gefaßten Gebeine. Doch siehe: Du mein Gott, Du, der Heilige aller Heiligen, der Schöpfer der Menschen und der Herr der Engel, Du bist hier vor mir auf dem Altar in voller Gegenwart!« Bei der Verehrung der Reliquien von Heiligen überwiege oft Schaulust und Neugier, diese dem Gläubigen noch suspekter als jene; die Frucht für die eigene sittliche Erneuerung sei dann gering, besonders, wenn man sich nur äußerlich wichtig mache und die Seele unbußfertig bleibe. »Hier aber, im Sakrament des Altars, bist Du ganz gegenwärtig, mein Gott, und doch auch Mensch, Jesus Christus. Hier erntet die Frucht des ewigen Heils in reicher Fülle, wer dich würdig und in Andacht empfängt. Doch keine leichtfertige Neugier oder irgendeine Sinnenlust zieht uns zum Sakramente hinan, sondern nur ein lebendiger Glaube, eine unerschütterliche Hoffnung und eine unverfälschte Liebe«.[31]

Im Laufe des 15. Jahrhunderts wurde die Kritik schärfer. Wallfahrenden Männern warf man vor, sie vernachlässigten ihre Berufs, Ehe- und Erziehungspflichten; in Abwesenheit ihres pilgernden Mannes würden Frauen von lüsternen Mönchen und anderen Taugenichtsen verführt. Wallfahrerinnen mußten sich sagen lassen, sie riskierten Vergewaltigung; pilgernden Kindern drohe der Verkauf in die Sklaverei; insgesamt ständen die Gefahren für Leib und Seele in keinem vertretbaren Verhältnis zum möglichen geistlichen Gewinn. Das für eine Wallfahrt nötige Geld solle man besser für Werke der Barmherzigkeit, für Kirchenbauten und Schulen ausgeben. Resümierend konnte es dann heißen, Wallfahrt sei etwas für Tagediebe, licht- und arbeitsscheues Gesindel.

Derartige Töne begegnen in einem Tierepos aus dem späten 15. Jahrhundert, das im 16. Jahrhundert durch zahlreiche Drucke große Wirkung erzielte: Nach einer Serie beispielloser Ruchlosigkeiten läßt Reineke der Fuchs seinen Intimfeinden bei lebendigem Leibe Teile ihres Felles abziehen und sich daraus Kleidung für eine Bußwallfahrt nach Rom und Jerusalem anfertigen. Der Königin des Tierreiches, die er zur Komplizin seiner Verbrechen gemacht hat, verspricht er: »Alle guten Taten, die ich verrichte, sollen zugleich für Euch und meinen Herrscher getan sein. Jeder Pilger pflegt ja zu Recht auch für jene zu beten, die ihm auf irgendeine Weise geholfen haben. Da Ihr eifrig darauf bedacht seid, möge Gott Euch dafür belohnen.« Ungerührt übt Reineke unterwegs Verrat und Mord.[32]

Ähnlich spitzte sich die Kritik an Heiligenverehrung und Reliquienkult zu, und es fehlte nicht an Anlässen. Magische Praktiken überwucherten den Glauben; vielerorts waren die Wallfahrten verwildert. Vor und nach 1500 kam es in Süddeutschland auch zu ›spontanen‹, von der kirchlichen wie weltlichen Obrigkeit als ketzerisch eingestuften Fahrten, etwa im Sommer 1476 nach Niklashausen im Taubertal.[33] Christen wurden so böswillig getäuscht, daß auch langmütige Beobachter nicht mehr von ›frommem Betrug‹ zu sprechen wagten. Ende des 15., Anfang des 16. Jahrhunderts hatte Erasmus von Rotterdam auf seinen Reisen durch Europa auch Wallfahrtsorte kennengelernt; in zwei Dialogen verdichtet er Sachkenntnis und beißende Ironie zu einer öffentlichkeitswirksamen Anklageschrift; streckenweise täuscht allerdings Witz über Oberflächlichkeit hinweg.[34] In einem der Gespräche räumt ein gewisser Arnold ein, sich während eines Saufgelages entschlossen zu haben, nach Rom und Compostela zu pilgern: »Ein riesiger Humpen machte die Runde, und als jeder der Reihe nach seinen Trunk daraus getan hatte, war ein unverbrüchliches Gelübde abgelegt.« Aufgrund eines dubiosen Anlasses ist auch Ogygius, Figur in einem anderen Dialog, nach Santiago gepilgert: Seine Schwiegermutter hatte gelobt, »wenn ihre Tochter ein gesundes Knäblein zur Welt brächte, sollte ich den heiligen Jakobus persönlich begrüßen und ihm danken«. Im weiteren Verlauf des Gespräches persifliert Erasmus einen angeblichen Brief der Jungfrau Maria; derartige ›Himmelsbriefe‹ hatten im Spätmittelalter wiederholt für Aufregung gesorgt. Er verhöhnt Heilige als militant und scheut sich nicht, Schwert, Messer und anderen Attributen ihres Martyriums einen falschen Sinn zu unterschieben. Ogygius ist auch zu einem Marienheiligtum in England gewallt, um hier »jene üblichen Dinge« zu erbitten: »Gesundheit meiner Familie, größeren Reichtum, ein langes und fröhliches Leben in dieser Zeitlichkeit und in der zukünftigen Welt die ewige Seligkeit«. Darauf fragt sein Gesprächspartner Menedemus vorwurfsvoll: »Konnte das die jungfräuliche Mutter bei uns nicht auch gewähren? Sie hat in Antwerpen eine weit erhabenere Kirche als in Walsingham« (einem bekannten Marienwallfahrtsort in England). Dann werden Unehrlichkeit und Betrug an heiliger Stätte angeprangert: Manche legen nur deshalb eine Gabe nieder, weil eine »fromme Scham« sie nötige; wäre kein Zeuge zugegen, würden sie nichts opfern. Da seien ferner jene Langfinger, fährt Ogygius fort, »die der heiligsten Jungfrau so ergeben sind, daß sie so tun, als ob sie eine Gabe auf den Altar legten und dabei mit erstaunlicher Fingerfertigkeit das wegstibitzen, was ein anderer hingelegt hat.«

Bissig äußert sich Erasmus zur Verehrung von Heilig-Blut- und Liebfrauenmilch-Reliquien: »Er hat uns so viel von seinem Blut auf Erden zurückgelassen, sie so viel Milch, daß es kaum zu glauben ist, sie könne von einer einzigen Frau herrühren, die nur einmal geboren hat, selbst wenn das Kind keinen Tropfen getrunken hätte.« Ogygius weiß auch um Bestandteile der Liebfrauenmilch: »Du würdest sagen, es sei zerriebene Kreide, mit etwas Eiweiß vermischt«. Seine Frage, »durch welche Beweisgründe man wisse, daß dies die Milch der Jungfrau sei«, habe ein gewisser Führer durch die Reliquien als gotteslästerlich zurückgewiesen. Und erst die Partikel vom Kreuz des Herrn! Würde man sie alle »auf einen Haufen« zusammenbringen, käme vermutlich »ein ganzes Lastschiff voll zusammen«. Weitere dem Gläubigen zu ehrfürchtigem Kuß gereichte Reliquien – u. a. Knochen mit halbverwestem Fleisch, Stoffetzen, die mit Blut, Schweiß, Nasenschleim oder anderen Ausscheidungen getränkt seien – werden als unappetitlich, ja ekelhaft geschildert. Nicht besser kommen Ablaßglaube, Dummheit, Bösartigkeit und Engstirnigkeit der Kleriker weg, die solche Reliquien hüten.

Außer der Milch der Muttergottes haben es Erasmus die Schätze von Wallfahrtsstätten angetan. In Walsingham könne man meinen, »es sei der Sitz der Götter, so blitzt und blinkt alles von Gold, Silber und Edelsteinen«; damit ist diese Seite des Christentums dem Heidentum gleichgesetzt. Angesichts der in Canterbury aufgehäuften Edelmetalle erschienen Midas und Krösus wie Bettler. Im weiteren Verlauf des Dialogs führt Erasmus einen Gefährten des Ogygius ein, um seine Kritik in den Äußerungen dieses Gratianus, des Ogygius und des Menedemus immer weiter ins Grundsätzliche zuzuspitzen. Der in Canterbury verehrte Märtyrerbischof sei doch so mildtätig gegen die Armen gewesen; jetzt sei er überreich, und dabei brauche er nichts mehr. Würde der hl. Thomas es nicht »mit Gleichmut aufnehmen, wenn ein armes Weib, das zu Hause hungrige Kinder hat oder Töchter, die aus Mangel an einer Mitgift ihre Keuschheit in Gefahr bringen, oder einen kranken, bettlägerigen und aller Hilfe beraubten Mann – wenn ein solches Weib um die Erlaubnis bäte und von allen diesen Reichtümern ein ganz klein wenig wegnähme, um ihre Familie zu unterstützen?« Zur würdigen Feier des Gottesdienstes einen geschmückten Raum und liturgische Gewänder? Gewiß. »Aber wozu die vielen Taufsteine, Leuchter und goldenen Statuen?« Erasmus wird immer zorniger. Er entwirft ein ganz anderes Bild vom Wallfahrtswesen als viele mittelalterliche Quellen: Wozu der unerhörte Aufwand für eine oder gar mehrere Orgeln? »Wozu das musikalische Gepränge, das mit großen Kosten zustandegebracht werden muß, während unsere Brüder und Schwestern, die lebendigen Tempel Christi, vor Hunger und Durst verschmachten?«

So ungerecht viele Anklagen auch sind, Erasmus hat mehr als nur einen wunden Punkt getroffen. Er hat auf Spannungen aufmerksam gemacht, unter denen Christen zu allen Zeiten gelitten haben. Jede Generation muß sich von neuem der Frage stellen, wieviel Geld zum Schmuck von Kirchen ausgegeben werden darf, wenn gleichzeitig Menschen Not leiden. Immer wieder standen die für Wallfahrtskirchen Verantwortlichen vor der Entscheidung, wie sie vorhandene materielle Güter einsetzen sollten: Durfte man zur Ehre dieses oder jener Heiligen kostbares liturgisches Gerät anschaffen? Oder ehrte man Gott nicht besser dadurch, daß man Hungrige speiste, Durstige tränkte, Nackte bekleidete, Fremde beherbergte, wie Jesus es geboten hatte?

Zu der Zeit, da Erasmus in bissigen Dialogen schwer erträgliche Widersprüche zwischen christlicher Lehre und Praxis der Christen anprangerte, ist die abendländische Christenheit zerbrochen. Seit den 1520er Jahren kam es zu einer bis in unsere Tage wirkenden Spaltung. Städte und Territorien, Klöster und Bischöfe wandten sich der neuen, von Luther, Zwingli und Calvin propagierten Lehre zu, vor allem in Mittel-, Nord- und Westeuropa. Unter Berufung auf die Heilige Schrift sowie Kritiker aus Spätantike und Mittelalter lehnten die Reformatoren Heiligenverehrung ab und verboten Wallfahrten in Gebieten, die sich ihnen angeschlossen hatten. Mancherorts griff die Obrigkeit auf früher geäußerte Vorbehalte zurück. In vielen Hansestädten hatte man seit Beginn des 15. Jahrhunderts vor Fernwallfahrten gewarnt; hier und da hatte der Rat solche Fahrten gar untersagt.[35] Die für die Geschicke der Stadt Verantwortlichen fürchteten Ungelegenheiten, und die waren einprogrammiert, wenn Pilger andernorts Schulden hinterließen, Streit vom Zaune brachen, in Gefangenschaft gerieten und auf Kosten des Gemeinwesens ausgelöst werden mußten.

Wo die ›neue‹ Lehre sich durchsetzte, versiegte der Strom der Pilger mehr oder weniger schnell sogar dann, wenn es sich um einen Ort mit vordem europäischem Einzugsgebiet wie Wilsnack handelte. Doch nicht selten zeigten sich Grenzen obrigkeitlicher Macht; was seit Generationen tief verwurzelt war, ließ sich nicht mit einem Federstrich tilgen. So sah sich der Rat der Stadt Bern von 1535 bis 1634 gezwungen, Wallfahrten unter Strafandrohung zu stellen.[36] Die Wiederholungen zeigen, daß das Verbot sich über hundert Jahre nicht hatte durchsetzen lassen. Im 18. Jahrhundert sollten, wie noch darzulegen ist, aufgeklärte Herrscher ähnliche Erfahrungen machen.

Verbot war eine mögliche Antwort auf Mißstände, Reform eine andere. Die katholische Kirche, wie man sie seit der großen Spaltung nennen muß, verstand Unsicherheit und Mißbräuche in den eigenen Reihen sowie Fragen der Reformatoren als Herausforderung, auf die sie im Trienter Konzil (1545 bis 1563) Antwort suchte. Die Klärung theologischer Fragen führte zu Leitlinien für die pastorale Praxis. Erneuert wurden Lehren, die die Verehrung der Heiligen und das Wallfahren empfahlen: Die Märtyrer und anderen Heiligen herrschen im Paradies mit Christus; sie verwenden sich bei Gott für die Menschen; ihre Leiber dürfen verehrt werden; durch sie gewährt Gott den Menschen viele Wohltaten; man besuche die Orte, die an sie erinnern, um sie zu Helfern zu gewinnen.[37] Die Beschlüsse vermitteln aber auch eine Vorstellung davon, wie weit sich zuweilen die Praxis von der Lehre entfernt hatte: Mißbrauch solle völlig abgestellt, Aberglaube bei der Anrufung von Heiligen und der Verehrung von Reliquien ausgeräumt werden. Die Bischöfe sollen dafür sorgen, daß die Gläubigen Heiligenfeste und den Besuch der Reliquien nicht zu Freß- und Saufgelagen mißbrauchen *(ad commessationes et ebrietates)*; an Heiligenfesten dürften Menschen sich nicht der Ausschweifung und Zügellosigkeit hingeben *(per luxum et lasciviam agantur)*. Die Bischöfe sollen ferner darauf achten, daß nichts Ungeordnetes, Profanes, Unehrenhaftes erscheine, da dem Hause Gottes Heiligkeit gezieme *(nihil inordinatum... profanum... inhonestum appareat)*. Die Mahnungen waren gewiß mehr als berechtigt; und doch: Auch im 16. Jahrhundert werden Abertausende ernsthafter Pilger unterwegs gewesen sein, mühselig und beladen mit Sorge um ihr leibliches und seelisches Heil.

Zwar stärkten Beschlüsse des Trienter Konzils die Macht der Bischöfe; doch war es ein weiter Weg von der Verkündigung der rechten Norm zur Veränderung der Alltagswirklichkeit; man denke nur an die Größe von Diözesen: Reichte in Süditalien mancher Sprengel kaum über die Mauern der Stadt, so dehnte sich das Bistum Konstanz von Nord nach Süd über fast 300 Kilometer aus.

Die von den Reformatoren und vom Tridentinum angestoßenen Reformen führten dazu, daß es auch in ›altgläubig‹ bleibenden Landstrichen zu einschneidenden Veränderungen kam. Hier gewannen Orte an Gewicht, die sich schon früher der Gunst der Pilger erfreut hatten, z. B. Andechs in Bayern; Aufschwung erfuhren sie auch wegen des wachsenden Widerstandes der Obrigkeit gegen Fernwallfahrten. Wichtiger noch: Marienwallfahrtsorte blühten auf in katholisch gebliebenen, rekatholisierten oder von der Reformation unberührten Ländern. So erfreute sich Altötting nach einem Rückgang um 1560 seit 1571 zunehmender Beliebtheit – nicht zuletzt dank der Förderung durch die Dynastie der Wittelsbacher, die hier ihre Herzen beisetzen ließen.[38] Neu kam im deutschen Sprachgebiet seit 1642 Kevelaer dazu, wo Maria als ›Trösterin der Betrübten‹ angerufen wird.[39] Es ist kein Zufall, daß diese Wallfahrt in der Endphase des Dreißigjährigen Krieges begann, einer der Katastrophen der deutschen und europäischen Geschichte. Bezeichnend für das Aufblühen von Marienwallfahrten ist auch, daß man sich 1654 im niederösterreichischen Mariazell zu einem Neubau gezwungen sah, weil die gotische Kirche die Pilgerscharen nicht mehr faßte.[40]

In konfessionell inhomogenen Landstrichen gewannen Wallfahrten Bekenntnischarakter. Trotziges Jetzt-erst-recht-Verhalten führte zu einer weiteren Verhärtung der Fronten. In Ländern, die von der Glaubensspaltung heimgesucht waren, machte sich verdächtig, wer als Anhänger der neuen Lehre wallfahrtete; und Altgläubige fielen unangenehm auf, wenn sie demonstrativ daheim blieben. Besonderem Druck, sich an Pilgerfahrten zu beteiligen, sahen sich Menschen in Gegenden ausgesetzt, die den ›Ketzern‹ entrissen worden waren. Nicht nur in Böhmen mußte Festungsmentalität Unsicherheit kompensieren. Architektur und Dichtung spiegeln das Verlangen, sich abzuschotten. Der Heilige Berg von Příbram (Svatá Hora) sollte wie ein Bollwerk der *Ecclesia militans* wirken und wurde deshalb als »Marianische Gnaden=Burg« bezeichnet.[41] In der beliebten Lauretanischen Litanei – bezeugt ist sie erstmals 1531 in Loreto, daher ihr Name – wird Maria als »Elfenbeinerner Turm« und »Turm Davids« angerufen.

In Italien und Spanien kannten viele Wallfahrtsstätten allenfalls einen zeitweiligen Rückgang der Zahl der Besucher. Immerhin erhielt die Kathedrale von Santiago de Compostela in nur wenigen Jahren (1738–1750) die imponierende, von zwei hohen Türmen flankierte Westfassade, eines der großen Werke des europäischen Barock.[42] Als Pilger wurde sich 1522 Ignatius von Loyola, der Gründer des Jesuitenordens, in Montserrat über seinen künftigen Lebensweg klar. Rom erfreute sich weiterhin großen Zulaufs, und zwar nicht nur in Heiligen Jahren.[43] Einer Zeit der Verunsicherung folgte in der katholischen Kirche und in ihren Gliedkirchen diesseits der Alpen seit Mitte des 16. Jahrhunderts ein vielschichtiger Konsolidierungsprozeß. Schwankende Territorialherren entschieden sich für die ›alte‹ Lehre; ›neu‹gläubige Gebiete wurden zurückgewonnen, die einen unter Einsatz militärischer Gewalt, andere von Angehörigen des jungen Jesuitenordens. Jesuiten förderten auch die Heiligenverehrung; an vielen Wallfahrtsorten übernahmen sie die seelsorgliche Betreuung der Pilger, so 1554 in Loreto; in der ersten Hälfte des 17. Jahrhunderts konnten Deutsche hier in ihrer Muttersprache bei einem Jesuiten beichten.[44]

Sorge um Mädchen und Frauen, den Frieden und den Wohlstand im Lande

Im Zeitalter der Aufklärung kam es einmal mehr zu einer grundsätzlichen Ablehnung des Wallfahrtswesens. Evangelische und katholische Obrigkeiten führten die Auseinandersetzung auf mehreren Ebenen; je nach Bedarf mußten theologische, pastorale, rechtliche, wirtschaftliche, hygienische oder ästhetische Argumente herhalten. Oft sah die staatliche Obrigkeit sich lebhaft unterstützt von solchen katholischen Prälaten, denen ein rationales, von ›abergläubischem Beiwerk gereinigtes‹ Christentum als Ziel vor Augen schwebte. Zahlreiche Argumente der Gegner des Pilgerwesens finden sich in einer österreichischen Verordnung aus dem Jahre 1772, in der es heißt, wer über Nacht ausbleibe oder außer Landes gehe, mache sich der »ausgearteten Pilgersucht« schuldig. Das Verbot wird folgendermaßen begründet:

»1) Weil es dem Hauswesen nachteilig, der Gemeinde gefährlich ist, ihre arbeitsamen Glieder soviel Tage von sich zu lassen; den Ort der Hülflosigkeit gegen Zufälle auszusetzen; und den Gewinnst vieler Wochen zu zersplittern …

2) Weil es der Gottesfurcht nicht zuträglich ist, soviel Menschen von allerlei Geschlecht und Alter unter einem Dache in den Herbergen übernachten zu lassen.

3) Weil es dem Gottesdienste selbst anstößig fiel, ermüdete Menschen voll Schweiß und Ungemach auf einmal in seine Mauern aufzunehmen, wo sie mit einem verwirrten Gesange sovieler Mundarten alle Augenblicke die Andacht der anderen störten.

4) Weil es für den Gebrauch der Heilsgeheimnisse bedenklich ist, soviel Leute
   a) die ihre Gewissensreinigung ganze Jahre an diesen Orten versparen;
   b) die Vorbereitungshandlungen wegen den Reiseanstalten übereilen;
   c) Beichtväter suchen und finden, die mehr bedacht sind, viele, als gut abzufertigen;
   d) die Kenntnis ihres Hirten hintergehen;
   e) sich zu dem Altar des Herrn mit Gedränge und Ungestüm nähern; soviel Leute gleichwohl ohne Unterricht und Einrichtung des Herzens zur Lossprechung und Tische des Herrn zu befördern ...«.[45]

Auch im 18. Jahrhundert rief man in Erinnerung, daß man zu Gott allenthalben beten, seine Heiligen überall ehren könne. Infolgedessen biete sich jede Kirche dem wahrhaft Gläubigen als ein Ort der Gnade dar; auch gebe es keine eigentlichen Gnadenbilder; schließlich könne niemand tagelang andächtig beten. In die Zukunft wiesen Argumente, die die Pfarrei stärkten: Sie solle der Mittelpunkt des geistlichen Lebens sein; deshalb gehe es nicht an, daß man seine innigsten Anliegen andernorts Gott vortrage. Das geistliche Leben nehme Schaden, wenn die Pfarrei verwaist sei, weil der Pfarrer Wallfahrer begleite; von Übel sei es aber auch, wenn er daheim bleibe und die Pilger unbeaufsichtigt lasse. Hier begegnet ein Argument, das noch Diskussionen in der Mitte des 20. Jahrhunderts bestimmen sollte: Mißtrauen gegenüber Bekundungen des Volkes, sofern es nicht von Führern und Institutionen gezügelt ist.

Auswüchse, über die man früher vielleicht hinweggesehen hatte, wurden als solche beim Namen genannt. Ein vorderösterreichischer Beamter erklärte, viele Gläubige verhielten sich so, daß sie Gott eher zur Rache als zur Barmherzigkeit reizten. Und ein katholischer Pfarrer schrieb 1780: »Selbst auf die Fasnacht wird nicht mehr gefressen, gesoffen, geh*rt als auf Wallfahrten«. In der Kirche und sogar vor dem Altar des wundertätigen Bildes sei »die abscheulichste Unzucht getrieben« worden. Da die Wirtshäuser überfüllt gewesen seien, hätten »Jung und Alt, Buben und Mädchen durcheinander in der

Kirche schlafen« müssen. Aus dem Beichtstuhl wisse er, »daß die meisten Jungferschaften auf dem Lande auf Wallfahrten scheiterten; die meisten, und gemeiniglich auch die liederlichsten, unglücklichsten Ehen auf Wallfahrten gestiftet würden«.[46] Die – polemisch überspitzten – Worte klingen wie ein Echo auf Anordnungen des Trienter Konzils.

Wenn Katholiken laut betend, singend oder mit fliegenden Fahnen durch neugläubige Orte zogen, gefährdeten sie den Frieden im Lande – erst recht, wenn sie sich von bewaffneten Mitgliedern einer Schützengilde begleiten ließen, wie es vielerorts Brauch war.[47] Daß Spannungen zwischen den Konfessionen sich mit anderen Animositäten rasch überlagerten, zeigt die Bemerkung in einer Quelle aus dem bayerisch-böhmischen Grenzsaum. Eine wundertätige Marienstatue sei in einen Brunnen geworfen worden von einem »gottlosen Menschen«, der weiter charakterisiert wird als »seiner Nation ein Böhamb, seines Irrthumbs ein Hussit, seiner Sitten ein Barbar und seiner Aigenschaft ein Bößwicht«.[48]

Weiter wurde argumentiert, die Religion solle dazu beitragen, den Wohlstand des Volkes zu heben und den Nutzen der Herrschaft zu mehren. Ruhe die Arbeit einer Wallfahrt wegen, schädigten die Pilger sich persönlich und die Allgemeinheit. Da die meisten Menschen arm waren, sollten sie nicht das wenige Bargeld ›unnütz‹ ausgeben, es erst recht nicht außer Landes tragen.[49]

Nach Meinung der weltlichen Obrigkeit lenkten Wallfahrten von dringenden Aufgaben ab. Statt in der Ferne um Heilung zu bitten, sollten die Menschen zunächst einmal daheim vorbeugende Maßnahmen gegen ansteckende Krankheiten ergreifen, die Hilfe der Ärzte und gegebener Heilmittel in Anspruch nehmen. Mancher war gesund aufgebrochen, hatte sich aber unterwegs eine lebensgefährliche Lungenentzündung zugezogen, da er tagelang nicht aus nassen Kleidern herausgekommen war. Zudem wurden Seuchen von denen weitergeschleppt, die sie durch eine Pilgerfahrt von ihrer Gemeinde abwenden wollten. Auch aus anderen Gründen waren Obrigkeiten geneigt, länger dauernde Zusammenschlüsse von Menschen, die ein Wesensmerkmal der Wallfahrt sind, als Übel anzusehen, konnte hier doch aufrührerisches Gedankengut verbreitet werden!

Reglementierung, ›Ersatz‹ und Verbot

Im Laufe der zweiten Hälfte des 18. Jahrhunderts griff die Obrigkeit immer stärker in das kirchliche Leben ein. Was sich nicht kanalisieren und kontrollieren ließ, galt als suspekt und wurde schließlich verboten. Festgesetzt wurden die Länge von Wallfahrten (über die Landesgrenzen hinausgehende wurden von einer besonderen Erlaubnis, oft des zuständigen Bischofs, abhängig gemacht), die Häufigkeit (ergänzend zur Abschaffung vieler kirchlicher Feiertage), die Zusammensetzung (Männer und Frauen zu unterschiedlichen Terminen) und der Rahmen: Wenn überhaupt eine Wallfahrt erlaubt wurde, dann sollte ein Priester die Gruppe bis ans Ziel und wieder zurück begleiten.

Nach und nach wurden Pilgerfahrten dann völlig verboten, und zwar auch von katholischen Herrschern wie Kaiser Josef II. Zunächst die Fernwallfahrten, dann mehrtägige Fahrten von Männern und Frauen, dann mehrtägige Fahrten von Mädchen und Frauen; schließlich wurden Wallfahrten überhaupt verboten, sogar die nach Mariazell. Immerhin war Josef II. selber inmitten großer Scharen dreimal hierhin gepilgert; das Verbot dieser Wallfahrt ließ sich nur für wenige Jahre (1783–1796) durchsetzen.[50] Ähnlich war die Entwicklung in Frankreich verlaufen: Auf die Einschränkung von Wallfahrten über die Landesgrenzen hinaus (1665, 1671, 1686) folgten Verbote (1724, 1730, 1769, 1771); Übertretern drohte lebenslängliche Galeerenstrafe. Die Wiederholungen weisen auf die Wirkungslosigkeit der Maßnahmen hin. Dabei wollte man nicht nur verhindern, wie in anderen Ländern, daß Männer sich dem Waffendienst entzögen, sondern auch, daß heimliche Sympathisanten der reformierten Konfession auswanderten.[51]

Manche Obrigkeit spürte, daß Verbote allein nicht weiterhalfen. Um das entstandene Vakuum aufzufüllen, sollte das religiöse Leben gestärkt werden durch Prozessionen[52] und Kreuzgänge sowie Baumaßnahmen in der jeweiligen Ortskirche. Regelmäßige Prozessionen förderten den Zusammenhalt der Pfarrei, waren nach Raum und Zeit überschaubar und unterlagen von Anfang bis zum Ende der Kontrolle des begleitenden Priesters. In der Praxis war die Grenze zur Wallfahrt nicht leicht zu ziehen. Hier wollten sich Nachbarpfarreien an einer Prozession beteiligen, die das Gebet in einer bestimmten ›Gnadenkapelle‹ einschloß; dort war vor langer Zeit als Prozession eingeführt worden, was sich später von einer Wallfahrt kaum noch unterschied, etwa die für 1573 erstmals zwischen Münsterlingen und Hagnau nachgewiesene ›Seegfrörne‹: Hat der hier etwa acht Kilometer breite Bodensee eine tragfähige Eisdecke, geleiten Christen beider Orte die Büste des Apostels Johannes in feierlicher Prozession über den See und in die Kirche auf dem gegenüberliegenden Ufer, letztmalig 1963. Seitdem ›wartet‹ die Büste im schweizerischen Münsterlingen darauf, daß sie wieder über den Bodensee geleitet wird.[53]

In außerordentlicher Bedrängnis hatte eine politische Gemeinde, eine Pfarrei oder ein ganzer Landesteil wenn schon nicht eine Wallfahrt,[54] so doch mindestens einen Kreuzgang gelobt. Hinter Kreuz und Fahne(n) gingen weltliche und geistliche Würdenträger; ihnen folgten diejenigen, die (oder deren Vorfahren) sich zu diesem Gang verpflichtet hatten, nach Geschlecht, Alter, Stand (Klerus, Beamte) getrennt; Gilden und Bruderschaften, Chor und Musik bildeten eigene ›Blöcke‹. Nicht selten mußte sich – wie früher bei Wallfahrten – aus jeder Familie mindestens eine Person beteiligen. Man richtete es so ein, daß wenig Aufwand getrieben wurde und höchstens ein Arbeitstag ›verloren‹ ging. Gemeinsam brach man Jahr um Jahr frühmorgens auf, gemeinsam wurde man am Ziel feierlich eingeholt, gemeinsam kehrte man heim und saß abends wieder am eigenen Herd.

›Ersatz‹ für das Wallfahren versprach man sich schließlich von Stätten, die an die Stelle von Pilgerzielen jenseits der Landesgrenzen treten sollten.[55] Legende und Nachbauten kamen solchen Bestrebungen entgegen. Anregungen könnte die *Santa Casa* in Loreto gegeben haben: Nach frommer Überlieferung hatten Engel das Haus, in dem Maria die Botschaft empfangen hatte, nach Loreto in Italien überführt. Man konnte sich die gefährliche Reise ins Heilige Land also sparen. Bald wurden südlich und nördlich der Alpen Nachbildungen der *Santa Casa* gebaut; man brauchte also nicht einmal mehr nach Italien zu pilgern. Loreto-Kapellen mit eigener Wallfahrt finden sich in Schwaben gelegentlich im Abstand von weniger als zehn Kilometern.[56] Im Zuge der Rekatholisierung wurde Böhmen schon im 16. Jahrhundert mit ›Kalvarienbergen‹ und anderen heiligen Stätten überzogen.[57] In Rastatt baute man eine Nachbildung der Einsiedler Kapelle.[58] Aus der großen Zahl weiterer Beispiele seien zwei erwähnt: Zu Beginn des 16. Jahrhunderts wurden um das in der Toskana gelegene Franziskanerkloster San Vivaldo zahlreiche Häuser errichtet als Nachbildungen der entsprechenden Gebäude im Heiligen Land.[59] Das Streben, Fernwallfahrten überflüssig zu machen, dürfte auch hinter der Anlage aufwendiger *Calvaires* in der Bretagne seit dem 16./17. Jahrhundert stehen; gemeinsam mit der Stiftung großer Kirchweihfeste (*Pardons*) gaben sie dem lokalen religiösen Leben starke Impulse.

Schließlich ordneten kirchliche und weltliche Obrigkeiten an, eine weitere Frömmigkeitsübung an die Stelle der Wallfahrt treten zu lassen: Der Kreuzweg, seit der zweiten Hälfte des 15. Jahrhunderts ausgebildet, hatte in der ersten Hälfte des 18. Jahrhunderts seine heute noch gültige Form mit vierzehn ›Stationen‹ gefunden.[60] Die Gläubigen konnten nun in der ihnen vertrauten Kirche oder auf dem Weg zu einer nahen Kapelle des Leidens Jesu gedenken, wie in Jerusalem auf der *Via Dolorosa*.[61]

Neu- und altgläubige Staaten waren sich im 18. Jahrhundert weiterhin einig in dem Verlangen, auf Kosten der römischen Kirche die jeweilige Landeskirche zu stärken. Es ist symptomatisch, daß die Jesuiten zunächst in einzelnen Staaten verboten wurden, bevor Papst Clemens XIV. im Jahre 1773 die Gesellschaft Jesu aufhob. Wie kaum ein anderer Orden hatten sich die Jesuiten für die universale Kirche eingesetzt, auch für die Verehrung der Heiligen und die Betreuung von Pilgern.

Fernwallfahrten ins Ausland wurden noch seltener, die durchschnittliche Pilgerfahrt kürzer.[62] Dem Trend zu Landeskirchen auch in altgläubigen Staaten entsprachen ›nationale‹ Wallfahrtsstätten, etwa Altötting für die Baiern, Einsiedeln für die katholisch gebliebenen Eidgenossen, Mariazell für die Österreicher.

Behinderungen und Verbote wiederholten sich – oft mit ähnlichen Argumenten wie Jahrhunderte früher – im 20. Jahrhundert, vor allem unter den totalitären Herrschaften. Auch die Argumente ähnelten einander. Forderten die Merkantilisten im 18. Jahrhundert, das Geld müsse im Lande bleiben, so erklärten die Nationalsozialisten in den 1930er Jahren, für Wallfahrten nach Rom ständen keine Devisen zur Verfügung.[63] Als Antwort auf kulturkampfähnliche Schikanen gewannen öffentliche Prozessionen und Fahrten zu deutschen Pilgerstätten demonstrativen Charakter. Trotz widriger Umstände versammelten sich im Juli 1937 an die 800 000 Menschen aus allen Teilen Deutschlands zur Heiltumsweisung in Aachen.[64]

In den Jahrzehnten nach dem Zweiten Weltkrieg gewannen manche Wallfahrten zusätzliche Bedeutung als Stätten, an denen sich aus der Heimat Vertriebene ihrer Identität versicherten. So fuhren Schlesier, die es in den Norden Deutschlands verschlagen hatte, gern nach Werl in Westfalen. In Altötting versammelten sich Vertriebene und Flüchtlinge erstmals Pfingsten 1946, in späteren Jahren und Jahrzehnten nach Landsmannschaften und Nationalitäten getrennt zu jeweils eigenen großen Wallfahrten: Donauschwaben, Karpatendeutsche, Kroaten, Schlesier, Sudetendeutsche, Ukrainer...[65] Nach Tschenstochau strömten jährlich am Fest Mariae Himmelfahrt (15. August) Hunderttausende von Polen; in den 1980er Jahren schlossen sich ihnen Deutsche sowie Tschechen und Slowaken aus der seinerzeitigen DDR bzw. ČSR an. Gläubige *und* kommunistische Machthaber verstanden diese Wallfahrt als weithin sichtbaren Protest. Sie hatte bedeutsame Folgen für Polen und für Europa: Grundlagen des Regimes wurden erschüttert und der Freiheitswille des Volkes gestärkt; beides waren wichtige Voraussetzungen für den unblutigen Zusammenbruch der kommunistischen Herrschaft in den Jahren 1989/90.

Wallfahrer haben in der Vergangenheit wiederholt den disziplinierenden Zugriff von Kirche und Staat zu spüren bekommen. Zwar gab es Zeiten, in denen Pilgerreisen als unmodern, gar als anrüchig galten.[66] Doch trotz aller – auch berechtigten! – Kritik konnten Wallfahrten nicht völlig unterdrückt werden; zu spüren bekamen das nicht zuletzt totalitäre Regime im 20. Jahrhundert.

3. WER WAREN DIE PILGER?

Einmal mehr sei der Blick auf die Zusammensetzung der Pilgerscharen gelenkt. Mehrheitlich dürften es erwachsene und gesunde Männer gewesen sein; doch begegnen auch viele Frauen, wie zunächst Quellen zu den Britischen Inseln zeigen mögen. Einst soll Ursula, die Tochter eines britischen Königs, nach Rom gepilgert sein; auf dem Rückweg habe sie zusammen mit 11 000 begleitenden Jungfrauen bei Köln das Martyrium erlitten.[67] Eine Legende, gewiß; doch dürfte sie manche Frau zu ähnlichen Fahrten ermutigt haben. Wie noch zu zeigen ist, erwähnt Bonifatius, eine gut verbürgte Gestalt aus dem 8. Jahrhundert, ehemalige Pilgerinnen, die ihre Tage in Bordellen beendeten. Einen anderen Typus stellt Chaucer in den um 1387 aufgezeichneten *Canterbury Tales* vor, Novellen, mit denen sich Frauen und Männer auf der viertägigen Wallfahrt von London zum Grab des hl. Thomas Becket unterhalten: Im allgemeinen Prolog werden wir auch mit Alisonn aus Bath bekannt gemacht, einer lebensfrohen, reiselustigen Sünderin.

> Ein wackres Weib ihr Leben lang sie war,
> Sie führte schon fünf Männer zum Altar;
> Wie sie sich sonst ergötzt in jüngren Tagen,
> Davon will ich für jetzt nichts weiter sagen.
> Dreimal war sie zum Heiligen Grab gezogen,
> Durchschiffte manches fremden Stromes Wogen.
> War in Boulogne, war im heiligen Rom,
> war in Santiago und im Kölner Dom.[68]

Die meisten Pilgerinnen dürften ernste Gründe für ihre Fahrt gehabt haben. Denn in auswegloser Lage gelobten Frauen wohl häufiger als Männer eine Wallfahrt, da auf ihren Schultern die Hauptlast der Erziehung von Kindern lag; und die wurden oft Opfer eines Unfalls: Dieses hatte sich verbrüht, jenes war unversehens in einen Weiher gefallen. Auch wenn von Heilungen an Männern die Rede ist, hatten Frauen oft die Initiative ergriffen, einen Heiligen anzurufen; sie hatten ein Gelübde geleistet, Mütter häufiger als Väter. In manchen Kreisen galt das Gebet einer Frau als wirkmächtiger; nach Ausweis der Elisabethmirakel jedenfalls wurden Frauen eher als Männer um ein Gelübde gebeten.[69] Und da ist es wahrscheinlich, daß sie häufig eine Bittwallfahrt unternehmen, ein behindertes Kind oder einen kranken Ehemann an die heilige Stätte begleiten mußten.

In den Hausordnungen von Spitälern und Armenherbergen waren Frauen vorgesehen, manchmal, wie wir noch sehen werden, auch ausdrücklich Mütter mit kleinen Kindern. Bei langen Reisen stellte sich vielleicht erst Wochen nach dem Aufbruch eine Schwangerschaft heraus. In Mirakeln heißt es dann, diese Frau sei auf hoher See, jene auf dem Weg durch das Watt zum Mont Saint-Michel von Geburtsnöten überrascht und nur dank der Hilfe der Gottesmutter oder des hl. Michael gerettet worden. Es verwundert nicht, daß Schätzungen davon ausgehen, Frauen hätten unter den Pilgern 35 oder gar 50 Prozent ausgemacht.[70]

Viele Kinder

Mirakel veranschaulichen auch den hohen Anteil von Kindern unter den Pilgern. Von den 307 nach Anrufung Annos Geheilten sind immerhin 123 Kinder, entsprechend etwa 40 Prozent; Mädchen und Frauen machen in dieser Gruppe etwa 43 Prozent aus.[71] Nach Ausweis der Elisabethmirakel waren 62 von 106 Geretteten unter sechzehn Jahre alt, entsprechend 58 Prozent; auch hier fällt mit 54 von 106 der hohe Anteil von Frauen auf.[72]

Die häufige Erwähnung von Kindern ist alles andere als selbstverständlich. Aus der Neuzeit liegen Äußerungen vor, die von Gleichgültigkeit und Lieblosigkeit Kindern gegenüber zeugen. Ein Kind schwächte die Arbeitskraft der Mutter während der Schwangerschaft; angesichts der vielen im Kindbett gestorbenen Frauen bedeutete es eine potentielle Lebensgefahr für die Mutter; schließlich galten Kinder, solange sie nicht arbeiten konnten, mitunter als ›unnütze Esser‹. Um so auffälliger ist, daß in den Anno-, Elisabeth-

und Theobaldmirakeln an keiner Stelle eine negative Einstellung zum Kind begegnet; aus ihnen sprechen vielmehr Sorge, liebevolle Zuneigung der Eltern für die kranke Tochter oder den behinderten Sohn. Das sei auch deshalb betont, weil man in der wissenschaftlichen Literatur noch unlängst lesen konnte, daß die Kindheit erst spät ›entdeckt‹ worden und Elternliebe zum kleinen Kind ungewöhnlich gewesen sei.[73]

Wiederholt scheint herzliche Anteilnahme sogar in dem meist nüchternen Bericht von Protokollanten auf: Eine Mutter hat gerade ihrer Tochter das Münster in Thann gezeigt, »in dem das tochterlin mit andacht ist bewegt worden, Got und sand Thieboldt [Theobald] zu loben. Da ist dem kind wider wee worden, sprechend: ›Muter, ich empfinde, der heilig welle noch mer ein zeichen an mir würken‹.« Kurz darauf wird das Kind von einem weiteren (Blasen- oder Gallen-)Stein befreit.[74]

Gelegentlich haben Kinder die Initiative ergriffen, und zwar nicht nur in der Art, daß sie Verwandte zu einer Wallfahrt mit ihnen drängten, sondern so, daß sie ohne die Begleitung von Erwachsenen spontan zu einer Kinderwallfahrt aufbrachen, die den Zeitgenossen so rätselhaft blieben wie eine Seuche oder ein Unwetter. Im Jahre 1455 kam es zu einer großen zweijährigen Fahrt zum Mont Saint-Michel in der Normandie. Eine Quelle zu diesem Ereignis sei auch deshalb ausführlich zitiert, weil sie Einzelheiten bringt, die für Wallfahrten überhaupt gelten: Zusammenschluß zu kleinen Gruppen, Ähnlichkeit mit einer Prozession, Fahne, Schwierigkeiten und Hilfen unterwegs, Opfergabe am Ziel. »An ihr beteiligten sich kleine Kinder von acht, neun, zehn und zwölf Jahren aus allen Landen, Städten, Dörfern, aus Deutschland, Welschland und auch aus anderen Ländern. Sie schlossen sich zu großen Haufen zusammen und verließen Vater und Mutter. Zu zweit und zweit gingen sie alle zusammen in einer Prozession; Fahnen, auf denen der heilige Michael abgebildet war, trug man ihnen voran. Kinder, die aus einer Stadt oder aus einem Dorf waren, hielten zusammen.« Ein Jammer sei es gewesen zu sehen, wie die Kinder »gegen den Willen ihrer Eltern wegzogen, ganz ohne Zehrgeld; doch fanden sie gesund wieder heim«; denn unterwegs habe man ihnen ausreichend zu essen und zu trinken gereicht. »Als sie zum Mont Saint-Michel kamen, opferten sie die Fahnen dem heiligen Michael.« Zuletzt sollen sich ihnen auch alte Leute angeschlossen haben, Männer und Frauen, Knechte und Mägde.[75] Jahrhunderte früher waren Kinder zu einem Kreuzzug aufgebrochen: Ohne Führer oder verführt, gingen sie unterwegs elend zugrunde; viele wurden in die Sklaverei verkauft, nur wenige kehrten geschunden, mißbraucht, früh gealtert in ihre Heimat zurück.[76]

Kranke und Behinderte

Elenden blieb oft nur eine Hoffnung: Dank der Fürsprache eines Heiligen möchte Gott ihnen so helfen, wie Jesus Blinde, Taube, Stumme, Lahme geheilt hatte. Der ›Pilgerführer‹ preist den hl. Martin: Aussätzigen, Schlafwandlern, Epileptikern und Gebrechlichen habe er die ersehnte Gesundheit wiedergeschenkt; zu seiner Basilika in Tours, zu seinem Schrein strömen die Kranken: »Besessene werden vom Dämon befreit; Blinden wird das Augenlicht geschenkt, Lahme können gehen, jede Art von Krankheit wird geheilt; allen demütig Flehenden wird völlige Linderung zuteil«.[77]

Der Philologe ist geneigt, in Übereinstimmungen zwischen den Evangelien und den Mirakeln Topoi zu sehen, Gemeinplätze, wie sie auch in anderen Kulturkreisen zur Charakterisierung außerordentlicher Gestalten dienen. Doch soll man sich mit solchen Erklärungen begnügen? Auch der kritische Historiker wird weiterführende Erwägungen nicht von vornherein abtun. Die Erinnerung an Worte der Evangelien könnte die Hoffnung auf Heilung gestärkt haben; und neuer Lebensmut könnte Kräfte geweckt haben, die eine Gesundung beförderten oder zumindest Kranken geholfen haben, mit ihren Leiden zurechtzukommen. Viele suchten an heiliger Stätte Mut und Kraft, um Kummer oder Gebrechen tragen zu können.

Bewaffnete Pilger – ein Widerspruch in sich?

Eine große Gruppe wurde beiläufig bereits erwähnt: Bis an die Zähne bewaffnete Kreuzfahrer – in den Quellen ebenfalls *peregrini*, Pilger genannt – kämpften mit Feuer und Schwert gegen Muslime, Heiden und Christen. Es kann hier nicht erörtert werden, wie es zu einer solchen Perversion des ursprünglich friedfertigen Pilgerwesens hatte kommen können. Der Übergang war gleitend gewesen: Wie andere Menschen durften Pilger sich gegen Angriffe auf Leib und Leben wehren – wozu ja auch der Stab dienen sollte. Was war zu tun, wenn man von Menschen angegriffen wurde, etwa von ›Ungläubigen‹ im Heiligen Land? Es hätte nahegelegen, zuhause zu bleiben oder einen Wallfahrtsort aufzusuchen, an dem man keinen Andersgläubigen in die Quere kam; denn als Christ war man – anders als der Muslim, das sei an dieser Stelle betont – nicht zum Besuch heiliger Stätten verpflichtet. Jesus hatte keine Wallfahrt geboten, wohl aber, Unrecht geduldig zu leiden, gegebenenfalls sogar sein Blut für ihn hinzugeben. All das war bekannt und wurde auch im Mittelalter wieder und wieder von den Gegnern bewaffneter christlicher Wallfahrten ausgeführt.[78]

Trotzdem kam es Ende des 11. Jahrhunderts zu einer Bewegung, die jahrhundertelang das Abendland in Atem hielt, Tausende in Bewegung setzte, unter ihnen Fromme und Idealisten, Habenichtse und Verbrecher. Die christlich geprägte Gesellschaft war empfindlich geworden; die Ehre genoß hohen Stellenwert unter Adligen; in der Nachfolge Jesu sollte der Christ sich jedoch durch Demut auszeichnen. »Gott will es«, meinten die Führer der öffentlichen Meinung, unter ihnen Päpste, Bischöfe und Ordensgründer; Gott gebiete, den Muslimen die Herrschaft über Christen und heilige Stätten zu entreißen, sie aus einst christlich beherrschten Gebieten zu vertreiben (in Palästina und in Spanien); Gott gebiete, dort mit Gewalt das Evangelium einzuführen, wo unbewaffnete, nur dem Wort vertrauende Missionare gescheitert waren (in den slawischen Ländern und im Baltikum); Gott gebiete, sogar Christen mit Krieg zu überziehen, die als Häretiker galten (in Südfrankreich) oder die dem Bischof den Zehnt verweigerten (Stedinger Bauern an der Wesermündung).

Zur großen Überraschung des Papstes, der im Jahre 1095 auf einer Synode in Clermont den christlichen Adel aufgefordert hatte, den bedrängten Christen im Osten beizustehen, fand der Aufruf Gehör. Bald setzte sich – ergänzend zu dem eigentlichen Heer – ein

Haufen von ›Pilgern‹ in Bewegung. Eine breite Spur der Verbrechen und Verwüstung hinter sich lassend, zog er auf dem Landweg, über den Balkan und durch Kleinasien nach Palästina; unterwegs fiel ein großer Teil von ihnen den Feinden, Hunger und Seuchen zum Opfer. Von überwiegend professionell ausgebildeten Kriegern wurde nach kurzer Belagerung am 15. Juli 1099 Jerusalem erobert. Unter Christen, Juden und Muslimen richteten die ›Pilger‹ im Namen des christlichen Erlösergottes ein entsetzliches Blutbad an. Dann eigneten sie sich die Habe der Erschlagenen an; einige der Anführer gründeten hier und andernorts christliche Herrschaften. Auch anderen hatte sich ein Traum erfüllt; denn eine Generation später schreibt ein Chronist: Wer in seiner europäischen Heimat mittellos war, »den hat Gott hier reich gemacht«.[79]

In den folgenden Jahrhunderten nahmen Abertausende Stab und Tasche, etwa Kaiser Friedrich I. im Jahre 1189 in Hagenau[80], um als ›Pilger‹ den hart bedrängten lateinischen Christen im Heiligen Land zu helfen. So lange ausreichend Verstärkung eintraf und die Muslime unter sich zerstritten waren, konnten die Kreuzfahrerstaaten sich behaupten. Als sich die Verhältnisse umkehrten, die zum Schutz des Heiligen Landes Gerufenen einander bekämpften, mit Saladin ein fähiger Muslim über das Land von Syrien bis nach Ägypten gebot, gerieten die Christen in die Defensive. Zwar gelang es Kaiser Friedrich II. im Jahre 1229, vertraglich den Christen freien Zugang zu den heiligen Stätten zu erwirken und gar die lateinische Herrschaft über Jerusalem zurückzugewinnen. Doch änderte das nichts an den Machtverhältnissen. Seit 1244 herrschten wieder Muslime in Jerusalem, und 1291 fiel mit Akkon der letzte Posten christlicher Herrschaft im Heiligen Land.

In den Kreuzzügen hat das Abendland erstmals in großem Stil über seine bisherigen Grenzen hinausgegriffen und jenseits des Meeres Herrschaft begründet. Ein Grund für diesen Expansionsdrang dürfte seinerzeit nur wenigen bewußt gewesen sein: Oft begaben sich zweite und dritte Söhne, die daheim kein Auskommen fanden, auf ›Pilgerfahrt‹ ins Heilige Land.

Vom Pilger zum Bildungs- und Vergnügungsreisenden

Die *Canterbury Tales* und andere Quellen bezeugen, daß im ausgehenden Mittelalter eine Pilgerfahrt nahtlos in eine Vergnügungsfahrt übergehen konnte. Der eine gönnte sich eine Kavalierstour, der andere die Freuden einer mehrwöchigen Badekur in nobler Gesellschaft;[81] ein dritter notierte in mehreren Sprachen »goede frauwe laist mich bij uch slaeffen«.[82]

Seit dem 16. Jahrhundert erfreuten sich bei Adel und Bürgertum Bildungsreisen zunehmender Beliebtheit, vor allem in neugläubigen Kreisen. Diese Reisen weisen bemerkenswerte Gemeinsamkeiten mit Pilgerfahrten auf; oft erscheinen sie wie deren Fortsetzung, aber mit anderer Absicht. Man reiste weiterhin nach Rom, doch nun interessierte man sich hier in erster Linie für die Stätten antiker Größe; das schloß einen Besuch der Apostelgräber nicht aus.

Bildungsreisende kamen in den Genuß von Einrichtungen, die ursprünglich Pilgern zugedacht waren. So kehrte Thomas Platter, Protestant und Medizinstudent aus Basel, im Jahre 1598 in Alès (Südfrankreich) in einem »*Au bourdon*, Zum Bilgerstab« genannten Hause ein.[83]

Ernsthafte Pilger und bildungsbeflissene Forscher hatten, so möchte man sagen, einen gemeinsamen Trend zur Rationalisierung: Beiden war zielloses Umherschweifen *(vagari)* zuwider; beide waren auf umsichtige Vorbereitung und sorgfältige Durchführung ihrer Reise bedacht. Beide nahmen Umwege in Kauf; der eine wollte an abgelegener heiliger Stätte zusätzliche Gnaden gewinnen, der andere außergewöhnliche Pflanzen, Tiere, Steine oder technische Einrichtungen kennenlernen. Insgesamt versprachen sich Pilger und Bildungsreisende von ihrer Fahrt größtmöglichen Nutzen. Daraus ergaben sich Gemeinsamkeiten auch bei der Nachbereitung: Weiter vertiefen wollte der Pilger seinen Glauben, der Bildungsreisende seine Erkenntnis. Der eine wertete die unterwegs angefertigten Aufzeichnungen aus und korrespondierte mit Autoritäten, die er persönlich oder über Druckschriften kennengelernt hatte; der andere betete auch daheim zu ›seinem‹ Heiligen, und in seiner Behausung schmückten Andenken vom Wallfahrtsort eine Erinnerungsecke.

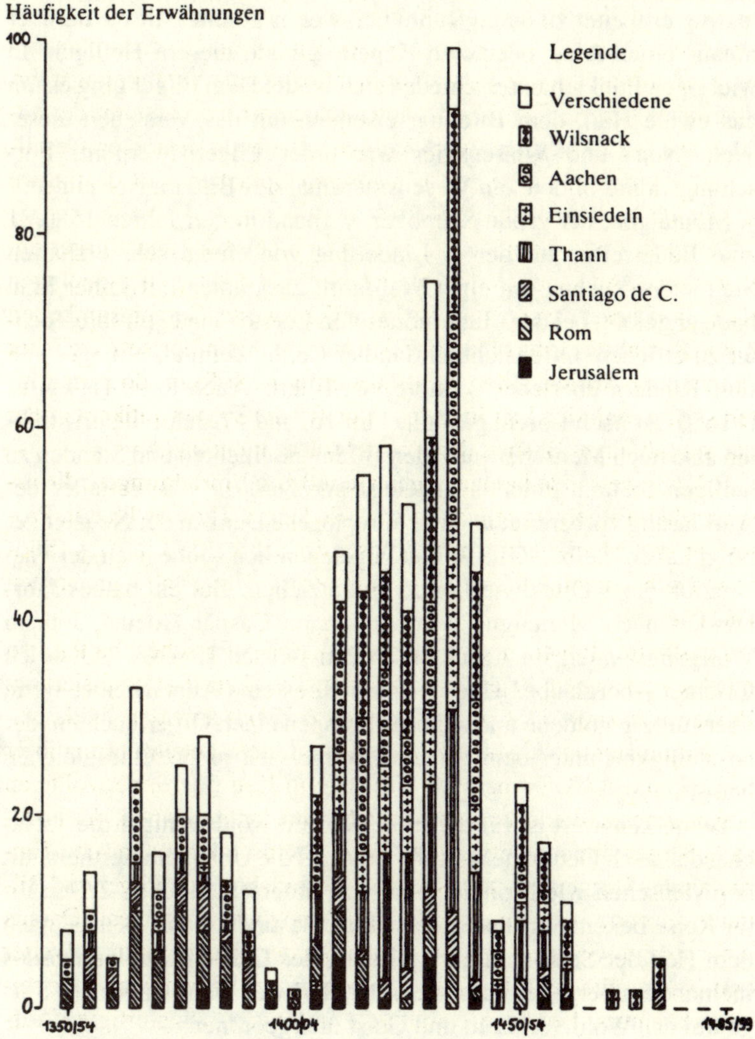

Abb. 9: Wichtigste, in Lübecker Testamenten genannte Wallfahrtsziele, 1350–1495 (jeweils fünf Jahre zusammengefaßt: 1350–1354, 1355–1359 usw.). Deutlich wird der ›Boom‹ von testamentarisch verfügten Fernwallfahrten in der ersten Hälfte des 15. Jahrhunderts.

Durch Erzählungen von dem, was er an heiligen Stätten erlebt hatte, trug er weiter zu deren Ruhm bei; wer es konnte, stiftete darüber hinaus einen Altar oder eine Kapelle gerade diesem Heiligen. In wichtigen Punkten unterschieden sich beide: Dem Pilger ging es um das ewige Heil, dem Bildungsreisenden um das Verstehen dieser Welt. Neu- und Wissensgier war unter Pilgern verpönt; Forschungsdrang bildete ein Wesensmerkmal des Bildungsreisenden.

Montaigne, der große Skeptiker, verband in den Jahren 1580/81 eine Bäderreise, auf der er Linderung von einem schmerzhaften Steinleiden suchte, mit einer Wallfahrt; zusammen mit seiner Frau hatte er gelobt, bei der Muttergottes von Loreto Gnade für ihre Tochter zu erflehen. Offensichtlich fand er Gehör, denn als einziges von fünf Kindern überlebte Leonore ihre Eltern. Auch René Descartes (†1650) ist nach Loreto gewallt.[84] Im 16. und 17. Jahrhundert strebten also noch Menschen aus allen Bildungsschichten und Ständen zu heiligen Stätten, unter ihnen Geistesgrößen, die das Zeitalter der Aufklärung vorbereitet und das europäische Denken der Neuzeit geprägt haben. Selbst Kritiker hatten gelegentlich Mühe, sich der Faszination eines Ortes wie Loreto zu entziehen. Gut ein halbes Jahrhundert nach Montaigne bekennt Johann Caspar Goethe, Johann Wolfgangs Vater, im Anschluß an den Besuch Loretos: »O welch törichter Aberglaube! Und dennoch ist es eine Augenweide, wenn über fünfzig goldene und silberne Lampen einen Ort erleuchten, der an Heiligkeit unter dem ganzen Himmelszelt nicht seinesgleichen hat.«[85]

Bemerkenswert ist für die frühe Neuzeit wohl weniger die Tatsache, daß auch Gebildete wallfahrteten, als die Unbekümmertheit, mit der Menschen wie Montaigne sich zu unterschiedlichen Zielen ihrer Reise bekennen. Das Streben nach Gesundheit des Leibes, nach dem Heil der Seele und nach Bildung des Geistes konnten nahtlos ineinander übergehen; das seelische Heil war nicht länger der Sorge um das Wohl von Leib und Geist übergeordnet.

Im 18. Jahrhundert wandten sich zunächst Adlige und Gebildete von der Heiligenverehrung ab, dann vom kirchlichen Leben überhaupt; mit einer Phasenverschiebung folgten breitere Schichten des Volkes. Als große Teile der Oberschicht in den europäischen Staaten weitgehend entchristlicht waren, zur Zeit der Französischen Revolution und der großräumigen Säkularisierung kirchlicher Güter an der Wende vom 18. zum 19. Jahrhundert, bahnte sich unter Gebildeten schon wieder ein Umschwung an. Wehmütig blickt der Protestant Novalis auf ein verklärtes Mittelalter zurück: »Mit welcher Heiterkeit verließ man die schönen Versammlungen in den geheimnisvollen Kirchen, die mit ermunternden Bildern geschmückt, mit süßen Düften erfüllt und von heiliger erhebender Musik belebt waren.« In ihnen seien »die geweihten Reste ehemaliger gottesfürchtiger Menschen dankbar, in köstlichen Behältnissen aufbewahrt« worden; an ihnen habe sich »die göttliche Güte und Allmacht, die mächtige Wohltätigkeit dieser glücklichen Frommen, durch herrliche Wunder und Zeichen« offenbart. Glücklich habe sich gepriesen, wer »eine so tröstliche Reliquie erhalten oder nur berühren konnte. Hin und wieder schien sich die himmlische Gnade vorzüglich auf ein seltsames Bild oder einem Grabhügel niedergelassen zu haben.« Dorthin seien Menschen von überall her »mit schönen Gaben« geströmt; zurückgebracht hätten sie »himmlische Gegengeschenke: Frieden der Seele und Gesundheit des Leibes«.[86]

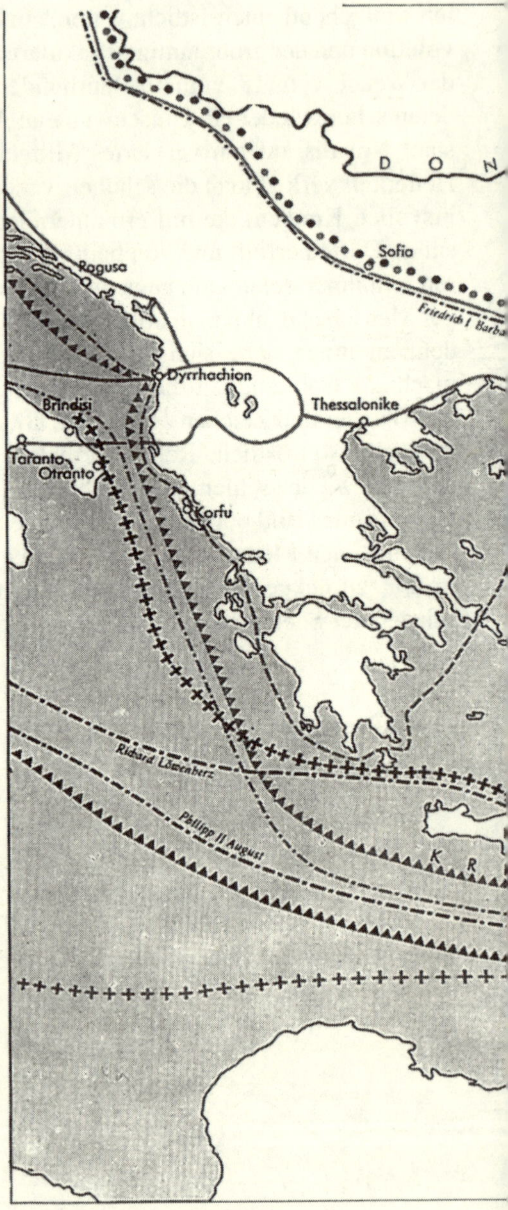

Abb. 10: Wege der Kreuzfahrer (aus: LThK², Bd. 6). Schiffe, die von Venedig ins Heilige Land fuhren, blieben gern in Sichtweite der Küste. Waren Schiffe und Seeleute den Herausforderungen gewachsen und die Seeräuber in Schach gehalten, fuhr man eher auf der direkten Route, weiter vom Festland entfernt.

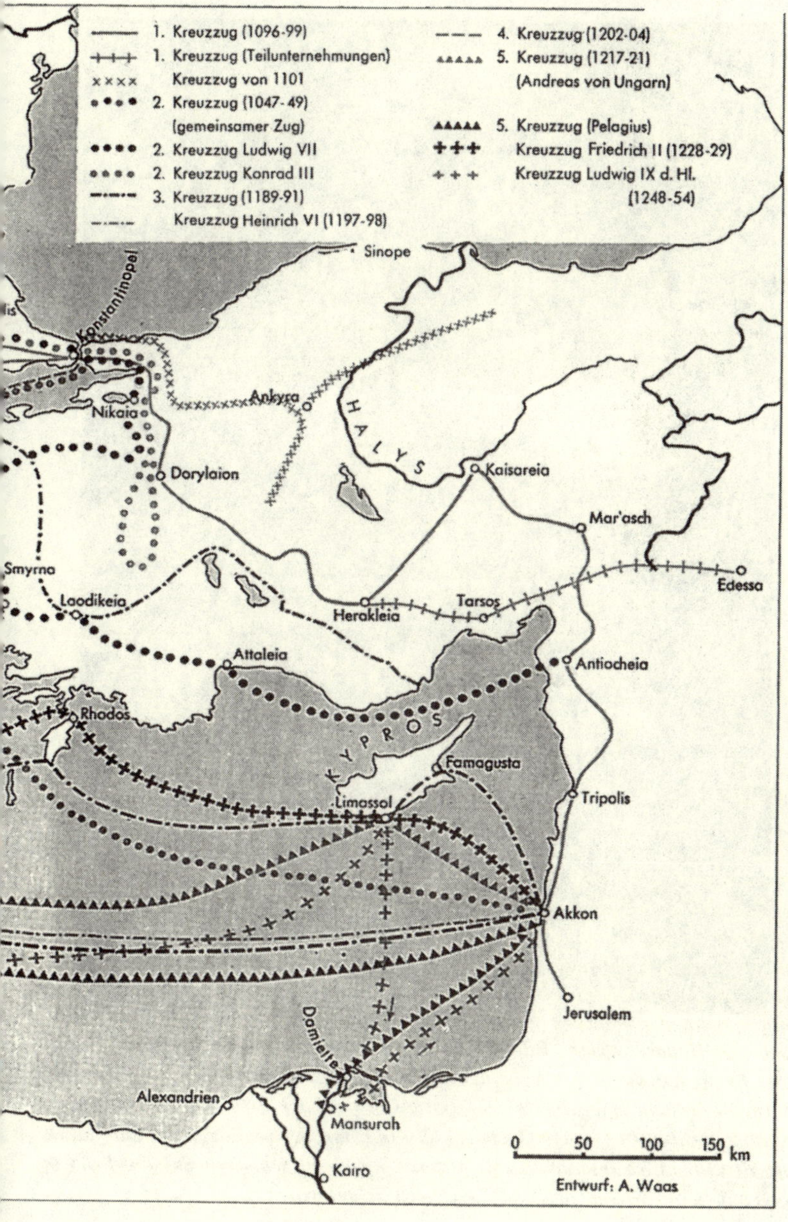
1. Kreuzzug (1096-99)
1. Kreuzzug (Teilunternehmungen)
Kreuzzug von 1101
2. Kreuzzug (1047-49) (gemeinsamer Zug)
2. Kreuzzug Ludwig VII
2. Kreuzzug Konrad III
3. Kreuzzug (1189-91)
Kreuzzug Heinrich VI (1197-98)
4. Kreuzzug (1202-04)
5. Kreuzzug (1217-21) (Andreas von Ungarn)
5. Kreuzzug (Pelagius)
Kreuzzug Friedrich II (1228-29)
Kreuzzug Ludwig IX d. Hl. (1248-54)
Sinope
Konstantinopel
Nikaia
Ankyra
HALYS
Dorylaion
Kaisareia
Mar'asch
Edessa
Smyrna
Laodikeia
Herakleia
Tarsos
Attaleia
Antiocheia
Rhodos
KYPROS
Famagusta
Limassol
Tripolis
Akkon
Jerusalem
Damiette
Alexandrien
Mansurah
Kairo
0 50 100 150 km
Entwurf: A. Waas

Abb. 11: Heimkehr eines Pilgers (Kreuzgang des Klosters Belval, Lothringen). Das Kreuz auf der Brust weist den Mann als Kreuzfahrer aus. In seinem verhärmten Gesicht spiegeln sich Strapazen, in dem der Frau Kummer und Not. Kreuzfahrer hatten geringe Chancen, lebend heimzukehren; auch deshalb hatten die Frauen in Abwesenheit ihres Mannes oft einen schweren Stand all denen gegenüber, die zu Diensten und Treue verpflichtet waren.

4. MOTIVE DER WALLFAHRER

Warum wurden jahrhundertelang Wallfahrten unternommen? Was trieb Menschen aller Altersstufen, Schichten und Berufe auf die Straße? Was bewog sie dazu, zahllose Unannehmlichkeiten auf sich zu nehmen? Auch wenn manche Motive schon genannt wurden, ist es sinnvoll, solchen Fragen im Zusammenhang nachzugehen. Zwar dürften viele Pilger mehrere Gründe für ihre Reise gehabt haben, doch ausschlaggebend war oft:

Der Glaube an Gott, das Vertrauen zu den Heiligen

»Aus Liebe zu dieser Heiligen vergibt der Herr den Sündern ihre Vergehen, den Blinden schenkt er das Augenlicht, den Stummen löst er die Zunge; Lahme werden aufgerichtet, Besessene vom Dämon befreit, vielen anderen werden hier unsagbare Wohltaten zuteil.« Diese Worte gelten der in Vézelay geehrten Maria Magdalena; ähnlich preist der unbekannte Autor in der Mitte des 12. Jahrhunderts andere Heilige, allen voran den hl. Jakobus, dessen Ruhm er mehren will.[87]

Da Gott eines Tages Rechenschaft fordern werde, suchte der sündige Mensch nach Helfern; er fand sie in den Heiligen: Frauen und Männer, die als Verwandte, Freunde und Jünger das Leben Jesu geteilt hatten, die als Märtyrer für ihn ihr Blut vergossen, die als Bekenner von seinen Worten und Werken Zeugnis gegeben, die als Engel Gottes Botschaft den Menschen übermittelt hatten. Märtyrer und Bekenner waren sündige Menschen gewesen, wie die Pilger, die sich insofern in ihnen wiedererkennen konnten. Doch hatten die Heiligen die entscheidenden Bewährungsproben schon bestanden; als Gottes Freunde lebten sie in der Nähe Jesu; deshalb waren sie geeignet, eine Vermittlerrolle zwischen dem sündigen Erdenbürger und dem heiligen, strengen Richtergott zu übernehmen. Der ›Pilgerführer‹ ist überzeugt, daß die auf den Alyscamps (*Elysii campi*), einem altehrwürdigen Friedhof bei Arles, bestatteten Märtyrer und Bekenner am Tage der Auferstehung denen, die dort fromm zu Gott gebetet und seine Heiligen verehrt haben, »helfen werden, das Heil zu gewinnen«.[88]

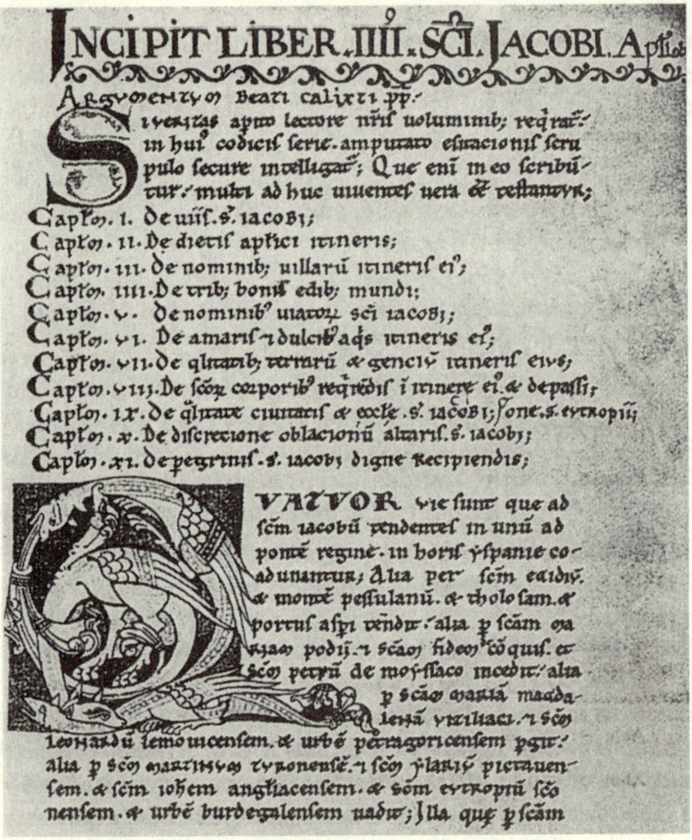

INCIPIT LIBER IIII SCI JACOBI APLI

Argumentum beati calixti pp.

Si veritas apud lectore nris voluminib; requirat: in hui codicis serie amputato esitacionis scrupulo secure intelligat; Que eni in eo scribuntur: multi ad huc uiuentes vera e testantur;

Capitulum. I. De uiis. s. iacobi;
Capitulum. II. De dietis aplici itineris;
Capitulum. III. De nominib; uillaru itineris ei;
Capitulum. IIII. De trib; bonis edib; mundi;
Capitulum. V. De nominib uiator sci iacobi;
Capitulum. VI. De amaris 7 dulcib aqs itineris ei;
Capitulum. VII. De qlitatib; terraru & gencium itineris eius;
Capitulum. VIII. De scor corporib requirendis i itinere ei. & depassi
Capitulum. IX. De qlitate ciuitatis & eccle. s. iacobi; fone s. eutropii;
Capitulum. X. De discretione oblacionu altaris. s. iacobi;
Capitulum. XI. De pegrinis. s. iacobi digne recipiendis;

QVATVOR vie sunt que ad scm iacobu tendentes in unu ad ponte regine in horis yspanie coadunantur; Alia per scm egidiu & monte pessulanu & tholosam & portus aspi tendit: alia p scam mariam podii 7 scam fidem conquis & scm petru de moyssaco incedit: alia p scam mariam magdalena uiziliaci 7 scm leonardu lemouicensem & urbe petragoricensem pgit: alia p scm martinum turonense 7 scm ylariu pictauensem & scm iohem angliacensem & scm eutropiu sco nensem & urbe burdegalensem uadit; Illa que p scam

Abb. 12: Aus dem Codex Calixtinus (12. Jh., Kathedrale von Santiago de Compostela). Oberste Zeile: »Incipit Liber quart(us) S(an)c(t)i Jacobi Ap(osto)li«. In der Mitte, anfangend mit der von Fabelwesen gebildeten Initiale Q, »Quatuor vi(a)e sunt qu(a)e ad s(an)c(tu)m Iacobu(m) tendentes, in unu(m) ad Ponte(m) Regin(a)e, in horis Yspani(a)e, coadunantur« (Das vierte Buch des hl. Apostels Jakobus beginnt ... Vier Wege sind es, die zum hl. Jakobus hinstreben, und sie vereinigen sich zu einem bei Puente la Reina in spanischen Landen).

Hinter diesem Glauben standen Erfahrungen, wie man sie im weltlichen Bereich machte. Wer ein Anliegen hatte, traute sich nicht direkt unter die Augen des Herrschers, suchte vielmehr nach einem Fürsprecher. Es ist nur folgerichtig, daß das Wort *intercessor* (wörtlich: Dazwischentreter) in lateinischen Quellen sowohl den Heiligen meint, der zwischen Gott und Mensch vermitteln soll, als auch den Menschen aus der Umgebung eines Großen, der die Bitte weiterleitet, die von Angesicht zu Angesicht vorzutragen der ›kleine Mann‹ sich scheut.

In Mirakeln, den vielerorts aufgezeichneten Berichten von wunderbaren Ereignissen, fällt wiederholt die grundsätzlich rechtgläubige Einstellung auf: An erster Stelle wird Gott angerufen. Wunder, so heißt es in Mirakeln des hl. Theobald aus Thann, ereignen sich »von Influsz der tugend (d. h. Kraft) des heiligen geistes« und »durch daz gebett und verdienen der lieben heiligen«.[89]

Besuch heiliger Stätten und Erwerb von Reliquien

Juden, Griechen und Römer, in deren Welt das Christentum hineinwuchs, war die Vorstellung vertraut, daß die Gottheit sich an bestimmten Orten den Menschen offenbare, daß sie vorzugsweise auf Bergen, unter Bäumen und an Quellen ansprechbar sei. Aus Erzählungen im Alten Testament wußte man, daß Gott sich an markanten Orten gezeigt und Menschen geholfen hatte. Man wußte, daß Gottes Freunde andere Orte geheiligt hatten durch ihr Wirken, durch ihr Leiden oder dadurch, daß ihre sterbliche Hülle dort ruhte.

Manchen genügte es nicht, nur einmal an einem solchen Ort zu Besuch gewesen zu sein. Sie wollten Reliquien in ihrer Nähe haben, also Gebeine von Märtyrern und Bekennern sowie Gegenstände, die deshalb als geheiligt galten, weil Jesus oder seine Heiligen sie berührt hatten. Sie verlegten ihren Wohnsitz an heilige Stätten, wie es Menschen am Niederrhein taten, die in unmittelbarer Nähe der Heiligen leben wollten; aus *Ad Sanctos* (bei den Heiligen) ist der Ortsname Xanten hervorgegangen.[90] Andere wollten so nah wie möglich bei den Heiligen bestattet werden. Viele mittelalterliche Pilger zogen gegen Ende ihres Lebens ins Heilige Land, um in Jerusalem zu sterben und hier die Wiederkunft Christi zu erwarten, oder nach Rom, um hier den hl. Petrus als Himmelspförtner zu gewinnen. Wieder andere überführten die sterblichen Überreste von Heiligen an ihren Heimatort, mit oder ohne Billigung der Christen am Ort der Bestattung. Solche Translationen dienten auch dazu, Ende des 8., Anfang des 9. Jahrhunderts die gerade zum Christentum bekehrten Sachsen in die römische Kirche einzubinden.[91] Die Überführung erfolgte oft in feierlicher Prozession; zu dem Zug stießen Pilger von nah und fern, die dem Heiligen eine Wegstrecke weit ehrendes Geleit gaben; unterwegs trugen sie ihm ihre Anliegen vor und erfuhren nicht selten Hilfe, wie Pilger sie an ›festen‹ heiligen Stätten fanden.

In späteren Jahrhunderten hat man wiederholt Reliquien zu den Menschen getragen. Im Jahre 1194 wurden die Stadt Chartres und ihre Kathedrale ein Raub der Flammen. Wunderbarerweise blieb das Hemd unversehrt, das Maria der Überlieferung nach bei der Geburt des Jesuskindes getragen hatte. Diese kostbare Reliquie wurde nun auf einen ›Werbefeldzug‹ geschickt, um Mittel für den Wiederaufbau der Kathedrale zu sammeln. Wenn Heilige zu den Menschen kamen, konnte man ihnen in der Heimatstadt die gebührende Ehre erweisen; es war nur billig, daß man den Betrag, den man für eine weite Pilgerfahrt hätte aufwenden müssen, für einen frommen Zweck spendete. Man verfuhr ja ähnlich, wenn man Papst oder Bischof um Dispens vom Gelübde einer Pilger- bzw. Kreuzfahrt bat.[92]

Die unrechtmäßige Überführung von Reliquien war unter weltlichen und geistlichen Großen weit verbreitet. Hier seien nur einige Beispiele genannt. In Nacht- und Nebelaktionen wurden die Heiligen Marcellinus und Petrus 827 von Rom nach Seligenstadt (Odenwald) und der Evangelist Markus 829 von Alexandrien nach Venedig überführt. Gebeine des Bischofs Nikolaus, der in Kleinasien gewirkt und sein Grab in Myra gefunden hatte, ruhen heute in Unteritalien. Ob man die 1087 erfolgte Überführung nach Bari noch als Entwendung bezeichnen kann, sei dahingestellt.[93] Die Folge war jedenfalls, daß Nikolaus heute zu den Heiligen der Christenheit des Abend- *und* des Morgenlandes zählt; an seinem Grab begegnen sich seit Jahrhunderten Lateiner und Griechen. Zu einem abscheulichen Raubzug wurde im Jahre 1204 der vierte Kreuzzug pervertiert; bei der Eroberung von Konstantinopel fielen den ›Kreuzfahrern‹ außer unermeßlichen Schätzen an edlen Metallen und kostbaren Steinen

Abb. 13: Pilger im Tympanon der Kathedrale Saint-Lazare in Autun. Sie sind ausgewiesen durch Muschel bzw. Kreuz, die hier noch die Tasche schmücken (vgl. Abb. 6)

zahlreiche Reliquien in die Hände.[94] In Venedig und anderen Heimatorten der ›Kreuzfahrer‹ werden die entsprechenden Heiligen nicht selten bis auf den heutigen Tag verehrt.

Wir nennen Raub, was die Zeitgenossen oft als verzeihlichen, da heiligen Diebstahl bewerteten; ein ganzes Buch konnte diesem Thema gewidmet werden.[95] Die – im allgemeinen hochgestellten – Täter rechtfertigten ihr Tun gern mit zwei Argumenten: An dem angestammten Platz hätten die Menschen den Heiligen durch Nachlässigkeit gekränkt; es galt daher als recht, solche Mißachtung gutzumachen dadurch, daß man ihn an einen Ort überführte, an dem für die gebührende Ehre gesorgt war. Und sollte der Heilige mit dieser Behandlung nicht einverstanden sein, würde er sich zu wehren wissen, die Täter schrecken oder mit körperlichen Leiden strafen. Solche Vorstellungen begegnen auch im ›Pilgerführer‹. Noch nie sei es, wie von vielen bezeugt werde, »jemandem gelungen, die Leiber folgender vier Heiliger aus ihren Grabstätten zu entführen: Die Gebeine des hl. Jakobus Zebedäus, des hl. Martin von Tours, des hl. Leonhard aus dem Limousin und die des hl. Ägidius, des Bekenners Christi«. Zwar soll einst Philipp, König der Franken, versucht haben, diese Leiber in sein Reich zu übertragen; »doch gelang es ihm trotz großer Mühe nicht, sie aus ihren Sarkophagen zu heben«. Zum hl. Leonhard heißt es später, es sei unmöglich, »auch nur den kleinsten Teil seiner Gebeine fortzutragen; das wird einem nicht einmal mit dem Staub aus seinem Grabe gelingen«. Ähnlich wird die Nichtübertragbarkeit des hl. Jakobus wiederholt.[96] Derartige Versicherungen sollten etwaige ›Interessenten‹ abschrecken und den Ruhm heiliger Stätten mehren. Ein Ort, der einem Heiligen so lieb war, daß sich nicht einmal Staub, geschweige denn Reliquien von dort entfernen ließen, mußte Pilgern besonderen Segen bringen, den sie anderswo nicht gewinnen konnten.

Gesegnet war der Ort jedoch des Heiligen wegen. Man reiste nicht nach Tours, sondern suchte den hl. Martin auf, nicht nach Rom, sondern zu den Apostelfürsten. So heißt es in den sogenannten ›Reichsannalen‹, deren Verfasser dem fränkischen Königshof nahestand, Karl der Große habe 786 beschlossen, »um des Gebetes willen zu den Schwellen der heiligen Apostel zu ziehen«.[97] Eine solche Pilgerfahrt schloß hochpolitische Ziele und Verhandlungen an Ort und Stelle nicht aus. Viele suchten mehrmals in ihrem Leben den einen Heiligen auf, zu dem sie ein inniges Verhältnis gefunden hatten.

Grundlage derartiger Reisen war das unerschütterliche Vertrauen, daß Heilige dank der ihnen von Gott verliehenen Kraft helfen können. Aus den Heiligsprechungsakten der 1231 verstorbenen Elisabeth von Thüringen spricht die Gewißheit der Menschen, daß die Landgräfin auch nach ihrem Tode ansprechbar und den Leidenden nahe sei, und daß sie den Mühseligen helfe. Nicht selten bekunden die nach Marburg Gepilgerten ein so gutes Gewissen, daß sie unbekümmert Elisabeth Vorwürfe machen oder ihr gar mit Drohungen begegnen, wenn *sie* nicht gleich erhört werden. Eine Frau hatte mit ihrer neunjährigen, von Buckel und Kropf geplagten Tochter vergeblich zehn Tage lang am Grabe gebetet. Schließlich murmelt die Mutter unwillig, allen Menschen vom Besuch des Grabes abraten zu wollen, da Elisabeth *sie* nicht erhört habe. Zornig tritt sie den Rückweg an; unterwegs befiehlt Elisabeth der Tochter im Traum, aufzustehen und zu gehen – die Tochter ist geheilt. Ein Gelähmter wurde am Grab nur von seinem Buckel befreit. Auf der Rückreise droht er: »Heilige Elisabeth, zu dir werde ich künftig nicht kommen, es sei denn, daß ich dank deiner Barmherzigkeit allein gehen kann; und ich werde gehen, wenn mir die Möglichkeit dazu gegeben wird.« Auch dieser erfährt im Traum, daß er wieder gehen könne. Eine Mutter fleht elf Wochen lang vergeblich am Grab um Gesundheit für ihren Sohn; als sie sieht, wie viele geheilt werden, erklärt sie kategorisch: »Allem was dort geschieht, werde ich keinerlei Glauben schenken, da *mir* während so langer Zeit in meinem Sohn keine Gnade widerfahren ist.« In den folgenden Tagen setzt die Heilung ein.[98] Die Heilige hat allen dreien also geholfen und die Mütter ihr Hadern nicht entgelten lassen.

Woher wußte man, daß man sich an diese oder jene Heilige wenden sollte? Manchen wurde der entscheidende Rat im Traum offenbart; andere stützten sich auf Berichte und Erzählungen von Verwandten, Freunden, Bekannten, denen gegenüber ein bestimmter Heiliger sich bewährt hatte. Auf der Suche nach Hilfe irrten wieder andere monate-, vielleicht auch jahrelang von einem Wallfahrtsort zum anderen. Es konnte sehr wohl sein, daß ein Heiliger schließlich half, der weit entfernt verehrt wurde; der, an dessen Grab man gerade betete, schien taub zu sein. Mit dem Rätsel, daß ein Gebet hier erhört wurde und dort nicht, mußte man sich abfinden, hatte doch schon Augustinus (†430) demütig bekannt: »Gott ist überall und wird durch keinen Raum umschlossen oder begrenzt. Wer kann aber seinen Plan durchschauen, weshalb Wunder an dem einen Ort geschehen, an dem anderen aber nicht?«[99]

Heimatlosigkeit in der Nachfolge Jesu

Seit dem 6. Jahrhundert verließen irische Mönche aus Liebe zu Gott die Sicherheit ihrer Klöster, um in den unwirtlichen Weiten des Kontinents das Ideal asketischer Heimatlosigkeit zu leben und den Glauben auszubreiten. Sie strebten nicht einem bestimmten Wallfahrtsziel zu, vielmehr sollte der Weg das Ziel sein. Ihre Pilgerschaft (*peregrinatio*) bedeutete eine Lebensform, die dem Missionsauftrag Jesu und dem Beispiel des wandernden Abraham gerecht zu werden suchte.[100]

Zwar hat man auf dem Kontinent die Strenge irischer Mönche im allgemeinen abgemildert; doch war man hier weit davon entfernt, den bequemen Weg zu propagieren. Bezeichnend sind Überlegungen des Hildesheimer Dechanten Johann Oldecop angesichts durchreisender Aachenfahrer noch im Jahre 1517. Große Demut beweise der Christ,wenn er sich von seinem Eigentum eine Zeitlang trenne und in die Fremde ziehe, Hunger und Kummer, Hitze und Kälte erleide, in der Herberge übel empfangen und viel schlechter als zu Hause mit Speise, Trank und Lager bedient werde. All das nehme der Pilger willig auf sich, bekenne er dadurch doch, daß sein Schöpfer um unsretwillen auf dieser elenden Welt viel größere Unbill erlitten habe. Wenn Gott einen solchen Diener einst von dieser Welt nehme, werde er ihm »hundertfach mehr wiedergeben und ihm mit der ewigen Seligkeit vergelten«.[101]

Abb. 14: Elisabeth kämmt einen Aussätzigen (Tafel 16 des Lübecker Elisabethzyklus). Als Fürstin hat Elisabeth sich in den Dienst der Niedrigsten gestellt und damit Maßstäbe karitativen Handelns gesetzt, die auch Pilgern zugute kamen.

Abb. 15: Pilger begegnen einem griechischen Mönch (1483, Holzschnitt von Erhard Rehwick).

Gelübde

Auf der Rückfahrt aus der Neuen Welt gerieten Columbus und seine Leute am 14. Februar 1493 in einen schweren Seesturm. Sie taten alles Menschenmögliche, um ein Kentern des Schiffes zu verhindern; angesichts des sicheren Untergangs blieb nur noch ein Mittel: Columbus »befahl, einen Pilger auszulosen, der zur heiligen Maria von Guadalupe wallfahren und eine fünf Pfund schwere Wachskerze darbringen solle, und alle sollten geloben, daß jener, den das Los treffe, die Pilgerschaft antreten werde.« In eine Mütze schüttete man so viele Erbsen, wie Menschen an Bord waren; in eine der Erbsen war ein Kreuz geritzt; dann mischte man. »Als erster griff der Admiral in die Mütze, und er zog die Erbse mit dem Kreuz; so fiel das Los auf ihn, und von da an betrachtete er sich als Pilger und in der Pflicht, das Gelübde zu erfüllen.« Columbus ließ noch zwei weitere Pilger auslosen; der eine sollte nach Loreto wallen »zu dem Gotteshaus, wo Unsere Liebe Frau viele große Wunder getan hat und immer noch tut«. Das Los fiel auf einen Matrosen; Columbus versprach, ihm die Reisekosten zu erstatten. Der dritte sollte eine Nacht im Kloster Santa Clara de Moguer wachen und eine Messe lesen lassen, »weshalb die Erbsen samt der mit dem Kreuz bezeichneten abermals ausgelost wurden, und wieder fiel das Los auf den Admiral.« Schließlich gelobten alle, daß sie, sobald sie Land erreichten, bloß mit einem Hemd bekleidet, zu einer der Muttergottes geweihten Kirche ziehen würden, um dort zu beten.[102]

Columbus und seine Leute wußten, was man in auswegloser Lage zu tun pflegte. Der Hilfesuchende verpflichtet sich zu einer außerordentlichen Tat, sucht Gott und seine Heiligen für sich zu gewinnen in der Hoffnung, daß sie daran interessiert sind, die Menschen zu retten; denn nur so könnte ihnen die versprochene Ehrung erwiesen werden. In einem Seesturm war kein Platz für feinsinnige Unterscheidungen, nach denen man nur Gott ein Gelübde ablegt, Menschen und Heiligen dagegen ein Versprechen macht.[103] Columbus wollte, daß Mannschaft und Schiff gerettet würden; doch auch angesichts des Todes hütete man sich, mehr zu versprechen, als man glaubte leisten zu können. Es galt wohl als unmöglich, daß sich die ganze Mannschaft zu einem fernen Pilgerziel aufmachte; andererseits war die wunderbare Rettung aus Lebensgefahr eine zu ernste Sache, als daß man sie auf die leichte Schulter hätte nehmen dürfen. Stellvertretend für alle Menschen an Bord sollten drei das Gelübde erfüllen; ähnlich hielt man es im Ost- und Nordseeraum. Die drei Pilger wurden nicht willkürlich bestimmt; vielmehr sollte durch das Los Gott selbst entscheiden, vor dem Offiziere und einfache Matrosen gleich sind. Um ein Gottesurteil herbeizuführen, ergriff in diesem Fall der Ranghöchste die Initiative; es konnte aber auch eine beliebige Person sein, sofern sie nur ehrbar, vertrauenswürdig war. Die Entsendung der Stellvertreter-Pilger sollte die übrigen Geretteten nicht davon entbinden, persönlich ihre Dankbarkeit zu bekunden: Die gelobte Kerze wurde von allen gemeinsam gestiftet, und allen war es zuzumuten, nach der glücklichen Landung als Beter und Büßer das nächste Marienheiligtum aufzusuchen. Von realistischem Sinn zeugt ferner die Tatsache, daß Columbus mehrere Pilger auslosen ließ; es war unwahrscheinlich, daß alle drei unterwegs starben, das Gelübde mißachteten oder unwürdig waren. Daß eine Pilgerfahrt mit Aufwendungen verbunden war, zeigt die Zusage des Admirals, dem Matrosen die Kosten seiner Reise zu erstatten. Eine weitere Beobachtung: Hier wird vorzugsweise die Hilfe der Muttergottes angerufen; in früheren Jahrhunderten hätte man sich wohl eher an einen der Apostel gewandt.

Bitte und testamentarische Verfügung

Blinde und Stumme, Taube und Lahme wollten an heiliger Stätte um Befreiung von ihrer Krankheit flehen, die kein Arzt heilen konnte. Kinderlosigkeit war nicht nur ein privates Übel; das Fortleben der Dynastie und der Friede waren in Gefahr, wenn beim Tod des Herrschers kein legitimer Erbe folgen konnte. Aber auch Menschen bescheidener Stellung baten um Hilfe in solchem Kummer; so wurde der spätere Bischof Benno II. (†1088) von Osnabrück geboren, nachdem seine Eltern nach Rom gepilgert waren, um dort Christus und seinen Aposteln ihren innigsten Wunsch vorzutragen.[104]

An Wallfahrtsorten drängten sich Frauen und Männer, Kinder und Alte, die nur noch auf ein Wunder hoffen konnten: »was aber die Menschliche Kunst vnd Artztney nit heylen kann / das heylet MARIA / die Mutter der Erkandtnus«.[105] Wie wir gesehen haben, bat Montaigne in Loreto um Leben und Gesundheit seines einzigen noch lebenden Kindes. Kurfürst Maximilian I. von Bayern suchte 1598, zu Anfang seiner Regierungstätigkeit, den besonderen Schutz der Muttergottes in Altötting; 1645 ließ er hier einen mit eigener Hand und eigenem Blut geschriebenen Brief einschließen, mit dem er sich der Jungfrau Maria zu Eigen gab.[106]

Zu allen Zeiten der Kirchengeschichte hat es das stellvertretende Gebet gegeben, etwa der Eltern für ihr Kind, der Familie für einen bewußtlosen Angehörigen; im Spätmittelalter wurden auch viele Wallfahrer entsandt, die anstelle eines Kranken, Gebrechlichen oder auch Verstorbenen an heiliger Stätte beten sollten. Mancher wollte damit eine vor Jahren, vielleicht Jahrzehnten eingegangene Schuld ablösen. So verpflichtete im Jahre 1406 der Lübecker Bürger Clawes (Nicolaus) Stenrot in seiner letztwilligen Verfügung seine Testamentsvollstrecker, je einen Pilger nach Thann im Elsaß und nach Wilsnack in Brandenburg zu entsenden, »to Salicheit und to Troste myner Sele« (zur Seligkeit und zum Troste meiner Seele). 1413 setzte Johannes Hilge, ebenfalls aus Lübeck, hundert lübische Mark aus, mit denen je ein Pilger nach Santiago und Jerusalem entsandt werden sollten; der Jerusalempilger solle am heiligen Grab, ferner an den Stätten, wo Gott geboren war, wo er seine Jünger gespeist hatte sowie am Kalvarienberg je einen Dukaten opfern, »up dat mi God barmhertich sy«.[107]

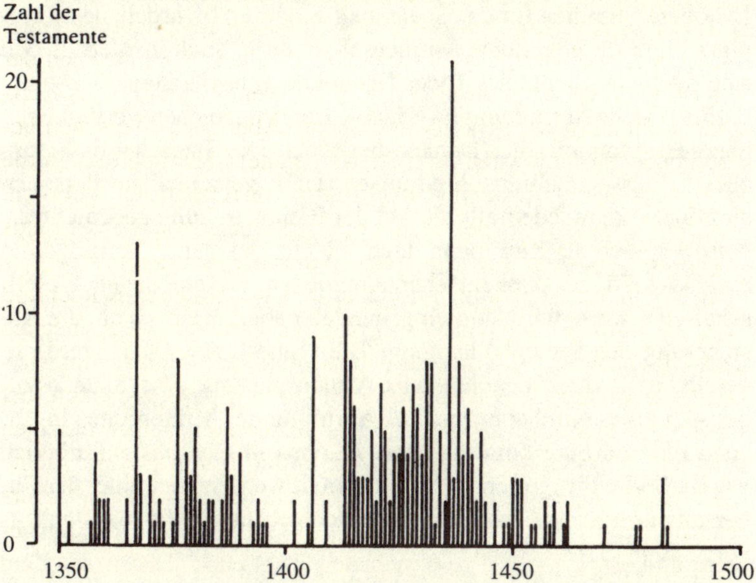

Abb. 16: Häufigkeit von Lübecker Testamenten, in denen auch Wallfahrten geboten werden (1350–1500). Quelle: von Melle.

Der Gedanke stellvertretenden Gebetes, stellvertretender Buße war den Menschen so vertraut, daß sie über die Problematik nicht nachdachten, die mit der Entsendung bezahlter Stellvertreter verbunden war. Wie selbstverständlich heißt es, jemand solle *in meo nomine,* in meinem Namen eine bestimmte Wallfahrt machen. Wiederholt sollen die von der Pilgerfahrt erwarteten Gnaden beiden Eheleuten und etwa lebenden oder verstorbenen Kindern zugute kommen.

Angesichts der Mühen einer weiten Reise ist es verständlich, daß mancher sich scheute, ein Gelübde einzulösen; Monat um Monat, Jahr um Jahr ließ er verstreichen – bis ihm auf dem Sterbebett das Gewissen schlug. Ein solches Aufschieben mochte auch Vorteile bieten: Man war Beschwernissen aus dem Weg gegangen, hatte das für die Wallfahrt vorgesehene Geld vielleicht gar in das Geschäft investieren können. Jetzt ließ sich das Versäumnis wiedergutmachen. Je höhere Summen für das Seelenheil ausgesetzt wurden, desto weniger blieb für ungeliebte Mitmenschen übrig; auch insofern ließen sich noch angesichts des Todes Rechnungen begleichen.

Eine solche Vermutung ist erlaubt, weil in manchen Verfügungen handfest ökonomisches Denken begegnet. Die Tatsache, daß mancher Erblasser mehrere Pilgerreisen durch verschiedene Personen anordnete, kann jedenfalls als Akt der Risikostreuung gedeutet werden. Wer sich als Kaufmann davor hütete, das ganze Vermögen in *ein* Geschäft zu stecken, eher Anteile an verschiedenen Gesellschaften erwarb, wird ähnlich gehandelt haben, wenn es um die Absicherung des Seelenheiles ging: Die Hinterlassenschaft wurde so geteilt, daß Meßstipendien *plus* Armenspeisung *plus* Spende zugunsten eines Kirchenbaues *plus* Anrufung der Muttergottes in Aachen *plus* Fürbitte beim heiligen Jakobus in Compostela möglich waren. Sollte die Armenspeise veruntreut werden oder einer der Pilger unwürdig sein, war insgesamt doch recht gut für das Jenseits vorgesorgt.

Sühne

Auf ihr strenges Bußrecht gestützt, verhängte die irische Kirche im frühen Mittelalter schnell eine Bußwallfahrt von drei, sieben oder zehn Jahren, wenn nicht auf Lebenszeit.[108] Solche Härte wurde in späteren Jahrhunderten gemildert, zumal auf dem Kontinent. Nach Ausweis der Annomirakel war einer vornehmen Frau in der Beichte eine mehrtägige Bußwallfahrt auferlegt worden. Obwohl die Frau einen ernsthaft erkrankten Säugling hat, will oder muß sie ihre Buße gleich verrichten; ihr Töchterchen vertraut sie einer Amme und deren Mann an; dann bricht sie auf. Die Fortsetzung der Geschichte sei, da sie weitere Einzelheiten zum Thema Pilgerfahrt bringt, kurz erzählt: Bald nach dem Fortgang der Mutter stirbt das Kind. In ihrer Not rufen die Pflegeeltern Anno um Hilfe an – und der Säugling lebt! Als nach einigen Tagen die Mutter von dem Vorfall hört, erfüllt sie das von den Pflegeeltern geleistete Gelübde. Zusammen mit Dienerinnen und befreundeten Damen zieht sie zum Kloster Siegburg, betet dort, löst das Gelübde ein und erzählt den Umstehenden, welches Wunder Anno an ihrem Kind gewirkt habe.[109]

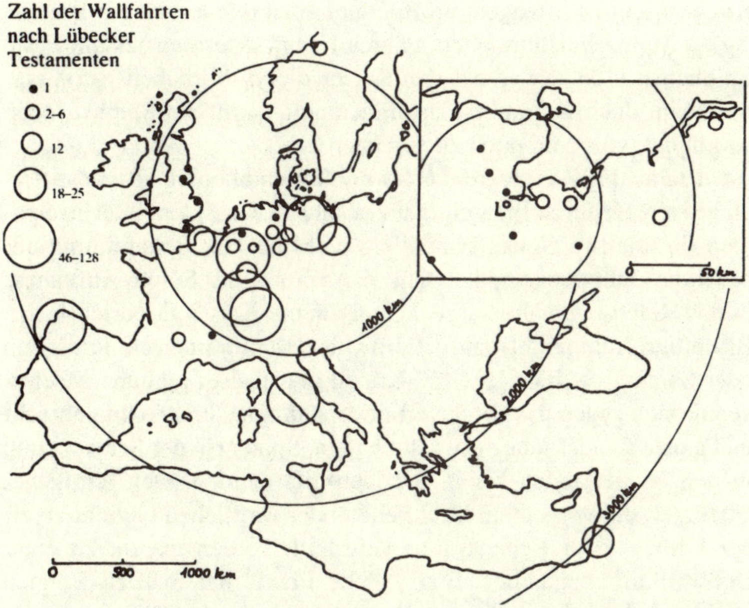

Abb. 17: Lage der wichtigsten, in Lübecker Testamenten erwähnten Wallfahrtsorte, sowie ihre Entfernung von Lübeck aus (die Kreise um Lübeck haben einen Durchmesser von etwa 1000, 2000 und 3000 Kilometern, bzw. im Kasten von 60 und 120 Kilometern, wobei die Entfernung von 60 Kilometern etwa zwei Tagereisen entspricht). Auffällig viele Lübecker Pilger sind über die ›Rheinschiene‹ (Köln, Thann i. E., Einsiedeln) nach Rom gewallt.

Die Sühne sollte in einem angemessenen Verhältnis zur Schuld stehen; um von ihren Sünden losgesprochen zu werden, mußten manche Sünder weite Fahrten auf sich nehmen, wie Gestalten aus Sage und Geschichte zeigen. Tannhäuser pilgerte nach Rom, wo der Papst die Lossprechung faktisch verweigerte; denn er machte sie von einer als unmöglich erscheinenden Bedingung abhängig. Hier griff Gott ein, um zu zeigen, daß sein Erbarmen keine Grenze kennt: Das dürre Holz des Zepters fing an, in der Hand des Papstes zu grünen.[110] Im Jahre 1102 äußerte Kaiser Heinrich IV. gegenüber seinem Taufpaten, Abt Hugo von Cluny, er wolle den von ihm der Kirche zugefügten Schaden wiedergutmachen und dann zum Hl. Grab nach Jerusalem pilgern. Seine Absicht, auf diese Weise die Absolution vom Kirchenbann zu erlangen, eröffnete er auch den auf einem Reichstag zu Mainz Versammelten während des Gottesdienstes am Feste Epiphanie 1103. Zwar hat der Kaiser dieses Vorhaben nicht verwirklicht, doch wurde im Zusammenhang damit ein Reichsfrieden verkündet, von dem noch zu sprechen ist.[111]

Im Jahre 1139 verfügte das Zweite Laterankonzil, ›Brandstifter‹ und deren Helfer sollten ein ganzes Jahr in Jerusalem oder in Spanien im Dienste Gottes büßen[112] – wohl bei der Bekämpfung der Muslime. Jahrzehnte später fand diese Form der Sühne Aufnahme in das Reichsrecht. Im Jahre 1186 erlaubte Kaiser Friedrich I. den Bischöfen, reuigen ›Brandstiftern‹ eine Wallfahrt nach Jerusalem oder Santiago aufzuerlegen.[113] Konzil und Kaiser meinten Mächtige, die sich gegen das Fehdeverbot versündigt, Christen umgebracht und ganze Landstriche verwüstet hatten. Später (in der Schweiz und in den Niederlanden bis in die Neuzeit) wurden auch ›einfache‹ Übeltäter, die von einem kirchlichen oder weltlichen Gericht zu einer Leibes- oder Lebensstrafe verurteilt worden waren, zu einer Bußwallfahrt begnadigt. Eine solche Praxis hat man in Belgien jüngst wieder aufgegriffen zur Resozialisierung straffällig gewordener Jugendlicher.[114]

Eine Bußwallfahrt lief auf die zeitweise Verbannung hinaus, etwa drei Jahre für die Strecke von Mecheln (im heutigen Südbelgien) nach Rom und Santiago; nach Santiago und zurück rechnete man von Mecheln aus etwa ein Jahr. Nicht selten waren die Verurteilten schon äußerlich an Ketten, Fußeisen oder einer Brandmarkung zu erkennen. Mancher Büßer kehrte geläutert heim. Andere fingen unterwegs ein neues Leben an oder wurden erneut straffällig, wieder andere kamen in der Fremde um. Da am Heimatort nicht erneut Blut geflossen und der Täter längere Zeit aus dem Verkehr gezogen war, konnte der Friede in der gestörten Gemeinschaft leichter wiederhergestellt werden. Unproblematisch war das Verfahren allerdings nicht. Wiederholt machten zu Bußwallfahrten Verurteilte die Wege unsicher, zumal die Büßer kein Geld mitnehmen, sich vielmehr zu ihrem Ziel durchbetteln sollten; auch deshalb konnten Buß- und Strafwallfahrten ins Vagabundenwesen abgleiten.[115]

Ketzern wurde gelegentlich eine Pilgerfahrt auferlegt, mit der sie öffentlich ihren Widerruf bekunden sollten.[116] Mancher nutzte diese Buße, um Glaubensgenossen zu treffen oder gar die Häresie auszubreiten.[117] Auch bei ›Behexten‹ galt eine Pilgerfahrt als Heilmittel; einfältige Pilger konnten dadurch in argen Verdacht geraten. Schließlich wollten seit dem Spätmittelalter Abertausende – etwa mit der Wallfahrt nach Rom in einem Hl. Jahr – einen Ablaß gewinnen, d. h. die Tilgung zeitlicher Strafen für begangene Sünden.[118]

Nachahmung und Flucht

Bei der Wallfahrt als Frömmigkeitsübung sowie bei der Auswahl des Zieles dürften Vorbilder eine große Rolle gespielt haben. So soll Guillaume Taillefer II., Graf von Angoulême, mit seiner Pilgerfahrt ins Heilige Land 1026/27 »sehr vielen Herren, Menschen mit mittlerem Vermögen, aber auch Armen« ein gutes Beispiel gegeben haben; Bischöfe, Grafen, Barone und eine ungeheure Menge von Menschen aller Stände seien nach Jerusalem gezogen.[119]

Mancher brach auf, um sich drückenden Pflichten zu entziehen. Wenn Bischof Anno von Minden 1174/75 nach Santiago gepilgert ist, dann vielleicht auch deshalb, weil er Kaiser Friedrich Barbarossa nicht auf einen Heereszug nach Italien begleiten wollte.[120] Auf der Ebene von Fürsten und Königen konnten längere Pilgerfahrten und Kreuzzugsunternehmen Spannungen im Lande (etwa Erbauseinandersetzungen innerhalb einer Dynastie) abbauen oder mildern. Nicht wenige drängte es, wieder einmal unter Menschen zu kommen. Widerstände der Umgebung ließen sich durch ein Gelübde oder einen Traum überwinden: Wiederholt ist in Wundererzählungen davon die Rede, der oder die Heilige habe die Wallfahrt geboten. Hinter einer solchen Vision konnte das Verlangen stehen, eine Zeitlang dem Alltag mit seiner Eintönigkeit, dem Ärger mit Eltern, dem Ehegatten oder behinderten Angehörigen zu entfliehen und einmal zu sich selbst zu kommen.[121] Cervantes erzählt eine Geschichte, die aus dem Rahmen fällt, ohne unglaubwürdig zu erscheinen: Eine wohlhabende Witwe ist vergewaltigt worden; einige Monate später bricht sie zur ›Lieben Frau von Guadalupe‹ auf, angeblich, um von der Wassersucht geheilt zu werden. Daß sie unterwegs in einem Gasthaus einer Tochter das Leben schenkt, erfahren nur wenige aus ihrem Gefolge.[122]

Auch bei Wallfahrten gab es *Push and Pull*-Effekte: Angezogen wurden viele Pilger von der Aussicht auf Abwechslung oder sogar Heilung; aus ihrer Heimat fortgestoßen wurden sie von Katastrophen wie Pest, Hunger und Krieg, die oft genug zusammen auftraten. Die *Legenda aurea* erwähnt eine Familie, die bei passender Gelegenheit ein Gelübde einlöste: Einer drohenden Seuche wich sie mit einer längst gelobten, aber noch nicht ausgeführten Pilgerfahrt aus[123] – und breitete damit das Übel vielleicht weiter aus. Auch langfristig wirkende Lasten mochten eine Wallfahrt auslösen, etwa drückende Abgaben oder Dienste an den Grundherren. Vielleicht hatte man von Pilgern gehört oder selber auf einer Wallfahrt gesehen, daß das Leben andernorts weniger beschwerlich war.

Nicht nur hier kann man von Mitnahmeeffekten sprechen. Bewußt oder unbewußt haben sich Studenten, Handwerker und andere unterwegs nach besseren Existenzbedingungen umgeschaut. Ein gewisser Arnald Fitzhedmar war mit seiner Familie aus Deutschland nach Canterbury zum Grabe des hl. Thomas Becket gepilgert; er blieb in England und wurde später in den Rat der Stadt London aufgenommen.[124] Kaufleute beobachteten auf ihren Wallfahrten auch Preise und Märkte, schätzten Ernteaussichten ab, lernten Menschen persönlich kennen, mit denen sie geschäftlich in Kontakt standen, machten vielleicht auch einen Umweg, um auf einer Messe Handel zu treiben. Das um so eher, als in Zurzach am Hochrhein, in Siegburg unweit von Bonn und in St. Denis bei Paris zur Zeit der Wallfahrt große Märkte veranstaltet wurden.

Das aufmerksame Beobachten wirtschaftlicher Vorgänge konnte kaum merklich in die Übertretung von Gesetzen einmünden. Aus der Zeit Kaiser Justinians I. (527–565) ist überliefert, daß pilgernde Mönche in ihren Stäben Eier des Seidenspinners aus China hinausgeschmuggelt, damit ein chinesisches Monopol gebrochen und die Herstellung kostbarer Seidenstoffe zunächst in Byzanz, dann im ganzen Mittelmeerraum ermöglicht haben.[125] Und wo fängt an, was wir heute Industriespionage nennen? Auf einer Abbildung aus dem 14. Jahrhundert sieht man einen Wallfahrer vor einer Papiermacherwerkstätte.[126] Bewußt und unbewußt haben Handwerker und Gelehrte, aber auch Pilger zur Verbreitung von Ideen und technischen Errungenschaften beigetragen, damit zum Aufstieg Europas seit dem Spätmittelalter.

Abb. 18: Pilgerrast am Wegrand (14. Jh.). Das Bild wirbt für die Wallfahrt; es zeigt, daß die Straßen von anderen gottesfürchtigen Menschen belebt sind (vgl. Abb. 26). Seit dem Spätmittelalter luden Bildstöcke zu Gebet und Rast ein; sie zeigten, daß man sich einer Siedlung näherte. Das Steinkreuz mahnt an den Tod; wer auf einer Wallfahrt starb, vertraute auf die Fürsprache des Heiligen, dem die Wallfahrt gegolten hatte.

Abenteuerlust und Wunsch nach Unterhaltung

Weitere Motive seien stichwortartig genannt, zumal Bildungsreisen schon in einem früheren Kapitel vorgestellt wurden. Abenteuer, von manchen Rittern mühsam gesucht, konnte man auf jeder längeren Pilgerfahrt erleben. In den schon erwähnten *Canterbury Tales* geht es weniger fromm als lebenslustig zu: Man wollte Menschen und deren Schicksale kennenlernen. Das schloß nicht aus, daß man außer angenehmen Erinnerungen auch den Segen Gottes und seines Heiligen heimtragen wollte.[127]

Die meisten werden nicht nur ein Motiv gehabt haben. Im Früh- und Hochmittelalter spielte die Askese eine gewichtige Rolle; im Spätmittelalter dürfte wiederholt der Wunsch nach Unterhaltung überwogen haben. Doch darf man auch dann noch – und bis in die Gegenwart; man denke etwa an die Studentenwallfahrt nach Chartres – von einem Miteinander ganz unterschiedlich motivierter Teilnehmer ausgehen. Neben denen, die eine Pilgerfahrt wie eine Vergnügungsreise genossen, gingen Menschen, die mit der Nachfolge Jesu Ernst machen wollten.

Geistliche Wallfahrten

Nach nüchterner Einschätzung ihrer Leistungsfähigkeit blieb Alten und Kranken oft nichts anderes übrig, als auf eine Fernwallfahrt zu verzichten. Einen gewissen Ersatz bot die ›geistliche Wallfahrt‹, zumal in der Neuzeit, wenn die Obrigkeit Fernwallfahrten erschwert oder verboten hatte.

Zum Jubeljahr 1500 räumt Johannes Geiler von Kaysersberg, wortgewaltiger Prediger am Straßburger Münster, ausdrücklich auch Gefangenen die Möglichkeit einer »geistlichen Romfahrt« ein.[128] Für die Fahrt veranschlagt er fünfzig Tage; diese Zahl ergibt sich nicht aus der Entfernung von Straßburg nach Rom, sondern aus dem Charakter von fünfzig als ›heiliger‹ Zahl: Sieben mal sieben plus eins; Sieben als Zahl der Tugenden, Gaben des heiligen Geistes, Sakramente, Seligkeiten, Bitten im Vaterunser, Todsünden, Schöpfungstage; fünfzig Tage zwischen Ostern und Pfingsten.

Die geistliche Pilgerfahrt solle man wie eine wirkliche eröffnen mit Beichte und Kommunion; man solle den Tag gliedern, ihn mit dem Besuch der Messe beginnen, dann zu festgesetzten Zeiten andächtig beten und Ablässe erwerben; so könne man alle zwei Stunden, in denen der Pilger »eyn myl pfligt zuo gon« (eine Meile pflegt zu gehen), ein Vaterunser sprechen, an das sich die Bitte schließen möge »Got biß genedig mir sunder« (Gott, sei mir Sünder gnädig). Der Seelsorger Geiler warnt den geistlichen Pilger davor, sich zuviel vorzunehmen: lieber wenige Gebete mit ein oder zwei Worten oder auch ganz ohne Worte, aber andächtig und regelmäßig, als anfangs lange, später dann gar keine Gebete mehr.

Nach 21 Tagen wisse der Pilger sich in Rom. Wie der ›richtige‹ Wallfahrer hier an sieben Tagen die sieben Hauptkirchen aufsuche, so solle der geistliche Pilger an sieben Tagen in Straßburg in sieben Kirchen beten, angefangen mit dem Münster Unserer Lieben Frau. Die 21 Tage des ›Rückweges‹ sollen wie die des Hinweges gestaltet werden.

Als Kanzelredner ist Geiler wiederholt auf soziale Nöte seiner Zeit eingegangen, so auch hier: Macht ein Reicher die ›geistliche Pilgerfahrt‹, so soll er täglich soviel Almosen den Armen reichen, wie er auf dem Weg nach Rom für »zerung« hätte ausgeben müssen. Ist er arm, soll er Mitleid mit Armen zeigen oder sich bei Reichen für Bedürftige verwenden.

Während der ›Pilgerfahrt‹ solle man fasten oder auf Freuden des Lebens freiwillig verzichten: gutes Essen, weiches Bett, Bad, angenehme Kleider, Geschwätz; statt dessen solle man übel liegen, arbeiten, schwitzen »und ander armetselikeyt so die bilger lyden muossen«. Das und alles andere solle jeder so ordnen, »das es füglich sey«.

5. VORBEREITUNGEN

Mancher ist Hals über Kopf zu einer Wallfahrt aufgebrochen, angeregt durch eine Predigt. Andererseits war man Pilger nicht erst mit dem Aufbruch, sondern von dem Augenblick an, da man den Entschluß gefaßt hatte. Wie wir gesehen haben, betrachtete sich Columbus gleich nach dem Losentscheid als Pilger, noch mitten auf dem Ozean.

War man bettelarm, brauchte vielleicht nichts geregelt zu werden. Die meisten jedoch werden wohlüberlegt alles Notwendige geordnet haben. Je höher man auf der gesellschaftlichen Leiter stand, desto sorgfältiger wollte das Unternehmen vorbereitet sein: Könige ließen von langer Hand die Route planen; denn es galt, die Regierungsverhältnisse im eigenen Herrschaftsbereich wohlgeordnet zu hinterlassen. Auch sollten Menschen und Institutionen, deren Hilfe der Herrscher unterwegs in Anspruch nehmen wollte, sich auf den hohen Besuch einstellen können.

Häufiger, als aus den Quellen hervorgeht, dürfte jemand eine Pilgerfahrt gelobt haben, ohne sich darüber klar zu sein, auf was er sich einließ. Vierzehn Tage lang schwebte der Sohn eines »freien Herrn« zwischen Leben und Tod. Schließlich verspricht der Vater, den hl. Theobald aufzusuchen – ohne zu wissen, wo dieser »wohnt und Zeichen tut«, d.h. wo Thann liegt.[129] Ein Extremfall? Im Hochmittelalter sind Menschen sogar zu einem Kreuzzug aufgebrochen mit völlig unzureichenden Vorstellungen von der Lage Jerusalems.

Man tat also gut daran, sich zunächst Klarheit über die Lage des Zieles zu verschaffen. Aber wie? Viele werden nicht mehr in Erfahrung gebracht haben als: weit, sehr weit, oder: drei Tage, fünf Wochen, vier Monate, zwei Jahre. Genauere Angaben waren schon deshalb schwierig, weil es keine überregional genormten Maße gab; je nach Land war die Meile ganz unterschiedlich lang. Glück hatte, wer Menschen befragen konnte, die schon einmal den betreffenden Ort aufgesucht hatten: Wie bist du gereist? Wie lange hast du für den

Hin-, wie lange für den Rückweg gebraucht? Welche Jahreszeit und was sonst kannst du empfehlen? Was würdest du heute anders machen? Wer allein zum ersten Mal in ein fremdes Land reist, fragt heute nicht anders.

Vielen war es nicht vergönnt, kompetente Auskunft von einer vertrauenswürdigen Person zu erhalten: Der eine hatte wirkliche Schwierigkeiten vergessen, böse Peinigungen vielleicht gar verdrängt; der andere bauschte bestandene Abenteuer maßlos auf. Wer für eine Wallfahrt oder einen Kreuzzug warb, war versucht, Schwierigkeiten und weite Entfernungen zu verschweigen. Wichtige Informationen wurden in der Predigt weitergegeben; dazu kam, was man von Verwandten, Freunden und Bekannten hörte, die von einer weiten Reise zurückkamen, was Fremde auf dem Markt, am Brunnen, auf einem Weg erzählten. Ratschläge aus zweiter und dritter Hand waren so viel wert wie nicht nachprüfbare Gerüchte.

Man sollte Erfahrungen beherzigen, die man selber unterwegs gemacht hatte, und, bei längeren Reisen, an den Wechsel der Jahreszeiten denken. Aber auch dann galt: Wer den Winter in der Normandie kannte, konnte deshalb noch nicht ahnen, was ihn im Sommer im Hochgebirge erwartete; und wer wußte, daß es in Mitteleuropa gelegentlich wochenlang nicht regnet, dachte kaum daran, daß in südlichen Ländern Tod durch Verdursten droht, wenn Flüsse, Bäche und Zisternen ausgetrocknet sind.

Man gibt sich zu erkennen

Wieder und wieder sind Pilger abgebildet worden. Meist wird der Typus gezeigt und nicht eine Person, die der Künstler mit eigenen Augen gesehen hat. Unabhängig davon, ob sie als Kaufleute eine Handelsmesse oder als Pilger einen Heiligen aufsuchen wollten, mußten Fernreisende sich gewissen Sachzwängen unterwerfen, etwa hinsichtlich der Kleidung. Johannes Geiler rät aufgrund von Erfahrungen, die er auf weiten Reisen hatte machen können: Die Schuhe sollen gut sein, jedoch »nit gancz neü«, sondern vorher schon einmal getragen; denn in neuen Schuhen sei es »gar beß iber feld gan« (gar böse über das Feld zu gehen).[130]

Unentbehrlich war der lange, oft ärmellose Mantel; er schützte gegen Regen und Kälte, nachts diente er als Decke. Der breitkrempige Hut schirmte das Gesicht gegen die Sonne und sorgte dafür, daß der Regen nicht in den Nacken lief; an den Hut steckte man – wohl seit Mitte des 14. Jahrhunderts – nach Erreichen des Ziels das Pilgerzeichen; in früheren Zeiten hatte man es an der Tasche befestigt. In der einen Hand hielt der Pilger seit dem Spätmittelalter oft einen Rosenkranz – von Erasmus boshaft »Schlangeneier« genannt.[131]

Abb. 19: Der ›typische‹ Pilger mit leichtem Gepäck: Die Flasche enthält das lebensnotwendige Wasser. Pilgerzeichen und -kleidung sollten ihrem Träger besonderen Schutz verleihen. Bemerkenswert sind die zielstrebige Haltung und der Bart; Körperpflege war unterwegs weniger gefragt. Wahrscheinlich war der knorrige Stock weiter verbreitet als man nach Abbildungen von schönen Stäben glauben möchte.

Der Stab, der glatt in der Hand zwischen zwei Knäufen lief, bot Halt im Gebirge; auf ihn stützte man sich, wenn man einen reißenden Fluß durchwaten mußte oder ein kleines Gewässer überspringen wollte; mit ihm erwehrte man sich bösartiger Tiere. Man sollte dabei aber das Recht des jeweiligen Landes achten. Der Grundsatz ›Unwissenheit schützt nicht vor Strafe‹ ist manchem verhängnisvoll geworden. Mittelalterliche Pilger werden ähnliche Erfahrungen gemacht haben wie der schon erwähnte Platter. Als er Ende des 16. Jahrhunderts nach Spanien einreiste, entging er mit knapper Not der Galeerenstrafe, da er unwissentlich ein Gesetz übertreten hatte:

»*Non se pue traer baston con hierro.* Man kan oder darf kein mitt eysen beschlagene stecken tragen«. Derartige Stäbe galten in Spanien offensichtlich als ernstzunehmende Waffe. Hinter dem Verbot könnten Xenophobie, aber auch Erfahrungen mit gewalttätigen und gesetzlosen Pilgern stehen, seien sie nun echt oder verkleidet. Für eine solche Deutung spricht auch die Absicht des Simplicissimus, er hätte sich mit seinem »kräftigen Pilgerstab ... trefflich gewehrt«.[132]

Selbst wer sich wegkundigen Reisenden anschließen konnte, tat gut daran, vor dem Aufbruch Erkundigungen über die Länder einzuholen, durch die die Reise gehen sollte. Landes- und Sprachkenntnisse wollte daher auch der ›Pilgerführer‹ vermitteln. Folgendes habe ihn bewogen, so schreibt der Autor, Orte und Etappen aufzuführen: »Gläubige, die zum hl. Jakobus pilgern, sollen vor Reiseantritt, wenn sie sich diese Aufzeichnungen vorlesen lassen, planen können; sie sollen wissen, mit welchen Ausgaben sie auf dem Weg rechnen müssen«.[133] Der ›Pilgerführer‹ – viel zu sperrig, als daß ihn landläufige Wallfahrer hätten ins Gepäck stecken können – beschreibt Wege und Orte, charakterisiert Völker und Heilige; er gibt Ratschläge angesichts besonderer Gefahren und Schwierigkeiten; nicht zuletzt fordert er, Santiagopilgern uneigennützig zu helfen. Des Lesens Unkundige sollten sich die Aufzeichnungen vorlesen lassen. Einige wenige konnten das tun; für die große Masse war das unmöglich angesichts der Kosten von Hand gefertigter Abschriften. Doch es gab das mündlich weitergegebene Wort, dem größte Bedeutung zukam in einer Zeit, in der die meisten Menschen weder lesen noch schreiben konnten.

Die Kosten

Anders als in Aussicht gestellt, äußert der ›Pilgerführer‹ sich nicht zu den Kosten einer Wallfahrt nach Santiago. Nach Meinung des schon zitierten Geiler von Kaysersberg brauchte der Pilger Geld »gar wol«; denn wo »einer hin kompt an gelt, der ist ain unwerder moensch« (wo einer hinkommt ohne Geld, der ist ein unwerter Mensch). Größere Summen solle er in sein Wams nähen oder wo er es »am aller heimlichestenn mag behalten«.[134]

Ein ›normaler‹ Reisender mußte folgende Waren und Dienstleistungen bezahlen: Essen und Trinken; Unterkunft für sich, ggf. für Diener und das Reittier; Kleidung (nicht zuletzt Schuhe); Almosen und Spenden; Trinkgelder; ›Verehrungen‹, die Wege und Türen öffneten (wer hier von ›Bestechung‹ spricht, wird den sozialen und wirtschaftlichen Gegebenheiten der Zeit nicht gerecht); Beichtpfennig, Votivgabe und Pilgerabzeichen; Geldwechsel; Körper- und Gesundheitspflege (Diät und Bad, Arzt und Apotheker); Brücken- und Wegezoll, Fähr- und Schiffsgelder; Paß und Gesundheitsbescheinigung (beide mußten ggf. unterwegs erneuert werden); Geleit. Mit einer Vergütung rechneten auch Führer durch ein fremdes Land sowie Dolmetscher. Je nach Lebenszuschnitt kamen weitere Aufwendungen dazu, etwa für Fuhrdienste. Von Glücksspiel und Freudenmädchen sollte der Pilger sich fernhalten. Essen, Trinken und Wohnung bekam man natürlich auch daheim nicht umsonst; viele vergessen das, wenn sie Preise in der Fremde als überhöht anprangern.

Es gab Pauschalarrangements, etwa von venezianischen Reedern organisierte Reisen ins Heilige Land und zurück. Erfahrungswerte gingen in die Vergütung von Frauen und Männern ein, die stellvertretend für andere eine Wallfahrt ausführten. Ein wohlhabender Lübecker Bürger, Hermann van der Beke, wies 1422 seine Testamentsvollstrecker an, einen Priester nach Jerusalem zu entsenden; aus seinem Nachlaß sollten sie ihn »redeliken« entlohnen, »uppe dat he so vele truweliker vor my bidde«.[135]

Die Reise – oder, wie es öfter heißt: die Arbeit – sollte redlich belohnt werden. Wie sah das konkret aus? Offensichtlich konnte ein Erblasser bei Testamentsvollstreckern genaue Kenntnisse darüber voraussetzen, welche Kosten mit einer Reise zum Heiligen Blut nach Wilsnack oder »to unser leven Vrowen to Aken« (Aachen) bzw. *ad Dominam nostram dilectam in Aquis*, *ad sanctum Jacobum Kumpstelle* (Santiago de Compostela) oder *versus magnam Romam* (Rom) verbunden waren. Anders ist kaum zu erklären, daß in vielen Testamenten genaue Angaben fehlen. Indirekt ist damit auch ein Hinweis darauf gegeben, daß Nachlaßverwalter welterfahrene, praktisch veranlagte Menschen sein mußten.

Aus den gelegentlich genaueren Angaben in Testamenten seien einige zusammengestellt: Von Lübeck nach Aachen rechnete man zwei bis zehn Mark, nach Jerusalem 60 bis 100 Silbermark (M; für einen Priester 130 M), nach Rom 10 bis 30 M (20 bis 45 M, wenn der Stellvertreter während der vierzigtägigen Fastenzeit hier für das Seelenheil des Verblichenen beten sollte), nach Santiago zehn bis zwanzig, nach Thann und Einsiedeln (in einer Reise) zehn Mark, zum hl. Olaf in Trondheim (Norwegen) 15 M, nach Güstrow in Mecklenburg, barfuß und in Wolle, zehn Mark.

Die Aufzählung ließe sich fortsetzen unter Einbeziehung zahlreicher Wenn und Aber. Sie mag genügen, um die Spannweite der ›Löhne‹ aufzuzeigen, die, wenn sie allgemein gefaßt sind, zwischen zwei Polen schwankten: Der Pilger sollte seine Reise »bequem« machen können bzw. soviel erhalten, daß er unterwegs nicht betteln mußte. Wie zu erwarten, orientierten sich die Vergütungen am Stand des Pilgers: Ein Priester erhielt für denselben Weg mehr als ein Laie, bis zum Doppelten. Ferner zeigt sich, daß Erschwernisse besonders vergütet wurden: Wer barfuß und in Wolle gekleidet nach Güstrow ziehen sollte, durfte dafür ebensoviel erwarten wie der Pilger nach Thann: zehn Mark für 100 bzw. 700 Kilometer Luftlinie von Lübeck aus.[136]

So wie man sich an einer Handelsgesellschaft mit einer Kapitaleinlage beteiligen konnte, so auch an einer Wallfahrt: 1387 setzte Hillegundis Gholdenzee eine Pilgerbeihilfe aus. Wenn ein rechtschaffener, in Christus frommer Mensch ins Heilige Land wallen und das Grab des Herrn besuchen wolle, sollten ihm zehn Mark gegeben werden oder soviel, wie die Testamentsvollstrecker für richtig hielten, *ut ero particeps suorum vestigiorum,* auf daß ich teilhabe an seiner Reise (wörtlich: an seinen Fußsohlen oder –spuren). Ähnlich heißt es ein andermal, einem Jakobspilger sollten zehn Mark gereicht werden, »dat ik der halven Reyse to myner Salicheyt meghe delaftich (teilhaltig) werden«. Handelsbräuche werden auch sonst, als wäre nichts selbstverständlicher, auf Pilgerfahrten übertragen. Wie ein Kaufmann seinen Agenten beauftragt, ein Geschäft in einem fernen Land abzuwickeln, so ordnet der Lübecker Bürger Hinrik Arndes 1421 an, man solle in England einen Mann gewinnen, der die von ihm gelobten Wallfahrten nach Beverley, Bridlington, Canterbury und Walsingham ausführe.

Preise mögen eine Vorstellung vom Wert der genannten Beträge vermitteln (aus der Zeit von 1376 bis 1450; eine lübische Mark hatte 16 Schilling; die schleichende Geldentwertung bleibt hier unberücksichtigt). Man bezahlte für ein Wirtschaftspferd acht, für ein Paar Ochsen vier Mark, für ein Paar Schuhe drei Schilling, für ein Paar Stiefel elf, für 100 Kilogramm Roggen sechs Schilling. Das stellvertretende Gebet eines Pilgers kostete also soviel wie zwei Ochsen, wenn es in Aachen gesprochen werden sollte; den Gegenwert von zwei bis vier Wirtschaftspferden (zehn bis dreißig Mark) mußte aufwenden, wer im fernen Rom Gott um Gnade für das eigene Seelenheil bitten lassen wollte. Aus vielen Testamenten geht der hohe Wert einzelner Kleidungsstücke hervor. Einmal soll mit dem Erlös eines silbernen Gürtels eine Santiagofahrt finanziert werden; ein andermal soll der beste Rock verkauft werden zugunsten einer Pilgerfahrt nach Thann und Aachen. Naturgemäß erscheinen in den Testamenten keine reinen Sühnewallfahrten, z. B. für Friedensbruch. Da auch diese gelegentlich mit Geld abzulösen waren, gab es regelrechte tabellarisch zusammengestellte Taxen.[137]

Die Kosten waren nach obenhin nicht begrenzt. Ein Pilger, der unterwegs in die Hand des Feindes fiel – ›Reise‹ bedeutet ursprünglich Kriegszug[138] –, mußte oft die Einnahmen eines Jahres, evt. aber auch mehr als sein Vermögen einsetzen, um sich freizukaufen. Wohlhabende Jerusalempilger gaben gelegentlich hohe Summen aus, während sie in Venedig auf die Abfahrt des Schiffes warteten; noch höhere Beträge wurden dort auch nach der glücklichen Heimkehr für Luxusgüter aufgewendet.

Habenichtse bringen es zu allen Zeiten fertig, ohne Bargeld weit zu reisen. Sie müssen mitleiderregend aussehen oder anspruchslos sein, möglichst beides zusammen; galten sie obendrein noch als zuverlässig und fromm, konnten sie stellvertretende Wallfahrten ausführen. In wohlhabenden Landstrichen erfuhr man um so eher Hilfe, je überzeugender man als Armer auftrat. Auf seiner Pilgerfahrt nach Einsiedeln lehnte Simplicissimus Geld ab. »Damit brachte ich zuwege, wo ich etwa ein paar Heller verschmähete, daß mir hingegen beides an Speis und Trank mehrers geben wurde, als ich sonst um ein paar Kopfstück hätt kaufen mögen.« Mißlich war es, wenn Pfennige für Fähre oder Wegzoll fehlten. Einmal mußte Simplicissimus »wohl zwo Stund sitzen bleiben, bis ein ehrlicher Mann kam, der die Gebühr um Gotteswillen für mich darlegte«. Bald stellte sich heraus, daß der ›Ehrliche‹ Henker gewesen war, Angehöriger eines als ›unehrlich‹ geschmähten Berufes.[139] Wohltäter durften hoffen, mit Geld- oder Sachspenden Anteil an den Gnaden zu gewinnen, die dem armen Pilger an heiliger Stätte zuteil würden.

Ein Zubrot ließ sich verdienen, wenn man mündliche oder schriftliche Nachrichten übermittelte. Allerdings geriet man in einen Zielkonflikt, riskierte man doch den Verlust seiner Unbefangenheit und seines besonderen Rechtsstatus; ein Bote konnte nicht Privilegien beanspruchen, die Pilgern – wenn auch oft genug widerwillig – eingeräumt wurden. Mancher wird abwechselnd gebettelt und sich ein paar Pfennige verdient haben; auf Schiffen waren stämmige Männer gefragt, um zu rudern oder Wasser zu schöpfen. Wie unkonventionell sogar später als heilig Verehrte vorgingen, zeigt die Legende von der Maria Aegyptiaca. Diese Maria wollte einst von Ägypten nach Jerusalem reisen, um das Heilige Kreuz zu verehren. Als die Schiffer den Lohn für die Überfahrt forderten, »antwortete ich: ›Den kann ich euch nicht geben; aber nehmt meinen Leib und macht euch mit dem bezahlt.‹ Also nahmen sie mich mit, und mein Leib war ihnen das Fährgeld«.[140]

Gepäck, Paß und Geld

Für alle, besonders für den Fußreisenden galt: So wenig Gepäck wie möglich, so viel wie nötig. Am leichtesten, dafür ungemein wertvoll waren Freibriefe und ähnliche Bescheinigungen, die im Laufe des Mittelalters immer vielfältiger wurden. Eine Tasche barg Ausweise und Geld. Mancher versteckte Goldmünzen im Gürtel, zwischen den Schuhsohlen oder, in muslimischem Gebiet, zwischen Schweineschinken. Ein Messer trug man am Gürtel, den Löffel oft am Hut; die Gabel setzte sich als Besteck auch in begüterten Kreisen erst in der Neuzeit langsam durch.

In einem Empfehlungsschreiben hatte – zumindest in der Neuzeit – der zuständige Pfarrer die Rechtgläubigkeit des Pilgers bezeugt und die heilige(n) Stätte(n) genannt, die dieser andächtig aufsuchen wolle. Reisepaß, Passierscheine für einzelne Orte und Gesundheitszeugnis galten spätestens seit dem fünfzehnten Jahrhundert als wünschenswert; wer sie vorweisen konnte, ersparte sich Ärger. Freibriefe, die an bestimmte Personen oder – besser noch – an Institutionen wie Spitäler und Klöster gerichtet waren, ersetzten Gepäck, Geld und Wertgegenstände, bekam man mit ihnen doch günstigstenfalls kostenlos, wofür andere teuer bezahlen mußten: Essen, Trinken, Unterkunft, Überfahrt auf Fähren usf. Ein Freibrief war soviel wert wie ein ›Tischlein deck dich!‹, von dem Pilger oft geträumt haben werden. Für Räuber dagegen waren solche Dokumente so gut wie wertlos. Das galt auch für den Wechsel, die Vorform des Schecks. Denn seit dem Spätmittelalter nahm der bargeldlose Zahlungsverkehr zu. ›International‹ tätige Banken hatten Niederlassungen in großen Städten. Wohlhabende trugen nur noch soviel Geld im Beutel bei sich, wie sie für ein paar Tage brauchten. Ansonsten lösten sie von Zeit zu Zeit bei einer Bank oder bei Geschäftsfreunden einen auf den Inhaber lautenden, für Ganoven also eher uninteressanten Wechsel ein. Das schützte zwar nicht vor Überfall und Raub, begrenzte aber den Schaden.

Ein über die Schulter geworfener oder am Stab aufgehängter Sack barg einige weitere ›Habseligkeiten‹: Kleidung; ein Paar Sohlen, die zu den typischen Verschleißteilen eines langen Marsches gehören; (Leder-)Becher; Netz oder Angelschnur, um unterwegs Fische zu fangen; ein Feuerzeug brauchte man, wenn man sie braten und wenn man nachts Licht machen wollte. Nach Meinung Geilers von Kaysersberg sollte der Stärkste einer Gruppe den Sack tragen; gegebenenfalls sollte man einen Fuhrmann fragen, ob man besonders schweres Gepäck auf dessen Wagen laden dürfe.[141] Auch ein leichter Sack war seinerzeit längst nicht so bequem zu tragen wie ein moderner Rucksack.

An Marschverpflegung waren Brot und Käse gefragt, mit denen sich der Bedarf an Kohlehydraten, Fett und Eiweiß decken ließ. Auf die Bedeutung des Brotes verweist das Wort ›Kumpan‹, französisch *copain*: derjenige, mit dem man sein Brot teilt. Einen Käse hatte auch das tapfere Schneiderlein als Wegzehrung eingesteckt. Das Märchen spricht vom wenig haltbaren Käse der armen Leute, aus dem Wasser fließt, wenn man ihn drückt. – Mancherorts mußte man auch an die nötige Flüssigkeit denken; denn Trockenzonen gibt es nicht nur in Asien, wie der Name eines südfranzösischen Klosters zeigt: St. Guilhem-le-Désert (St. Wilhelm in der Einöde/Wüste). Wein, in Maßen genossen, stärkt den Kreislauf; obendrein ist er keimfrei. Trinkwasser führte man in einem ausgehöhlten Kürbis mit, in einer Tierblase, einem Krug oder einer Flasche, größere Mengen in bruchsicheren, relativ leichten Lederschläuchen.

Abb. 20: Kirche und Kloster von Saint-Guilhem-le-Désert (804 gegründet). Wollte man die von Seeräubern unsicher gemachte Küstenstraße meiden, mußte man durch eine trockene Gegend (désert, Einöde, Wüste) ziehen, in der das Kloster eine Oase bildet.

Zwang zu Kompromissen

Wie selbstverständlich wurden Schuhe, Tasche und Geld erwähnt. Dabei wollte der fromme Pilger Jesus nachfolgen, der seinen Jüngern eingeschärft hatte, weder Geld mit auf die Reise zu nehmen noch Tasche, Schuhe und Stab (Mt 10, 9–10). Dieses Evangelium wurde in der Messe vorgelesen, in der Pilger vor ihrem Aufbruch gesegnet und dann feierlich entlassen wurden. Das harsche Wort Jesu wird auch in einer Predigt aufgegriffen, die mit den Worten *Veneranda dies* (ehrwürdiger Tag) beginnt und Papst Calixt II. (1119–1124) zugeschrieben wurde.[142] Die Predigt, die nachdrücklich für Santiago wirbt, ruft ein weiteres Bibelwort in Erinnerung: Wer vollkommen sein wolle, solle alle seine Habe verkaufen, den Erlös den Armen geben und Jesus nachfolgen (Mt 19, 21). Verwende man den Erlös dagegen, argumentiert der Prediger, um unterwegs üppig zu schmausen, während andere Pilger darben, beraube man Gott; solche Menschen sollten als schwere Sünder aus der Schar echter Pilger ausgeschlossen sein.

Hätte man die Weisungen des Evangeliums wörtlich genommen, wäre man zahllosen Menschen und Einrichtungen zur Last gefallen. Man brauchte ein gewisses finanzielles Polster für Waren und Dienstleistungen. Deshalb erlaubt die Predigt unter bestimmten Auflagen, Geld mitzunehmen. Richtig handele, wer damit unterwegs Armen und bedürftigen Pilgern helfe. Schließlich wollte man zum Unterhalt von Kirchen und Spitälern beitragen, die am Wege lagen; nicht zuletzt sollte man in aller Demut am Ziel eine angemessene Gabe niederlegen.

Die Predigt ruft auch ein oft beschworenes Wort der Apostelgeschichte in Erinnerung (5, 1–10): »So wie die Menge der Gläubigen einstmals ein Herz und eine Seele war und nichts zu eigen, sondern alles gemeinsam besaß, so soll den Pilgern alles gemeinsam gehören, sie seien ein Herz und eine Seele.« Was geteilt werde, erstrahle heller. Als genügte diese Mahnung noch nicht, holt der Autor der Predigt zu einer wuchtigen Drohung aus. Er verweist auf das Schicksal derer, die sich gegen dieses Gebot versündigt haben: Wer mit Bedürftigen nicht teile, »sei mit Ananias und Saphira verdammt, die... unmittelbar den Tod erlitten«. Doch Reiche wollten mit Almosen und Spenden nicht nur den göttlichen Richter, sondern auch den latenten Zorn des armen Volkes besänftigen.

Bildung einer Genossenschaft

Die Predigt hält es für selbstverständlich, daß Fernpilger in Gruppen reisen und sich – mindestens für einen Teil der Reise – zusammenschließen. Die Überlebenschancen stiegen, wenn man sich vertrauenswürdigen Mitmenschen zugesellen durfte, die diese Reise schon einmal gemacht hatten. Gegebenenfalls wartete man, bis sich geeignete Gefährten fanden. So verfuhr Bonifatius auf seiner ersten Romreise 718 in einem Hafenort am Ärmelkanal. Zweihundert Jahre später dürfte Rorschach am Bodensee eine ähnliche Bedeutung gehabt haben. Jedenfalls wurde hier 937 ein Markt gegründet zum Nutzen der von hier weiter nach Italien und Rom Reisenden.[143]

Auch Handwerker, Hirten oder, in späterer Zeit, Söldner wollten unvermeidliche Risiken mildern und sich die Langeweile vertreiben; von letzterer ist in Quellen zum Wallfahrtswesen zwar seltener die Rede als in Berichten von reisenden Kaufleuten,[144] doch legt Chaucer seinen Pilgern zum Grab des hl. Thomas Becket ja Erzählungen in den Mund, in denen von Liebesabenteuern viel, von Frömmigkeit eher beiläufig die Rede ist.

Wechselseitige Hilfe war gefragt bei Unfall und Krankheit, bei der Überquerung von Flüssen, gegenüber bösartigen Menschen und angriffslustigen Tieren. Bei einer Anklage kam es auf das Zeugnis eines unbescholtenen Menschen an, daß man den Brückenzoll auch wirklich bezahlt, eine Ware ehrlich erworben hatte. Eine Gruppe gewinnt an Festigkeit, wenn ihre Mitglieder sich durch ein besonderes Versprechen aneinander binden. Seit der Jahrtausendwende begegnen häufig befristete Schutz- und Rechtshilfegemeinschaften: Kaufleute bildeten für ihre Fahrt eine Hanse (= Schar) bzw. einen Schiffskonvoi oder eine Gilde (zur Versicherung gegen Seeräuber und Schiffbruch); Studierende schlossen sich zu Universitäten, Bewohner von Kommunen zu Eidgenossenschaften (*coniuratio*) zusammen. Wie Verschwörungen aller Art waren solche Genossenschaften der Obrigkeit suspekt und wurden deshalb immer wieder verboten; doch blieben sie als Einrichtungen zur Selbsthilfe unentbehrlich. Zudem waren die Grenzen zwischen einer regelrechten Eidgenossenschaft und dem Anschluß an vertrauenswürdige Mitmenschen fließend.

Wie vertraut das genossenschaftliche Element mit zeitweiliger Selbstbindung den Menschen war, zeigt die *Legenda aurea*, die man auch als Werbeschrift für das Wallfahren verstehen kann: Um 1070 pilgerte eine Gruppe von Lothringern zum hl. Jakobus. Mit Ausnahme eines Mannes schworen sie einander Treue und Hilfe. Als unterwegs einer erkrankte, harrten seine Gefährten fünfzehn Tage lang aus; dann setzten sie ihre Reise fort. Nur der, der nicht geschworen hat, sorgt weiter für den Kranken; als der stirbt, gerät er in Panik, da man ihn für den Tod des Gefährten verantwortlich machen könnte. Doch der hl. Jakobus erscheint, spendet Trost und trägt beide nach Santiago. Dem Hilfsbereiten trägt er auf, seinen Gefährten auszurichten, ihre Wallfahrt sei nichts wert, da sie ihr Versprechen gebrochen hätten.[145]

Wie das Beispiel zeigt, hatte eine Genossenschaft nicht nur Vorteile: Ein (Fuß-)Kranker bestimmte das Tempo der Karawane. Ein weiterer Nachteil: Je größer die Gruppe war, desto schwerer fand man Unterkunft und – in Zeiten regionaler Knappheit – Verpflegung. Insgesamt überwogen aber die Vorteile einer kleinen, etwa vier bis fünf Personen umfassenden Gruppe, wenn man einander vertrauen konnte.

In einen Zielkonflikt geriet, wer einen Pilger als Stellvertreter entsandte. Der sollte sich, im Interesse seiner Sicherheit, anderen Reisenden anschließen; nun wußte man, wie es in Gesellschaft oft zugeht. Der Pilger sollte aber von seinem Aufbruch bis zu seiner Heimkehr möglichst fromm sein, denn der Weg gehörte untrennbar zum Ziel. Mit solchen Erwägungen dürfte sich eine Bestimmung in Testamenten erklären, nach der zwar mehrere Pilger zu einem Ort entsandt werden sollten, doch nacheinander.

Gilden unterstützten ihre Angehörigen materiell und ideell. »Wenn jemand eine Pilgerfahrt zum Heiligen Land nach Jerusalem zu machen wünscht, soll ihm jeder von den Brüdern und Schwestern einen Pfennig geben, und wenn nach Santiago oder Rom, einen halben Pfennig.« So steht es in den Statuten der Schneidergilde von Lincoln in England, die 1389 aufzeichnen ließ, was bei ihr seit langem Brauch war.[146] Dank eines solchen Zusammenlegens, so erfahren wir beiläufig, konnten auch wenig Bemittelte weite Pilgerfahrten unternehmen. Mit einem Silberpfennig erhielten Angehörige der Gilde Anteil an den Gnaden, die ihr Bruder unterwegs gewinnen würde. Wie die Statuten weiter ausführen, unterstützten die Mitglieder der Gilde den Pilger auch dadurch, daß sie ihn bis vor die Tore der Stadt geleiteten, ihn bei seiner Rückkehr ebenso feierlich einholten und mit ihm zu seiner Pfarrkirche gingen. Wenn der Pilger sich in der Fremde Schritt für Schritt zu seinem Ziel vorarbeitete, konnte er Trost in dem Gedanken finden, daß die Daheimgebliebenen ihn in ihr fürbittendes Gebet eingeschlossen hatten.

Aussöhnung, Testament und Abschied

Realisten wußten, daß sie unterwegs mehr noch als daheim »vom Tod umfangen« waren, wie es in einer bekannten Sequenz heißt.[147] Man tat daher gut daran, sein Haus so zu ordnen, als würde man es nicht wiedersehen. Wie eine Erinnerungshilfe lesen sich die Aufzählungen in der schon erwähnten Predigt Geilers: Der Pilger solle »denen, die ihm Unrecht zugefügt haben, vergeben, alle Vorwürfe, die andere oder sein Gewissen ihm machen, wenn möglich, beilegen, von seinem Geistlichen, seinen Untergebenen, seinem Weib oder mit wem er sonst verbunden ist, eine rechtmäßige Erlaubnis einholen«.[148] Wenn möglich, soll er zurückgeben, was er unrechtmäßig besitzt; in seinem Herrschaftsbereich soll er Frieden stiften sowie Gott und den Menschen gegenüber seine Schulden begleichen; er soll seine Frau in die Herrschaft einsetzen und das Gesinde zum Gehorsam gegenüber ihrer Herrin verpflichten. Nach dem Rat von Verwandten sowie eines Priesters soll er über seine Güter für den Fall seines Todes verfügen und auch ausreichend Almosen für Bedürftige aussetzen.

Welche Not die Daheimgebliebenen um einen lieben Menschen ausstanden, der auf Pilgerfahrt ging, kann man sich denken. Ergreifende Berichte haben die Chronisten vom Abschied hoher Herrschaften aufgezeichnet. 1224 hatte Landgraf Ludwig von Thüringen versprochen, sich an dem Kreuzzug zu beteiligen, den Friedrich II. bei seiner Krönung in Aachen gelobt hatte und der immer wieder verschoben worden war.[149] Zu dieser Zeit war es unter Kirchenrechtlern umstritten, ob der Mann ohne vorherige Zustimmung seiner Frau eine Teilnahme am Kreuzzug geloben dürfe. Ludwig hat sich über die Einschränkung hinweggesetzt. In nüchterner Einschätzung der Gefahren einer solchen Reise wollte er die schmerzliche Nachricht seiner Frau so lange wie möglich vorenthalten. Als Elisabeth in der Kleidung ihres Mannes zufällig das Kreuz fand, sank sie ohnmächtig zu Boden.

Im Frühjahr 1227 trifft Ludwig letzte Vorbereitungen zur Reise. Er ordnet die Länder seiner Herrschaft, bittet in Klöstern um Segen und empfiehlt sich dem Gebet von Mönchen und Monialen. Am 24. Juni, dem Fest Johannes des Täufers, brechen die Kreuzfahrer auf. Elisabeth kann sich von ihrem Mann nicht losreißen und begleitet ihn Tag um Tag eine Etappe weiter. Schließlich müssen die Liebenden sich trennen. Der Abschied hat die Zeitgenossen beeindruckt; denn 1233 berichtet eine Frau, sie habe Anfang des Jahres auf dem Weg nach Marburg die Leute »ein Lied in deutscher Sprache vom tränenreichen Abschied der Landgräfin singen hören«. Nicht zufällig dürfte gerade die Szene des Abschieds im Elisabethschrein und einem der schönsten Fenster der Elisabethkirche in Marburg festgehalten sein.

Einige Jahrzehnte später begleitete Joinville, ein französischer Adliger, König Ludwig von Frankreich auf einen Kreuzzug.[150] Ludwig hatte die Fahrt gelobt, nachdem er wider Erwarten von einer schweren Krankheit genesen war. Auf die Nachricht von dem Gelübde legt die Königinmutter Trauerkleider an, als sei ihr Sohn gestorben. Zum Abschied lädt Joinville Verwandte und Freunde zu einem rauschenden, viertägigen Fest ein; am fünften Tag – einem Freitag, an dem man in besonderer Weise des Kreuzestodes Jesu gedachte – bittet er die Anwesenden um Verzeihung für Unrecht, das er ihnen zugefügt hat, und leistet Wiedergutmachung. Dann bricht er auf, barfuß, im Büßerhemd, den Pilgerstab in der Hand; an den Gräbern von

Heiligen bittet er um Schutz für die Fahrt. Später schreibt er: »Beim Aufbruch wollte ich mich niemals umwenden, um noch einmal Joinville zu sehen – aus Furcht, mir könnte das Herz brechen beim Anblick des Schlosses, das ich mit meinen beiden Kindern zurückließ«.

Messe mit Segen über Tasche, Stab und Pilger

Gebet und Segen spielten beim Abschied eines ›Großen‹, der auf Pilgerfahrt ging, schon deshalb eine bedeutende Rolle, weil eines der höchsten Güter auf dem Spiel stand: der Friede. Erlitt ein Herrscher unterwegs den Tod, waren langdauernde, viele Menschen in Mitleidenschaft ziehende Auseinandersetzungen um das Erbe zu befürchten. Feierlich ausgestaltet wurde indessen auch der Auszug ›kleiner Leute‹.

Hatte man die Zustimmung des Ehepartners eingeholt (später auch die des Pfarrers, in der Neuzeit sogar die des Bischofs), hatte man seine Angelegenheiten geordnet und sich mit Feinden versöhnt, erbat man nach Beichte und Kommunion den Segen der Kirche. In der Messe wurden eigens auf Pilger und Reisende abgestimmte Gebete gesprochen; wie ein roter Faden zieht sich durch die Texte, die dem Alten und Neuen Testament entnommen sind, die Bitte um das Erbarmen Gottes. Das Eingangsgebet fleht mit den Worten des Psalmisten (Ps 25, 11–12.1): »Erlöse mich Herr, und erbarme dich meiner; mein Fuß steht auf dem rechten Weg: in den Hallen will ich den Herrn preisen. Auf den Herrn hoffe ich, und ich werde nicht erkranken«. Die Lesung (Gen 28, 10–12. 13–15. 18, 20–22) erzählt, wie Jakob sich zum Schlafen einen Stein unter den Kopf legte; ein weiches Kopfkissen werden die wenigsten Pilger unterwegs gehabt haben. Nachts erschien Gott und verhieß dem Jakob: »Ich will dein Hüter sein auf allen deinen Wegen und dich in dieses Land zurückführen«. Als Jakob morgens aufwacht, bringt er auf dem Stein ein Opfer dar und gelobt: Wenn der Herr mit ihm sein, ihn behüten, ihm Brot und Kleidung geben wolle, werde er ihm nach glücklicher Heimkehr von allem, was Gott ihm geben wolle, den Zehnten opfern.

Der Zwischengesang greift ein immer wieder zitiertes Gebet auf (Ps 90, 11–13): »Seinen Engeln hat Gott befohlen, dich zu behüten auf allen deinen Wegen. Auf ihren Händen sollen sie dich tragen, daß dein Fuß nie an einen Stein stoße. Über Natter und Schlange sollst du gehen, treten auf Löwen und Drachen«. Das Alleluja jubelt: »Zum Hause des Herrn wollen wir ziehen« (Ps 123, 1). Das Evangelium spricht von den Großtaten Jesu, der seine Jünger ausgesandt und ihnen außerordentliche Vollmacht gegeben hatte (Mt 10, 7–14): Im Namen Jesu sollten sie Kranke heilen, Tote auferwecken, Aussätzige reinigen, Dämonen austreiben. Siechen, die zum Grabe eines dieser Jünger pilgerten, gaben solche Worte Hoffnung. Sollte der Jünger über die Kraft, die Jesus ihm während seines Erdenlebens verliehen hatte, nicht erst recht verfügen, nachdem er als Freund Jesu ins ewige Leben eingegangen war? Das Evangelium schärft dann – wovon schon gesprochen wurde – den Jüngern ein, weder Geld noch Tasche mitzunehmen, weder Kleidung zum Wechseln noch Schuhe. Dafür sollten sie denen, die sie aufnehmen würden, ein großes Geschenk machen können; ihr Wunsch »Friede sei diesem Hause« sollte in Erfüllung gehen. Nach der Kommunion schließlich betet die Gemeinde: »Deine Sakramente, Herr, die wir empfangen haben, sollen deine auf dich hoffenden Diener bewahren und sie gegen alle Widrigkeiten schützen.«[151]

Während oder nach der Meßfeier wurden Stab, Tasche und Pilger gesegnet.[152] Die Pilger knieten dazu vor dem Altar nieder; sie legten Stab und Tasche zu Füßen des Priesters ab, der daraufhin Gebete sprach, die er je nach dem Ziel der Pilger leicht abwandelte:

»Herr Jesus Christus, Erlöser und Gründer der Welt. Den heiligen Aposteln hast du geboten, sie sollten beim Auszug zur Verkündigung des Wortes nur einen Stab mitnehmen (Mk 6, 8). Demütig flehend bitten wir dich, diese Pilgertaschen und diese Pilgerstäbe zu segnen, damit diejenigen, die sie nun als Zeichen der Pilgerfahrt und als Stütze ihres Körpers ergreifen werden, die Fülle deiner himmlischen Gnade gewinnen und den Schutz deines Segens erhalten mögen.«

Wollten die Pilger zu Schiff ins Heilige Land fahren, lautete der Segen:

»Gott, der du zum Ruhme deines Namens unsere Väter durch das Rote Meer geführt hast, demütig bitten wir dich: Halte fern von deinen Dienern alle Widrigkeiten, schenke ihnen immer eine ruhige Überfahrt und einen wünschenswerten Hafen. Wir bitten dich, Herr, höre versöhnt auf unser Flehen und sende aus himmlischen Höhen deinen Engel, auf daß er deine über die Tiefen des Meeres fahrenden Diener beschütze. Geleite sie zu den Stätten, die sie sich vorgenommen haben und gib, daß sie nach Erfüllung ihres Vorhabens, nach Beendigung ihrer Reise voll Freude und Zufriedenheit in ihre Heimat zurückkehren.«

Der Priester übergab dann Stab und Tasche mit den Worten:

»Nehmt diese Stäbe und diese Taschen und zieht zu den Schwellen der Apostel im Namen des Vaters und des Sohnes und des Heiligen Geistes. Dank der Fürbitten der heiligen Gottesmutter Maria, aller Apostel und aller Heiligen möget ihr in dieser Welt den Nachlaß eurer Sünden und in der künftigen Welt die Gemeinschaft mit allen Guten gewinnen.«

Bei einer Sühnewallfahrt stellte der Priester den Pilger unter den besonderen Schirm eines Engels, den auch andere Reisende anriefen; es ist bemerkenswert, daß Raffael ihnen ein heiterer Begleiter sein soll:

»Nimm diesen Stab mit auf deinen Weg im Namen unseres Herrn. Jesus Christus hat seinem Diener Tobias den heiligen Engel Raffael als Führer und Weggefährten gegeben; so mag er auch dir den Engel des Friedens senden, der dich zu dem Ort geleite, den du zur Buße für die von dir verübten Verbrechen aufzusuchen strebst. Der Engel des Friedens sei dir ein heiterer Begleiter, und kein Feind soll dir den Lohn für deine Pilgerfahrt entreißen. Fern von dir seien die bösen Geister; der Heilige Geist dagegen schenke dir sein huldvolles Geleit«.

Die Tasche reichte der Priester mit Worten, aus denen hervorgeht, daß Pilger oft mehrere heilige Stätten aufsuchten:

»Nehmt im Namen unseres Herrn Jesus Christus würdig diese Taschen zu eurer Pilgerkleidung. Gezüchtigt, geheilt und gebessert möget ihr zum Grab des Herrn (bzw. zu den Schwellen der Apostel Petrus und Paulus) und der anderen Heiligen, zu denen ihr zu wallen wünscht, gelangen und nach Abschluß eurer Fahrt unversehrt zu uns zurückkehren. Das gewähre der Herr«.

Den Höhepunkt der Feier bildete der Segen über die Pilger, mit dem diese unter den besonderen Schutz Gottes und seiner Heiligen gestellt wurden und in dem der Priester an große Vorbilder erinnerte:

»Allmächtiger, ewiger Gott, der du das Menschengeschlecht gegründet und erneuert hast, du hast deinen Knecht Abraham geheißen, aus dem Land seiner Geburt fort und in das ihm versprochene Land der Verheißung zu ziehen; das Volk Israel hast du unter vielen Wundertaten durch die Wüste ziehen lassen, damit es dich anbete. Dich bitten wir: Du mögest die, die zu den Schwellen der Heiligen Petrus und Paulus ziehen, um dich dort zu verehren, aus allen Gefahren befreien und aus den Verschlingungen der Sünden und Sünder lösen. Gott, der du denen, die auf dich vertrauen, der wahre Weg bist, ebne ihren Weg, damit sie inmitten der Wirren dieser Welt durch deinen Schirm geschützt werden. Herr, sende deinen Engel, den du dem Tobias, deinem Knecht, als Begleiter zugesellt hattest, damit sie in ihm auf ihren Wegen einen Verteidiger gegen die Nachstellungen aller sichtbaren und unsichtbaren Feinde haben«.

Pilger sollten geeignet sein

Wieviele Gefahren unterwegs drohten, wie leicht die Menschen in Sünde verfallen, welche Sündenlast sie schon mitnahmen: all das kommt in den Gebeten zur Sprache. Auch Forderungen an den Pilger werden angesprochen: Wollte man anderen nicht zur Last fallen, brauchte man außer Geld, Kleidung usw. eine Eigenschaft, die in lateinischen Quellen oft mit dem Wort *idoneus* umschrieben wird; ›geeignet‹ hinsichtlich der guten körperlichen Verfassung wie der geistigen und spirituellen Kräfte sollte auch sein, wer sich um die Würde des Königs oder das Amt des Bischofs bewarb; eher noch als diese, die ihr Amt oft als Reisende ausübten, brauchten Pilger eine überdurchschnittlich robuste Konstitution.

Der Pilger mußte Kälte und Hitze, Hunger und Durst, Krankheit und Ungeziefer ertragen können, sich Dieben, Mördern und Piraten gewachsen zeigen, zu schweigen von manchem Wirt, der eher den Strang als Vertrauen verdient hatte. Deshalb sollte, wie Geiler von Kaysersberg rät, der Pilger auch verschwiegen sein: In Gasthäusern solle er nicht mit Schätzen angeben, die er mit sich führe – und im übertragenen Sinne solle er nicht mit den guten Werken prahlen, die

Abb. 21: Aus dem Pilgerführer »Die Walfart und Strass zu sant Jakob« des Hermann Künig von Vach (1494). Dank des Buchdrucks konnten Pilger ihre Erfahrungen (und nicht selten auch Erfindungen!) an das lesehungrige Publikum weitergeben. Nach Ausweis ihrer Pilgerzeichen haben die hier abgebildeten Männer schon mehr als einen Wallfahrtsort aufgesucht.

er sich als Schätze im Jenseits erworben habe.[153] Weiter solle der Pilger sich nicht durch Gefahren irritieren lassen, die nach Meinung Geilers vor allem in Städten und Wirtshäusern lauerten: Spott über diese Art der Frömmigkeit (was es also gab!); Tanz, Bad und andere Lustbarkeiten. Im Gedanken an seine begrenzten finanziellen Mittel lasse der Pilger sich vom Wirt nicht zu kostspieligen Speisen und Getränken verlocken. Wenn er immer wieder an die Lieben daheim denke, falle es ihm leichter, Versuchungen unterwegs zu widerstehen. Ist er unter die Räuber gefallen, verzage er nicht, sondern bettele sich durch bis zu seinem Ziel.

Belastbar mußten Stellvertreter-Pilger sein, wurde doch gelegentlich verfügt, sie sollten – ggf. gar während eines Heiligen Jahres – zu bestimmter Zeit in Rom täglich die sieben Hauptkirchen zum Gebet aufsuchen.[154] Wer die an einem Tag zu Fuß erreichen will, muß über Kraft und Ausdauer verfügen. Ferner sollten solche Stellvertreter ehrlich, fromm, vertrauenswürdig sein. Auch unterwegs wurden ihnen wünschenswerte Eigenschaften vor Augen geführt, etwa in Saint-Pierre-de-la-Tour (Poitou, Südwestfrankreich), am Rande eines der vielen nach Santiago de Compostela führenden Wege. Im Tympanon der Kirche waren paarweise Tugenden und Laster als Allegorien dargestellt, ergänzt um eine Legende unter der jeweiligen Gestalt: »HUMILITAS / SUPERBIA, CASTITAS / LUXURIA, PACIENCIA / IRA, LARGITAS / AVARICIA, FIDES / IDOLATRIA, CONCORDIA / DISCORDIA.[155] Die Demut legt nahe, sich mit dem zweiten Platz zu begnügen; die Keuschheit, die Töchter des Landes zu achten; die Geduld, sich nicht mit der Masse auf die Fähre zu stürzen; die Großherzigkeit, mit Bedürftigen zu teilen; der Glaube, Gott nicht mit seinen Heiligen zu verwechseln; die Eintracht schließlich, zu dem beim Aufbruch gegebenen Versprechen wechselseitiger Hilfe zu stehen. Je mehr Menschen solchen Forderungen gerecht wurden, desto eher durften Reisende damit rechnen, gesund wieder heimzukehren.

6. PILGERN WAR ARBEIT

Eine mehrtägige, erst recht eine mehrjährige Wallfahrt war mit ungewöhnlichen Belastungen verbunden. Es ist verständlich, daß die meisten Pilger den härtesten Unbilden des Klimas ausweichen wollten. Wenn eben möglich, brachen Reisende aller Art auf, wenn der Himmel lachte.

Das ergibt sich auch aus Regelungen in den Hansestädten. Ruhen sollten hier die Fahrten der Kaufleute und Pilger so lange wie die Seeschiffahrt (von Martini bis Petri Stuhlfeier, 11. November bis 22. Februar); in einem Lübecker Testament heißt es deshalb: Der Pilger solle aufbrechen »to der ersten Abervard«.[156] Im Frühjahr fanden Mensch und Reittier leichter Proviant; man konnte mit leidlich begehbaren Wegen rechnen; Hochwasser war abgelaufen, Stege über Bäche und kleine Flüsse waren vielleicht ausgebessert; Fähren wurden wieder bedient; dank der Schneeschmelze in den Alpen führten Rhein und Rhône im Sommer ausreichend Wasser für die Schiffahrt. Schließlich wurden die Tage länger, so daß man bis zum Anbruch der Dunkelheit spürbar mehr ›schaffte‹.

Bei günstiger Witterung brachen Könige gern zum Reichstag (oft an Pfingsten), Prälaten zu Synoden, Kaufleute zum Handel, Söldner zum Krieg und Pilger zu nahen und fernen Wallfahrtsstätten auf. Im allgemeinen Prolog zu den *Canterbury Tales* schildert Chaucer diese Jahreszeit so idyllisch, wie seine wohlhabenden Zeitgenossen sie im ausgehenden 14. Jahrhundert erlebt haben können:

»Wenn milder Regen, den April uns schenkt,
Des Märzes Dürre bis zur Wurzel tränkt
Und badet jede Ader in dem Saft,
So daß die Blume sprießt durch solche Kraft;
Wenn Zephyr selbst mit seinem milden Hauch
In Wald und Feld die zarten Triebe auch
Erweckt hat und die Sonne jung durchrann

Des Widders zweite Sternbildhälfte dann,
Wenn kleine Vögel Melodien singen,
Mit offnen Augen ihre Nacht verbringen
– So stachelt die Natur sie in der Brust –:
Dann treibt die Menschen stark die Wallfahrtslust,
Und Pilger ziehn zu manchem fremden Strand,
Zu Heiligen, berühmt in fernem Land;
Besonders sieht aus Englands Teilen allen
Man freudig sie nach Canterbury wallen,
Dem segensreichen Märtyrer zum Dank,
Der ihnen half, als sie einst siech und krank.«[157]

Auf einen Aufbruch der Pilger zu einer Zeit, da man mit freundlichem Wetter rechnen konnte, hatte sich mancher Ort eingestellt. In Siegburg setzte der ›Pilgerbetrieb‹ in der Karwoche ein, spätestens am Jahrestag der ersten Kanonisierung Annos (29. April), schwoll zu Pfingsten an und ebbte erst mit dem Kirchweihfest (22. September) wieder ab. Einer alten Tradition treu, brachen viele Ungarn im März/April auf, trafen sich im Mai in Andernach am Rhein und zogen weiter mit Kreuz und Fahne nach Aachen; hier versammelten sich alle sieben Jahre Angehörige vieler Nationen zum vierzehntägigen Fest der Heiltumsweisung um den 17. Juli. In Vézelay feierte man das Fest der Maria Magdalena am 22. Juli, in Einsiedeln das der Engelweihe am 14. September, am Monte Gargano und am Mont Saint-Michel das des hl. Michael am 29. September, in Tours das des hl. Martin am 11. November. Vielen Marienwallfahrtsorten kam zugute, daß das Hauptfest – Mariae Himmelfahrt – am 15. August gefeiert wurde, in einer zum Reisen denkbar günstigen Jahreszeit. In Compostela hatte man das Fest des hl. Jakobus vom 30. Dezember (nach mozarabischem Ritus) auf den 25. Juli (nach römischem Brauch) verlegt. Wer dann über See anreiste, vermied die gefürchteten Frühjahrs- und Herbststürme in der Biskaya; wer zu Lande aus Mitteleuropa kam, fand auf dem Hin- und Rückweg schneefreie Pyrenäenpässe vor.

Allerdings mußten Santiagopilger dafür einen Nachteil in Kauf nehmen: Die Sommerhitze während des wochenlangen Marsches war um so drückender, als Nordspanien ein waldarmes Land ist. Man mied dann die heiße Tagesmitte; wer während der sternklaren Nacht wanderte, sparte gar Herbergskosten. Eine spanische Bezeichnung der Milchstraße – *camino de Santiago*, Weg zum hl. Jakobus – hält die Erinnerung an Pilger wach, die sich nachts an den Sternen ›orientierten‹. Naheliegend war das auch deshalb, weil die Milchstraße in Mitteleuropa oft von Nordosten nach Südwesten weist; wie die Wege der Pilger ist sie nicht scharf abgegrenzt; und den Pilgern mochten die zahllosen Sterne der Milchstraße wie ein Abbild ihrer großen Scharen erscheinen.

Alles sprach dafür, zum Reisen die wärmere Jahreszeit zu nutzen: Vom Frühjahr bis in den Herbst führten Kirchweihfeste und Jahrmärkte Menschen von nah und fern zusammen. Schwierigkeiten der Übernachtung und Verpflegung waren im Sommer leichter zu überwinden; bei milder Witterung wird mancher lieber in einem Heuhaufen oder unter einem Baum kampiert haben als in einer verlausten Herberge. Mit wilden Beeren und nahrhaften Nüssen ließ sich eine zeitlang der Hunger stillen. Da ohnehin mehr Menschen unterwegs waren, konnte man Hirten und Bauern nach dem Weg und der Möglichkeit fragen, Gefahren auszuweichen, die im Wald oder an Engpässen lauerten. In ›Stoßzeiten‹, wenn für die Heu- und Getreideernte zusätzliche Arbeitskräfte gefragt waren, verdingte sich mancher beim Bauern um Nachtlager, Mahlzeit und Zehrpfennig.

Für das Reisen in der warmen Jahreszeit sprach ferner, daß die meisten Pilger kaum Geld für festes Schuhwerk gehabt haben oder das einzige Paar schonen mußten, deshalb barfuß oder mit leichter Fußbekleidung gereist sein dürften. Bezeichnend ist jedenfalls eine Szene auf dem Elisabethschrein in Marburg: Die Landgräfin speist Hungrige, und nur Barfüßige drängen sich zu ihr. Noch im 20. Jahrhundert legten auf den sandigen ›Sommerwegen‹, die parallel zu den gepflasterten Straßen verliefen, in ländlichen Gebieten Deutschlands Angehörige der Unterschicht sogar weite Strecken barfuß zurück; sie wollten ihre Schuhe schonen, die sie deshalb in der Hand trugen. Wenn mittelalterliche Quellen betonen, die eine oder andere Person sei »barfuß wie ein Büßer« zu einer Pilgerstätte gezogen, sind im allgemeinen Wohlhabende gemeint; anders als der Großteil der Bevölkerung gingen sie normalerweise mit bekleideten Füßen oder reisten gar hoch zu Roß. Das gilt etwa für Kaiser Otto III., der im Frühjahr des Jahres 1000 nach Gnesen pilgerte; hier ruhte sein Freund Adalbert, der als Missionar das Martyrium erlitten hatte und der nun den Ort und dessen Umgebung heiligte. Angesichts der ersehnten Burg pilgerte der Kaiser »sehnsüchtig barfuß (*nudis pedibus suppliciter*), wurde vom dortigen Bischof Unger ehrfurchtsvoll empfangen und in die Kirche geleitet; hier bat er unter Tränen den Märtyrer Christi um seine Fürbitte zur Erlangung der Gnade Christi.«[158]

In der warmen Jahreszeit konnte man sich anderen Reisenden zugesellen, um leidlich geschützt zu sein und Unterhaltung zu finden. Behinderte hatten dann eher Aussicht, auf einem Gefährt mitgenommen zu werden. Blinde mußten ja geführt, Gelähmte getragen oder gefahren werden – sofern sie sich nicht, als ›Schemeler‹, mühsam kriechend zum Ziel schleppten; das war bei milder Witterung eine Qual, bei Nässe und Kälte vollends unerträglich. Wer einmal im Gebirge bei Nebel oder Schneetreiben seinen Weg hat suchen müssen, versteht, daß man in Mittel- und Westeuropa im Winter möglichst daheim blieb. Mußten Wohlhabende weit reisen, planten sie ein eigenes Winterquartier oft von langer Hand; Bildungsbeflissene nutzten diese Zeit zum Lesen in einer Bibliothek.

Indessen sahen sich gelegentlich auch im Westen Pilger gezwungen, bei widriger Witterung aufzubrechen. In Testamenten konnte es heißen, der Stellvertreter solle *statim me mortuo,* gleich nach meinem Tod, bzw. »zunder langhe togerynghe«, ohne langes Zögern, oder binnen der ersten vier Wochen nach dem Tod des Erblassers die Wallfahrt antreten.[159] Auch andere Gründe konnten einen Aufbruch im Winter nahelegen. Zu bestimmten Zeiten galt das Gebet als besonders wirkmächtig. Manche Pilger wollten oder sollten es so einrichten, daß sie während der Fastenzeit in Rom waren. Für Norddeutsche bedeutete das, im Winter gen Süden zu ziehen; die Gebirge mußten sie zu einer Zeit meistern, da der Übergang außerordentlich mühsam war, der der Apenninen wohl noch gefährlicher als der der Alpen – ganz gleich, ob man zu Fuß ging, ritt oder, in der Neuzeit, im Wagen fuhr.

Abb. 22: Der 1623 Meter hohe Paß von Somport in den Pyrenäen, auf dem Weg von Arles nach Santiago, ist bis ins späte Frühjahr verschneit. Wer hier in Nebel oder Schneesturm geriet, schwebte in Lebensgefahr.

Im Hochgebirge drohten im Winter, mehr noch als ohnehin, gefährliche Zwischenfälle, wenn nicht tödliche Unfälle. Bei klirrendem Frost schützten Kleidung und Schuhe kaum gegen Schnee und schneidenden Wind; die Kälte war um so bitterer, als die meisten Menschen schlecht ernährt und kreislaufstärkende Mittel – abgesehen von Wein – so gut wie unbekannt waren. 1077 sah sich Kaiser Heinrich IV. zu einem dramatischen Alpenübergang genötigt; bei dieser Gelegenheit schenkte man den Pferden offensichtlich mehr Aufmerksamkeit als den mitreisenden Frauen, unter denen auch die Kaiserin war.[160]

Jahrhunderte später schildert Haydn die Not eines Reisenden. Das Oratorium ›Die Jahreszeiten‹ wurde an der Wende vom 18. zum 19. Jahrhundert komponiert; die hier aufscheinende Wirklichkeit war im

Mittelalter sicher noch härter. »Vergebens suchet er den Weg, ihn leitet weder Pfad noch Spur«. Die Musik malt aus, wie mühsam der Bauer Lukas durch den Schnee stapft: »Angst beklemmt sein Herz, / da er den Tag sich neigen sieht / und Müdigkeit und Frost / ihm alle Glieder lähmt.« Die glückliche Wendung, die Lukas erfährt, war vielen Pilgern nicht vergönnt: »Doch plötzlich trifft sein spähend Aug / der Schimmer eines nahen Lichts. / Da lebt er wieder auf, / vor Freude pocht sein Herz. / Er geht, er eilt der Hütte zu, / wo starr und matt er Labung hofft«.[161]

Allenthalben Mühsal und Schlimmeres

»Mit welchen Gefährten lebt der Mensch? Ich antworte: Mit sieben, die ihn ständig bedrängen. Das sind Hunger, Durst, Hitze, Kälte, Müdigkeit, Krankheit und Tod.« So antwortet ein Philosoph dem König in den *Gesta Romanorum*, einer Sammlung lateinischer Kurzgeschichten; sie dürfte um 1300 entstanden sein und war bald in ganz Europa verbreitet.[162]

Nöte, die alle Menschen trafen, verschärften sich auf Reisen; da deren Mühsal alle packte (mehr oder weniger hart, das sei eingeräumt), läßt Reisen sich als demokratisierendes Element in einer hierarchisch aufgebauten Gesellschaft verstehen. Wie ein Echo auf die Erkenntnis des Philosophen wirkt, was ein wohlsituierter Pariser Bürger Ende des 14. Jahrhunderts seine Frau zu bedenken bat: Er müsse hierhin und dorthin reisen, »bei Regen, Wind, Schnee und Hagel, einmal durchnäßt, dann wieder ausgedörrt, einmal in Schweiß gebadet, dann wieder frierend, schlecht verpflegt, schlecht untergebracht, schlecht gewärmt und gebettet«.[163]

Seelische Belastungen läßt der wackere Bürger unerwähnt; vielleicht war er immer mit vertrauenswürdigen Menschen gereist. Davon durfte ein Pilger nicht ausgehen. Hatte er den Schutz von Stadt oder Dorf, Burg oder Kloster verlassen, war er ein Fremder, ein *peregrinus*. Er teilte die Straße auch mit Außenseitern der Gesellschaft, die geneigt waren, sich für erlittenes Unrecht an Wehrlosen schadlos zu halten. Er bekam zu spüren, daß die Grenzen zwischen gesellschaftlich geduldetem Wandern und dem geächteten Umherstreifen fließend waren. Auch Spielleute, Gaukler, Zigeuner (seit 1417 bezeugt), Menschen also, die von Seßhaften gefürchtet und verachtet wurden, strebten zu den großen Wallfahrtsterminen. Wollte er nicht bestohlen, betrogen oder als vermeintlicher Verbrecher am nächsten Baum aufgeknüpft werden, mußte der Pilger ein gerüttelt Maß an Menschenkenntnis mitbringen. Im Gespräch mit Fremden sollte er nach wenigen Sätzen wissen, wem er vertrauen konnte und wen er tunlichst mied.

Mit jedem Schritt mußte er das Gewicht seines Körpers und des Gepäcks von einem Bein auf das andere verlagern, dreißig-, vierzig-, fünfzigtausendmal am Tag. Es wird verständlich, daß das englische Wort für reisen, *to travel*, auf französisch *travailler* zurückgeht: arbeiten, sich mühen. Es ist nur recht, daß die Pilgerfahrt des Stellvertreters in Testamenten ›Arbeit‹ genannt wird.

Unausgeschlafen, durchnäßt, von Ungeziefer zerstochen, mit Hunger und Durst, Übelkeit und schlechter Laune kämpfend, näherte man sich Schritt für Schritt dem Ziel. Kaffee zur Stärkung des Kreislaufs konnten sich weite Kreise erst im 20. Jahrhundert leisten. Als reichten die üblichen Strapazen noch nicht, die Weg, Jahreszeit, Mitreisende bedeuten mochten, unterzog sich mancher freiwillig weiteren Lasten. Aus Thann halten die Theobaldsmirakel fest: Zugunsten ihres Neugeborenen, das mit einer verwachsenen Hand zur Welt gekommen war, hatte eine Frau die weite Reise von Lübeck aus mit einem »Opfer«, in Wolle gekleidet und barfuß, zurückgelegt; ein Mann hatte die Fahrt unternommen »nackendig one alle kleider«.[164] Dieser war schutzlos Sonne und Insekten ausgeliefert, jene trug Kleidung, die – zumal bei Hitze – auf der Haut scheuert und juckt. Hier stützte einer Gebrechliche, dort hatte sich jemand ein Kreuz, eine Fahne oder eine (Wallfahrts)Stange aufgebürdet. Andere fasteten; wieder andere liefen mit ausgebreiteten Armen, barfuß oder mit Erbsen in den Schuhen.[165] Währenddessen hatte man Gelegenheit, den bisherigen Lebensweg zu überdenken, die Beichte vorzubereiten, die Umkehr zu beginnen.

Manche trugen im wahrsten Sinne des Wortes gewichtige Votivgaben, etwa Ketten, von denen sie befreit worden waren. Von Pilgern erwartete man, daß sie Arbeitsleistungen zugunsten romanischer Bauhütten erbrachten: Von Triacastela, am Fuße des Cebreropasses, schon in Galizien, »nehmen sie einen Stein mit bis nach Castañola; aus dem Stein wird Kalk gebrannt zum Bau der Basilika des hl. Jakobus«.[166] Pilger trugen auch andere wertvolle Materialien wie Eisen und Blei zur Baustelle. So sparte man Transportkosten, und der Pilger war stolz darauf, unmittelbar zu dem Werk beigetragen zu haben. Darüber hinaus schuf er Gedächtnis, lebte er doch in den von ihm herbeigeschafften Rohstoffen weiter; auch sie erinnerten den Heiligen an den Wallfahrer, auch wenn der schon längst heimgekehrt oder gar gestorben war – wie der Spender eines Altartuches, wovon noch zu reden ist.

Vernachlässigung des Körpers – freiwillig oder als auferlegte Buße – bedeutete eine weitere Beschwernis; man weiß allerdings nicht, ob das von allen so empfunden wurde. Wer sich weder wusch noch badete, Bart- und Haupthaare ungeschoren, Finger- und Fußnägel ungesäubert ließ, verbreitete penetranten Gestank, gedeutet vielleicht als Ruch der Heiligkeit. Manchen erleichterte das, Verlockungen des anderen Geschlechts zu widerstehen.

Verständigung mit Anderssprachigen – eine ernsthafte Klippe

»Wenn du sie erst reden hörtest, glaubtest du dich an das Gekläffe von Hunden erinnert«. Abfällig äußert sich der ›Pilgerführer‹ zu Navarrern bzw. Basken.[167] Fernwallfahrer kamen unter Menschen, deren Sprache sie nicht verstanden. Zwar lebten Angehörige unterschiedlicher Sprachfamilien und Völker in vielen Ländern friedlich zusammen, im Deutschen Reich etwa Deutschsprachige, Slawen und Romanen – wie in diesem Jahrhundert noch im östlichen Mitteleuropa. Doch kam es immer wieder zu Reibungen, Folge auch von Dünkel, wie das Zitat zeigt.

Gebildete, und das waren oft Kleriker, konnten sich unter ihresgleichen auf Latein und (besonders im östlichen Mittelmeerbecken) Griechisch verständlich machen; im Abendland war Latein die Sprache der Liturgie, des Rechtes, der Bildung. Herrschern wie Karl dem Großen, Otto I. und Friedrich II. waren mehrere Sprachen vertraut. Die Anrainer von Nord- und Ostsee kamen mit dem Niederdeutschen zurecht, auch dank der Bedeutung der Hanse in diesem Raum. Seit der Zeit der Kreuzzüge und den großen Champagnemessen war vielen Adligen, Rittern und Kaufleuten Französisch geläufig, das im Mittelmeergebiet seit dem 13. Jahrhundert Verkehrssprache wurde. Eine noch größere Bedeutung hatten Arabisch in den Ländern zwischen Spanien und Hinterindien, Mongolisch von West- bis nach Ostasien. In Grenzräumen verstanden viele Menschen mehrere Sprachen, z. B. Deutsch und Slawisch in Mitteldeutschland, Latein und Arabisch in Spanien, Latein, Griechisch und Arabisch zur Zeit Kaiser Friedrichs II. in Sizilien.[168]

Wer vor seinem Aufbruch keine Sprachen lernen wollte oder konnte, hatte einen Grund mehr, sich einer Gruppe erfahrener Reisender anzuschließen; wenigstens dieser oder jene sollte sich leidlich mit Menschen anderer Zunge verständigen können, durch deren Land man käme. Je langsamer man reiste, desto eher konnte man sich an das fremde Idiom gewöhnen; von daher hatten Pilger, die zu Fuß reisten, vielleicht einen Vorteil gegenüber Berittenen.

Noch besser konnte man eine fremde Sprache erlernen, wenn man mit Angehörigen dieses Idioms während einer Seefahrt längere Zeit zusammenlebte. Wie der ›Pilgerführer‹ mit einigen baskischen Vokabeln denen Hilfe bot, die nach Santiago strebten, so sorgte der Mainzer Domherr Breydenbach aufgrund eigener Erfahrungen für all die, die wie er ins Heilige Land fahren würden. Im Anschluß an den eigentlichen Reisebericht bringt er ein recht ausführliches deutsch-arabisches Wörterverzeichnis.[169] Da dieses Buch bereits gedruckt wurde, haben Wohlhabende es vielleicht schon – anders als den ›Pilgerführer‹ Jahrhunderte früher – in ihrem Gepäck gehabt.

Welche Folgen sprachliche Mißverständnisse haben konnten, erfuhren Mönche, die der hl. Franz von Assisi nach Deutschland gesandt hatte, auf daß sie auch hier die evangelische Armut lebten. Als man sie bei ihrer Einreise fragte, ob sie Ketzer seien, antworteten sie in wahrhaft franziskanischer Einfalt mit ›Ja‹, dem einzigen deutschen Wort, das sie sich eingeprägt hatten.[170] Es hätte sie auf den Scheiterhaufen bringen können.

Wochenlang fromm sein?

Nicht erst am Ziel sollte der Pilger Gott und die Heiligen ehren; die ganze Fahrt sollte ein Gebet sein. Aber war damit nicht Unmögliches verlangt? Bei der Aussendung hatte der Priester unverblümt von Gefahren und Versuchungen gesprochen. Beim Aufbruch hat mancher vielleicht ähnlich realistisch gebetet; man könnte die Bitte mit dem Vorzeichen vor einer Klammer in der Arithmetik vergleichen: ›Lieber Gott, lieber Jakobus! Nehmt mich, wie ich bin. Und wenn ich unterwegs schimpfe, wenn ich den Tag verwünsche, an dem ich mich zu dieser Fahrt entschlossen habe, dann laßt eins gelten: Ich erdulde alle Unbill Euch zu Ehren. Was ich an Widrigkeiten ertragen muß, magst Du, o Gott, als Sühne für meine Schuld ansehen (oder: dem zugute kommen lassen, in dessen Namen ich hier gehe, als hätte er all das auf sich genommen). Und verleihe der Reise ein gutes Ende.‹

Mit Schicksalsgefährten schloß man sich auch deshalb zusammen, weil man Eintönigkeit überspielen wollte. Gemeinsames Beten und Singen verkürzt den Weg. Das Lied »In Gottes Namen fahren wir«[171] dürfte aus dem 13. Jahrhundert stammen. Wie alle Wallfahrtslieder hat es viele Strophen, und jede wird mit dem Ruf *Kyrie eleison* abgeschlossen. Das Flehen um göttliches Erbarmen war angesichts der Mühen des Weges berechtigt; es wird konkretisiert in den Bitten um Rettung vor dem ewigen Tod, um Reinigung von Sünde, um von Heiligen vermittelte Gnade und Huld, um Schutz vor des Teufels List, um Abwendung von Krankheit und Krieg, Hungersnot und allem Übel. Vielleicht sangen Deutsche unterwegs besonders gern; immerhin sind sie damit in Frankreichs Süden aufgefallen. In den Aegidius-Mirakeln ist nämlich von einem Gefangenen die Rede, der nachts hörte, wie Scharen von Deutschen dem hl. Aegidius »in gewohnter Weise« Loblieder sangen.[172]

Manches Lied eignete sich sogar dazu, Animositäten abzureagieren, wie sie unter Nachbarn geläufig sind. Ein noch vor wenigen Jahrzehnten im Münsterland geübter Brauch könnte weit zurückreichen: Wenn die Raesfelder im Sommer nach Kevelaer pilgerten, kamen sie durch Erle. Rechtzeitig am Dorfeingang stimmte der Vorsänger ein Marienlied an: »O Jungfrau, wir dich grüßen«, mit zwanzig Strophen. Der Refrain galt den Bewohnern von Erle: »Maria hilf uns all / hier in diesem Jammertal« (später ersetzt durch ›Erdental‹). Die so Gereizten knallten Türen und Fensterläden zu, und niemand von ihnen ließ sich auf der Straße blicken.[173]

Menschen aus einer weitgehend schriftlosen Kultur kennen vieles auswendig; einprägsam zusammengefaßt, sind unterschiedliche Stoffe auch Analphabeten vertraut gewesen. Wenn man sie sich erzählte, vergaß man die Länge des Weges. Man mochte auch über die Bitten des Vaterunsers nachdenken, oder über die Hauptsünden, wozu Geiler von Kaysersberg rät.[174] Der Pilger sollte also über Hoffahrt, Neid, Zorn, Trägheit, Völlerei und Unkeuschheit meditieren und dann die hl. Maria sowie die anderen heiligen Jungfrauen bitten, ihm bei Gott Reinheit des Lebens zu erwirken; ihnen habe Gott solche Gnade verliehen, daß sie dem Laster widerstanden; deshalb könnten sie zu Gott flehen, dem Pilger dieselbe Kraft zu schenken; denn niemand könne rein und keusch bleiben, sofern Gott ihm nicht die Gnade dazu verleihe. Habe man das alles beherzigt, solle man die letzte Bitte des Vaterunsers sprechen: »sunder erlöß uns vor allem ibel amen«.

An bestimmten Orten hafteten Erzählungen, die in das kollektive Gedächtnis eingegangen sind. Aus gegebenem Anlaß berichtet der ›Pilgerführer‹ Einzelheiten aus dem Leben von Märtyrern und Bekennern sowie aus Epen, die sich um Karl den Großen, Roland und andere Helden rankten.[175] Auch dies ist eins der Elemente, die seit eh und je zur Menschheitsgeschichte gehören; das Alte Testament ist voll von Sagen, die zu bestimmten Kultorten gehören, etwa zu den Eichen von Mamre (Gen 18).

Zu Fuß, hoch zu Roß, im Wagen

So wie ihre Vorbilder, die Apostel und die Jünger auf dem Weg nach Emmaus, gingen rechte Pilger zu Fuß, viele sogar barfuß; die einen, weil das Geld für Schuhwerk fehlte; andere um zu büßen oder um ihrer Bitte an den Heiligen Nachdruck zu verleihen.

Begüterte ritten hoch zu Roß; wollten sie Demut bekunden, wählten sie ein Maultier; wer sich in der Nachfolge Jesu sah und trotzdem reiten wollte, entschied sich für den Esel. Berittene galten als wohlhabend; sie sollten deshalb für alle Kosten selber aufkommen. Nach einer Faustregel rechnete man für Stall, Stroh, Hafer und Pflege des Reittieres etwa soviel wie für die eigene Übernachtung und Verpflegung. Reiter hatten auch höhere Gebühren zu entrichten. Nach einer ›Fergenordnung‹, die die Stadt Wimpfen am Neckar 1539 erließ, zahlte der Fußgänger für das Übersetzen mit der Fähre einen, der »Mensch zu roß« drei Pfennig;[176] in früheren und späteren Jahrhunderten dürfte ein ähnlicher Tarif gegolten haben. Nicht zuletzt: Ein stattlicher Reiter wurde unterwegs von wirklich oder scheinbar Bedürftigen ganz anders bedrängt als ein barfüßiger Pilger, und Wegelagerer erwarteten bei ihm größere Beute; der Reiter konnte ihnen freilich auch eher entkommen. Viel sprach dafür, nur streckenweise ein Reittier zu kaufen oder zu mieten; das erhöhte die Beweglichkeit und senkte die Reisekosten. War das Tier gemietet, ließ man sich einen Diener mitgeben, der vom vereinbarten Zielort aus das Tier heimritt.

Im Mittelalter dürften nur wenige Pilger in vierrädrigen Wagen gereist sein, am ehesten Frauen sowie Alte, Kranke und Schwache, die nicht (mehr) gehen oder reiten konnten. Das hing mit dem Zustand der Straßen, fehlendem Komfort und der Verkehrssicherheit der Wagen zusammen, konnte doch eine Fahrt bergab wegen unzulänglicher Bremsen böse ausgehen. Nach einer Darstellung aus dem Jahre 1483 hat Papst Johannes XXIII. auf der Fahrt zum Konstanzer Konzil 1414 einen Wagenunfall erlitten.[177] Zwar war im Spätmittelalter der Wagenkasten zuweilen schon an Ledergurten aufgehängt, die Stöße wenigstens zum Teil auffingen; auch gab es Planwagen mit schließbaren Fenstern oder Vorhängen, die vor Staub, Sonne, Regen schützten. Doch verglichen mit dem Ritt auf einem sanften Zelter wird die Fahrt im Wagen über längere Strecken eine Tortur gewesen sein. Die lenkbare Vorderachse, eine wichtige Verbesserung, soll sich erst seit der zweiten Hälfte des 15. Jahrhunderts langsam durchgesetzt haben.[178] Bequemer fuhr man möglicherweise auf einem Karren, weil sich zwei Räder leichter als vier den Unebenheiten des Weges anpassen. Blieben die Räder stecken, mußten auch die Fahrgäste in die Speichen greifen. Bei niedrigen Temperaturen stieg man lieber aus und ging zu Fuß, um nicht zu erfrieren. Was das Quietschen der Achsen und das Fluchen der Fuhrleute angeht, war man wohl weniger empfindlich als wir. Hatte ein Fuhrmann oder Maultiertreiber jedoch Passagiere von Stand durch Unachtsamkeit geschädigt, durften diese ihn auch körperlich züchtigen; dazu kam ein Abzug vom Lohn.

Erasmus von Rotterdam beschreibt das Gespräch von zwei alten Männern. Nach erfolglosem Feilschen mit einem Fuhrmann sind sie losgetrottet, um den Preis doch noch zu drücken; man sollte meinen, sie seien an der Fahrt nicht interessiert. Später steigen sie zu und vertreiben mit munterem Geschwätz dem Fuhrmann die Zeit. Der zeigt sich erkenntlich: Am Ziel kippt er sie nicht in eine große Pfütze, wie er es jüngst mit Mönchen gemacht hat![179]

Trotz aller Unzulänglichkeiten zwei- und vierrädriger Gefährte wird sich mancher glücklich geschätzt haben, wenn er – etwa auf einer Weinfuhre vom Oberrhein nach St. Gallen und gleichsam als Trittbrettfahrer – ein Stück weit mitgenommen wurde; er konnte sich ausruhen und Kräfte sammeln für den weiteren Weg.

Nach heutigen Maßstäben waren die meisten Straßen bis weit in die Neuzeit in einem kläglichen Zustand. Pilger hätten sich glücklich geschätzt, wenn ihnen Straßen von der Qualität unserer Wald- und Feldwege zur Verfügung gestanden hätten, die fachmännisch angelegt sind und regelmäßig gewartet werden. Hochstraßen mit parallel geführten Gräben, die das Wasser sammeln, waren den Römern vertraut; in Mitteleuropa wurden sie erst wieder in der Neuzeit gebaut. Zwar bemühte sich die Monarchie in England und Frankreich seit dem 13. Jahrhundert um den Bau von Straßen und Brücken; doch noch um 1600 galt die relativ gut ausgebaute Straße von Paris nach Orléans fast schon als Weltwunder, obwohl sie zu dieser Zeit noch nicht durchgehend gepflastert war. Immerhin sollten ›Königsstraßen‹ so breit sein, daß ein Wagen dem anderen ausweichen konnte, was auf Wegen oft nicht möglich war.

Bei ausgiebigen Niederschlägen liefen Schlaglöcher voll Wasser, verwandelten sich Staub und Erdreich in Matsch, und talwärts führende Hohlwege ähnelten reißenden Bächen. Ende des 16. Jahrhunderts mußten der schon erwähnte Platter und seine Begleiter in Südfrankreich bei einem Dauerregen »biß über die knye« durch Wassergräben waten; bald waren sie »allenthalben gleich naß unndt besudlet...; ettlich fielen wegen schlipferigen Wegs gar in die bäch, den anderen bliben die schu im fetten grundt stecken«. Insgesamt sei es ein »armer jammer« gewesen, erst recht, als sie spät am Abend vor den verschlossenen Toren der Stadt Montpellier standen.[180]

Trotz des desolaten Zustandes der meisten Straßen haben viele Pilger pünktlich ihr Ziel erreicht; das läßt sich auch daraus erschließen, daß Fuhrleute ihre schweren, mit sechs und mehr Pferden bespannten Wagen über Hunderte von Kilometern rechtzeitig zu einer Handelsmesse führten, und zwar oft im Frühjahr und Herbst, wenn mit Regen zu rechnen war. Pilger dürften sich an einen ähnlichen Plan gehalten haben, wie er sich bei Gütertransporten bewährt hatte, z. B. aus Richtung Basel zur Frankfurter Messe: Nachtlager in Bruchsal, weiter über Wiesloch (mittags), Heidelberg (nachts) und so fort über Weinheim und Bensheim (nachts).[181]

Gefahren über Gefahren

Wer zu Fuß oder mit dem Pferd unterwegs war, mied nach Möglichkeit Staub und Schlamm der Straße und reiste auf schmalen Wegen; manchmal waren sie parallel zur Straße geführt, oft nahmen sie einen steilen, dafür kürzeren Verlauf. Hier kam man zügig voran, sofern der Untergrund fest war. Damit durfte man aber nicht überall rechnen. Zwar waren in manchen Gegenden durch Moor und Sumpf Knüppeldämme gelegt (etwa der ›Kurfürstendamm‹ von Berlin zum Jagdrevier von Schloß Grunewald), doch waren sie oft schwer zu erkennen und nur unzulänglich gewartet.

Aussagen des ›Pilgerführers‹ gelten sicher nicht nur für das 12. Jahrhundert: Um die *Landes* zu durchqueren, eine dünenartige Heidelandschaft südwestlich von Bordeaux, brauche man drei Tage. »Aber das sind Tage, die dich zur Erschöpfung bringen!« Denn statt fließender Gewässer und Brunnen gebe es nur Sand, den aber im Überfluß. »Gibst du nicht acht beim Gehen, so wird dein Bein schnell bis zum Knie in dem feinen Sand versinken, der dort überall angeweht ist«. Eine weitere Warnung: Im Sommer solle man hier sorgfältig sein Gesicht vor den riesigen, in Schwärmen auftretenden Roßbremsen schützen.[182] Aufschlußreich sind auch Klagen darüber, wie gottverlassen – mit anderen Worten: dünnbesiedelt – das Land sei, wie leergefegt von den Gütern dieser Welt, ohne Brot und Wein, Fleisch und Fisch; die letzten Worte verdeutlichen, was ein begüterter Pilger auf der Tafel zu sehen wünschte.

Gab es auf der Paßhöhe kein Spital, mußte man Auf- und Abstieg an einem Tag bewerkstelligen. Ausgeruht ging es in der Frühe bergauf. Zu Unfällen kommt es vor allem beim Abstieg, wenn man abgespannt ist und weiche Knie hat. Alte und Kranke, die im Flachland vielleicht ein Stück Weges zu Schiff zurücklegen konnten oder von einem Ochsenkarren mitgenommen wurden, mußten im Gebirge geführt, wenn nicht in einem sänftenartigen Gestell getragen werden. Wegen chronischer Unterernährung hatte unter den Strapazen eines Gebirgsübergangs vor allem der ›kleine Mann‹ zu leiden. Doch auch dem Wohlhabenden blieb oft nichts anderes übrig, als abzusitzen und das Pferd über schmale, steile, kaum befestigte Wege zu führen.

Selbst wenn kein Nebel, keine Lawine, keine ausgehungerten Wölfe drohten, wenn bei angenehmer Temperatur der Himmel lachte, ausreichend Trinkwasser zur Verfügung stand, blieben Mühen genug. Wegen der im Süden mittags steil stehenden Sonne fand man kaum Schatten. Keuchende, schwitzende Menschen locken Fliegen an, die Augen und Gesicht wie lebende Salzquellen umschwärmen.

Reiste man ohne Regen- und Kälteschutz, drohte bei plötzlichem Wetterumschlag größte Gefahr. Ein Hagelschauer – und schon war man bis auf die Haut durchnäßt und kühlte schnell aus. Verglichen mit heutigen Jacken, Hosen und Schuhen war die Kleidung weder bequem noch zweckmäßig. Sandalen oder leichte Schuhe boten den Füßen nur unzureichend Halt; barfuß gehende Pilger wurden schon erwähnt. Auf manche Herausforderung des Gebirges haben Menschen im Laufe des Mittelalters Antworten gefunden. Im wahrsten Sinne des Wortes lebensrettende Maßnahmen mußten nicht einmal kostenträchtig sein. Es war ein Werk der Barmherzigkeit und des Selbstschutzes, wenn ortskundige Hirten nach der Schneeschmelze ein paar Steine zu einer kleinen Pyramide auftürmten; dank solcher Wegmarken blieben Reisende vielleicht vor dem Abstürzen oder Erfrieren bewahrt. Mancherorts haben Einsiedler bei Nebel oder Schneetreiben Verirrten den Weg gewiesen; ohne großes Aufheben haben sie gezeigt, daß hinter dem Rückzug aus der Welt nicht die egoistische Maxime ›Rette deine Seele‹ stehen muß; Askese in der Nachfolge Jesu ließ sich sehr wohl mit dem Dienst am Nächsten verbinden. Aus mancher Einsiedelei ist eine klösterliche Gemeinschaft hervorgegangen, die leichter als der Einzelne über lange Zeit hinweg Hilfe bieten konnte, auch dadurch, daß sie Gefahren vorbeugte: Hier wurde ein Weg befestigt, dort eine Schlucht mit einem Steg überbrückt, zu dem sogar ein Geländer gehören mochte. In einem verkehrsfeindlichen Sumpfgebiet zwischen Lucca und Siena stellten Religiosen sich als Wegweiser und Fährleute in den Dienst von Reisenden, nicht zuletzt der Pilger nach Rom.[183]

Der ›Pilgerführer‹ fordert auf, am Weg nach Santiago das Grab des hl. Dominikus zu besuchen. »Dieser baute die befestigte Straße zwischen Najera und Redecilla; hier liegt er auch begraben«.[184] Die Kirche hat ihn und einige andere, die solche Arbeiten uneigennützig ausgeführt haben, zur Würde der Altäre erhoben. Als Bekenner verehrt, erfreute sich Dominikus ›von der Straße‹, *Santo Domingo de la Calzada*, ähnlicher Wertschätzung wie ein Märtyrer!

Im Gebirge drohten nicht zuletzt Gefahren durch Menschen. Täler kanalisieren den Verkehr, ein Ausweichen ist oft unmöglich; Wegelagerer hatten es dann noch leichter als in der Ebene. Zu den berüchtigten Engstellen, die von wenigen Männern gesperrt werden konnten, gehörten auf dem Weg von Deutschland nach Rom die Salurner Klausen südlich von Bozen. Hier und in anderen Gebirgen waren geländekundige, drahtige junge Leute einzelnen Reisenden immer dann überlegen, wenn eine wirksame Ordnungsmacht fehlte. So machten jahrzehntelang Sarazenen von Fraxinetum (La Garde-Freinet) aus, einem Räubernest nicht weit von Nizza entfernt, die weitere Umgebung unsicher. Ein Chronist klagt: Sie sperrten die Alpen zwischen Schwaben und Italien und »vergossen das Blut von Christen und Wallfahrern, die zu den Schwellen der Apostel Peter und Paul strebten«.[185] Im Jahre 972 (?) eroberte ein burgundisch-provenzalisches Heer mit Hilfe einer byzantinischen Flottenblockade diesen einzigen muslimischen Stützpunkt am nördlichen Ufer des Mittelmeeres, wodurch die Land- und Seewege bedeutend sicherer wurden.[186]

Abb. 23: San Juan de Ortega: Kirche und Hospiz am Pilgerweg nach Santiago. Schattenspendende Bäume waren in den Weiten Kastiliens selten, weshalb man hier gern nachts pilgerte.

Die Obrigkeit nutzte Engstellen, um eine Maut zu erheben. Dagegen war nichts einzuwenden, wenn die Einnahmen zu Ausbau und Unterhaltung von Wegen und Brücken verwendet wurden. Doch davon konnte oft nicht die Rede sein. Auf scharfe Mißbilligung des ›Pilgerführers‹ stieß das Verhalten gewisser ›Zöllner‹ in Nordspanien: Mit zwei oder drei Spießen bewehrt, ziehen sie den Pilgern entgegen; sie schlagen auf jeden ein, der ihnen das verlangte Geldstück verweigern will. »Unter Beschimpfungen filzen sie ihre Opfer bis auf die nackte Haut« und entreißen ihnen die Abgabe. Nicht genug damit, verlangen sie das Doppelte dessen, was allenfalls erlaubt ist. Einen Wegzoll dürften sie eigentlich nur von Kaufleuten erheben, nicht jedoch von Pilgern.[187] Als Gebildeter verfügte der Autor über die Waffe der Feder und des geschliffenen Wortes; er fordert harte Strafen für die Schuldigen und deren Hintermänner, und zu denen zählt er sogar den König von Aragón!

Jahrhunderte später ist Platter überzeugt, in Frankreich und Spanien mehrmals nur knapp Wegelagerern entgangen zu sein. Zeitweise müssen vergleichsweise humane Räuber Südfrankreich unsicher gemacht haben; unter der Bedingung, daß die Barschaft wahrheitsgemäß angegeben worden war, nahmen sie ihren Opfern ›nur‹ die Hälfte.[188]

Auf dem Weg zu fernen Wallfahrtsorten lernte man abendländische Gemeinsamkeiten kennen und schätzen. Und doch: Pilger unterschieden sich von den Einheimischen in Lebensweise, Kleidung und Sprache; diese Andersartigkeit wurde oft nicht als Wert verstanden, als Bereicherung der gemeinsamen Kultur, sondern dünkelhaft verachtet. Eine Mahnung des Ambrosius an Augustinus war manchem bekannt, was nicht heißt, daß sie auch beherzigt wurde: »Wenn du willst, daß du niemandem ein Ärgernis seist und niemand dir, dann halte jeglicher Kirche Gebrauch«[189] – und achte die Bräuche anderer Länder, möchte man ergänzen.

Reisen bildete und bildet nicht nur, sondern kann auch Vorurteile wecken oder verstärken, wie an Beispielen gezeigt sei; sie stammen aus einer Zeit, die mit den Kreuzzügen Millionen von Menschen in fremde Länder geführt hat. Der Verfasser der Annomirakel bekundet einen von chauvinistischen Anwandlungen nicht freien Stolz auf die Heimat: An der römischen Kurie habe man sich verblüfft darüber gezeigt, daß auch der deutsche Boden heilige Männer wie Anno hervorbringe, habe man doch allenfalls mit Kriegern aus dem Norden gerechnet! Belehrend heißt es zu einem wassersüchtigen Franzosen, der in seinem Land nirgends, am Grab Annos aber gleich Heilung gefunden hatte: »Frankreich soll lernen, daß Deutschland nicht von Gott verlassen ist!«[190] Otto von Freising, Bischof und einer der großen mittelalterlichen Geschichtstheologen, hatte 1147 auf dem Zweiten Kreuzzug Ungarn kennengelernt. Später schilderte er das

Land als »anmutig wegen der ihm von Natur verliehenen Lieblichkeit und reich infolge der Fruchbarkeit seiner Äcker«; es erschien ihm fast wie das Paradies Gottes. Ganz anders zeichnet er die Menschen, die diesen Garten Eden bewohnen: Ein Barbarenvolk, in Sitten und Sprache bäurisch und ungeschliffen, mit häßlichem Gesicht und tiefliegenden Augen. Man müsse das Schicksal tadeln oder sich vielmehr über die göttliche Duldsamkeit wundern, daß sie dieses schöne Land »menschlichen Scheusalen, denn Menschen kann man sie kaum nennen«, ausgeliefert habe![191]

Beispiele bösartiger Arroganz bietet auch der ›Pilgerführer‹. Der wahrscheinlich aus dem Poitou stammende Autor schildert in den schwärzesten Farben Menschen, denen man auf dem Weg nach Santiago begegnete, auf deren Gastfreundschaft man angewiesen war und deren Hilfsbereitschaft über Leben und Tod des Pilgers entscheiden konnte. Statt die Bewohner des Pyrenäenraumes dem Leser vorzustellen, gegebenenfalls mit ihren Stärken und Schwächen, reiht der ›Pilgerführer‹ aneinander, was polemische Literatur an Feindklischees im Laufe der Jahrtausende entwickelt hatte: »Es ist ein seltsames Volk, nach Brauch und Wesen anders als die übrigen Völker geartet, mißmutig dreinschauend, zutiefst verderbt: Verkehrt, schurkisch, treulos und ausschweifend, dem Trunk ergeben, erfahren in jeglicher Art von Gewalttat, wild und hinterwäldlerisch, unredlich und verworfen, gottlos und düster, unheilvoll und streitsüchtig, ein Volk, das in allem Guten ungeübt, in allen Lastern und Unbilligkeiten überaus erfahren ist; in ihrer Bosheit ähneln sie sehr den Geten und Sarazenen. Uns aus Franzien sind sie in allem fremd. Um den Preis eines einzigen Pfennigs bringt der Navarrer oder der Baske, wenn er kann, einen von uns um«. Der Autor versucht erst gar nicht, Verständnis für Menschen aufzubringen, die ein unbefangenes Verhältnis zum unbekleideten Körper haben. »Mancherorts zeigen Männer und Frauen der Navarrer, wenn sie sich wärmen wollen, gegenseitig das, was man scheu verhüllen sollte.« Mehr noch, er kolportiert niederträchtige Unterstellungen, wie sie auch sonst gegenüber Bauern im Schwange waren. »Auch treiben die Navarrer schimpflich Unzucht mit Tieren. Man erzählt, gewisse Navarrer brächten am Hinterteil ihres Maultieres oder ihrer Stute einen Lederriemen an, damit niemand anders als sie selbst mit dem Tier Unzucht treiben könne. Vor ihren perversen Ausschweifungen sind weder Frauen noch Tiere sicher«.[192]

Einem Zeitalter, das Massen von Pilgern in Bewegung setzte, blieben Animositäten zwischen Angehörigen verschiedener Reiche, Sprachen, Kulturen nicht erspart; diese Spannungen ließen kollektive Vorurteile entstehen und aufbrechen. Wenn der Dritte Kreuzzug (1187–1192) scheiterte – Jerusalem konnte nicht zurückerobert werden –, dann auch wegen der frühe nationale Animositäten und Rangstreitigkeiten widerspiegelnden Feindseligkeiten zwischen den Heerführern König Richard Löwenherz von England, König Philipp II. August von Frankreich und Herzog Leopold V. von Österreich.[193] In einem späteren Kapitel ist noch davon zu sprechen, daß es selbst am Grab von Heiligen zu Handgreiflichkeiten und Totschlag kam.

Flüsse halfen dem Pilger und behinderten ihn. Auf ihnen überwand er stromabwärts bequem und schnell auch weite Strecken. Doch erschwerten sie den Landverkehr. In den Legenden zweier Heiliger haben diese Erfahrungen ihren Niederschlag gefunden: Als Fährmann sühnte Julian, daß er seine Eltern irrtümlich erschlagen hatte; Christophorus, ein Hüne an Gestalt und Kraft, trug Reisende von einem Ufer zum anderen.[194] Oft reichte das Wasser dem Fährmann nicht nur bis an die Waden, wie Darstellungen des hl. Christophorus glauben lassen, sondern denen, die den Strom durchqueren mußten, bis an den Hals oder sogar über den Scheitel. Ein über den Fluß gespanntes Seil konnte Halt auf glitschigen Steinen bieten, gegen Strömung und tückische Tiefen helfen, also Leben retten. Man wird es überall dort wie ein Geschenk des Himmels begrüßt haben, wo der Verkehr zu gering war, als daß ein Fährmann davon hätte leben können.

Regelmäßig und zuverlässig bediente Fähren bilden – bis in die Gegenwart – eine unschätzbare Hilfe für Wirtschaft und Verkehr. Die schon erwähnte ›Fergenordnung‹ aus Wimpfen verdankt ihre Entstehung wohl Mißständen; jedenfalls ist eingangs von Klagen die Rede. Eine Vorstellung davon, wie der Fährbetrieb zeitweise abgewickelt wurde, vermitteln die dem Fährmann eingeschärften Gebote: Unverzüglich soll er jeden übersetzen, der »gebetten, begert, geschrien, oder gerufen« habe.[195] Trotzdem behielt der Fährmann einen weiten Ermessensspielraum. Bei Dunkelheit, Sturm, Hochwasser und Eisgang mußten Reisende sich in Geduld üben; von Glück konnte reden, wer während der oft mehrtägigen Wartezeit in einem Hospiz Aufnahme fand, wie es sie nicht selten in der Nähe von Fähren oder Brücken gab.

Die Bedeutung von Fähre und Furt lebt in Ortsnamen mit dem Bestandteil *Bac* in Frankreich, *-furt* und *-foerde* in Deutschland, *-ford* in England weiter. Bis zum Bau von Eisenbahnen im 19. Jahrhundert gab es jahrhundertelang rheinabwärts ab Basel keine feste Rheinbrücke; Fähren genügten. Seit dem Spätmittelalter war manches Fährschiff so groß, daß man auf ihm sogar Wagen übersetzen konnte.

Pilger schätzten sich glücklich, wenn sie eine Fähre vorfanden, etwa über die Gironde, den breiten Unterlauf von Garonne und Dordogne in Südwestfrankreich. Manche Fährleute waren wohl weit vom Ideal eines hl. Christophorus entfernt. Bei Saint-Jean de Sorde, klagt der ›Pilgerführer‹, komme man an zwei Flüsse, die man unmöglich ohne die Hilfe von Fährleuten überqueren könne. »Aus tiefstem Herzen wünsche ich diese Kerle zur Hölle!« Von Armen und Reichen verlangten sie eine weit überhöhte Gebühr, die sie zudem vor der Überfahrt kassierten. Man könne nicht genug aufpassen: »Ich rate dringend dazu, das Boot nur zu wenigen Personen zu besteigen; ist es nämlich zu schwer beladen, so kentert es umgehend.« Daraufhin »stimmen die nichtsnutzigen Schiffer ein Freudengeheul an und bemächtigen sich der Habe der Ertrunkenen«. Zur Information werden die Gebühren genannt: »Für zwei Personen, sofern sie wohlhabend sind, nur ein kleines, für ein Pferd nur ein großes Geldstück; Arme brauchen nichts zu bezahlen«. Der Autor spricht dann einen – offensichtlich zeitlosen – Übelstand an: »Die Fährleute sind auch gehalten, große Boote in Dienst zu stellen, in denen Reittiere und Menschen ausreichend Platz finden«.[196]

Da die Quellen dazu neigen, das Außergewöhnliche festzuhalten, ist nicht selten von Fährunglücken die Rede. Einer der Berichte, die von den Wundern des 1075 verstorbenen Erzbischofs von Köln künden, schildert Erlebnisse einer Frau aus Siegburg, die glücklich nach

Santiago gepilgert war: Auf dem Rückweg gerät sie in arge Bedrängnis und wird – das sei hervorgehoben – nach ihrer Überzeugung nicht vom hl. Jakobus gerettet, dem ihre lange Reise gegolten hat, sondern vom hl. Anno, der ihr aus der Heimat vertraut ist. »Aus Nachlässigkeit oder Habsucht der Schiffer« überlastet, kentert die Rhônefähre inmitten des Stromes und reißt vierhundert Männer und Frauen, Pferde, Maultiere und Esel mit sich in die Tiefe. Bevor die Siegburgerin in den Fluten versinkt, kann sie gerade noch rufen: »Heiliger Anno, hilf!« Nach Meinung des Chronisten sollen alle Gläubigen das Ereignis im Gedächtnis behalten. »Kaum hatte sie diese Worte hervorgebracht, siehe, da wurde sie durch Gottes Kraft mitten aus den Wogen herausgerissen und wohlbehalten ans Gestade des anderen Ufers geworfen.« Zum Dank dafür, daß sie als einzige gerettet wurde, gelobt die Frau, vor Betreten ihres eigenen Hauses Anno an dessen Grab in Siegburg Dank zu sagen.[197]

Von Steg und Brücke wissen wir oft nur aufgrund eines Unglücks: Jemand war auf den vereisten Bohlen ausgeglitten und, da ein Geländer fehlte, im Fluß ertrunken. Seit der Jahrtausendwende wurden unter hohen Kosten Kunstbauten aufgeführt, in Italien und Südfrankreich früher als nördlich der Alpen; in Deutschland begann im 12. Jahrhundert eine große Zeit des Brückenbaus.[198] Bekannte Beispiele sind die noch heute dem Verkehr gewachsene Steinerne Brücke in Regensburg und der Pont St. Bénézet in Avignon.

Nicht nur Handelsinteressen führten zum Bau von Brücken, sondern auch ein geschärftes Gewissen dafür, daß Herrscher in ihrem Bereich soziale Aufgaben wahrzunehmen haben. War ein Reisender verunglückt, hatte man seinen Tod früher schicksalhaft hingenommen. Seit dem 11. Jahrhundert sahen sich lokale Machthaber verpflichtet, den einmal erkannten Mißstand dauerhaft zu beheben, auch durch Bau und Unterhaltung von Brücken. Die gewaltigen Kosten eines solchen Werkes ließen sich rechtfertigen, wenn viele Reisende unterwegs waren.

Bequem: Im Schlitten, auf Flußschiffen

In Osteuropa war (und ist) das Netz von Siedlungen und Straßen weitmaschiger als im Westen; Stromtäler mit ihrer Vielzahl stiller und fließender Gewässer behinderten den Verkehr, Brücken waren weitgehend unbekannt; im Sommer lauerten Milliarden von Mücken auf Beute – Gründe genug, vorzugsweise im Winter zu reisen. Dann waren Sümpfe, Seen und Flüsse zugefroren, so daß man weder mühsam eine Furt suchen noch gar eine (Behelfs-)Brücke bauen mußte.[199]

Abb. 24: Pilgerbrücke über den Orbigo

Mit dem von Hunden, Rentieren oder Pferden gezogenen Schlitten reiste man geradezu komfortabel; da der Schnee Unebenheiten ausgleicht, konnte man sogar querfeldein fahren.

Ausgesprochen angenehm fuhr man schließlich zu Schiff auf Rhein und Rhône sowie auf den vielen Seen, etwa dem Vierwaldstätter See nach Einsiedeln. Schon erwähnt wurde, daß Albrecht Dürer Anfang der 1520er Jahre auf einem ›fahrplanmäßig‹ verkehrenden Schiff mainabwärts fuhr. Auch kleine Flüsse nutzte man noch in der Neuzeit für die Schiffahrt, etwa Eider und Wakenitz in Holstein. Ortskundige mit langer Berufserfahrung fuhren gegebenenfalls sogar nachts, bei Mondschein, so daß sich weite Strecken schnell zurücklegen ließen. Eine günstige Transportmöglichkeit stromabwärts bot das Floß: Am Unterlauf von Rhein, Weser und Elbe brauchte man – vor allem zum Schiffbau und verstärkt seit dem 15. Jahrhundert – Langholz, wie es im Hessischen Bergland und im Schwarzwald wächst. Vielleicht ließen die Flößer sich überreden und nahmen einen ›armen Schlucker‹ für ein Vergelt's Gott mit.

Über das Meer: schnell, aber riskant bei haarsträubenden Unannehmlichkeiten

Den bequemen Weg Saône- und Rhôneabwärts wählte auch der schon erwähnte Joinville. In Marseille ging er an Bord eines hochseetüchtigen Schiffes. Als die Pferde eingeladen waren, flehten Passagiere und Mannschaft den Segen des Himmels herab; *Creator Spiritus* meint sowohl den Geist Gottes als auch einen günstigen Wind. »Der Schiffermeister rief seinen Leuten auf dem Bug des Schiffes zu: ›Seid ihr mit euren Vorbereitungen fertig?‹ – ›Ja, Herr, Kleriker und Priester sollen vortreten.‹ Als sie gekommen waren, rief der Schiffermeister ihnen zu: ›Singt, in Gottes Namen.‹ Und wie mit einer Stimme sangen sie alle das *Veni Creator Spiritus*. Dann befahl er seinen Leuten: ›Setzt Segel, in Gottes Namen.‹ Was sie taten. In kurzer Zeit hatte der Wind die Segel gebläht und uns den Anblick des Landes entzogen, in dem wir geboren waren. Und damit will ich euch zeigen, daß tollkühn ist, wer sich solcher Gefahr auszusetzen wagt. Denn abends schläft man ein, ohne zu wissen, ob man sich nicht am folgenden Morgen auf dem Grund des Meeres befindet«.[200]

Hier spricht eine ›Landratte‹, der das Meer unheimlich ist. Jahrhunderte früher war Bonifatius auf dem Weg nach Rom über den Ärmelkanal gefahren; bei gutem Wetter sieht man hier die gegenüberliegende Küste mit bloßem Auge. Sein Biograph hält die Gefahren der See nicht für erwähnenswert, vielleicht deshalb, weil das Meer den Bewohnern der Britischen Inseln weniger fremd ist als einem Ritter aus der Champagne. Dabei hatte sich Bonifatius aller Wahrscheinlichkeit nach einem kleinen, offenen Boot anvertrauen müssen, das wie eine Nußschale auf den Wellen tanzte.

Ein halbes Jahrtausend später kam Joinville dagegen in den Genuß zahlreicher Verbesserungen in Schiffahrt und Schiffbau. Man hatte (wieder) gelernt, die regelmäßig wehenden Winde für die Schiffahrt auf Ost- und Nordsee sowie auf dem Mittelmeer zu nutzen. Und seit dem 11. Jahrhundert hatten Abertausende von Pilgern, dann auch Kreuzfahrern die Dienstleistung Schiffahrt zu einem Massenartikel gemacht. Für eine vor Antritt der Reise bekannte Gebühr konnte man von den großen Mittelmeerhäfen aus ins Heilige Land und wieder zurückfahren. Regelmäßige Winde erlaubten einen festen Fahrplan. Und doch: Bonifatius und Joinville waren in erster Linie auf das Können der Seeleute angewiesen, die aus Tages- und Jahreszeit, aus Wind, Wetter und Beschaffenheit des Meeres die richtigen Schlüsse ziehen mußten; im Vertrauen auf die Hilfe Gottes und seiner Heiligen lieferten sie sich den Elementen aus. Denn viel stärker als zu Lande war man auf See isoliert; hatte man erst einmal den Hafen verlassen, waren Schiff, Passagiere und Ladung außerordentlichen Gefahren ausgesetzt. Wollte man Sturm und Flaute, Meuterei und Piraten trotzen, mußte man vieles im voraus regeln, was auf dem Land von Fall zu Fall entschieden wurde.

Im Laufe des Früh- und Hochmittelalters wurden bewährte Gewohnheiten zu lokalen Rechten verdichtet, einander angepaßt und schließlich aufgezeichnet, im Mittelmeerraum früher als an Atlantik, Nord- und Ostsee. Die bekannteste und bedeutendste Sammlung von Regeln des Seerechts stammt aus Barcelona, einem der größten Handelsplätze im westlichen Mittelmeer: Das *Consolat de Mar*, ursprünglich eine private Zusammenstellung aus dem 13. und 14. Jahrhundert, fand weite Anerkennung, weil es der Praxis des Alltags gerecht wurde. Ebenfalls in Barcelona war 1272 ein königlicher Seegerichtshof eingerichtet worden, die *Loge de Mar*, in der Seeräte, *consules maris*, die einander oft widerstreitenden Interessen von Reedern und Pilgern, Kaufleuten und Mannschaften zum Ausgleich bringen sollten; sie hatten zu befinden über Rechte und Pflichten der Befrachter, über Seewurf (Entlastung des Schiffes von einem Teil der Ladung, um Menschen, Schiff und übrige Ladung zu retten), über Vermögensfragen bei Schiffbruch und nach Seeraub.[201]

Große Hafenstädte waren auf ihren guten Ruf und auf Einnahmen bedacht, die die Schiffahrt ihnen bescherte. Ihre Behörden beaufsichtigten daher Eigner und Schiffsführer (*patronus*), führten Schiffsregister, kontrollierten die Schiffe auf Seetüchtigkeit und Ausrüstung. Mitte des 12. Jahrhunderts achtete man in Arles darauf, daß Pilgerschiffer gute und geeignete Bürgen stellten (*fidejussores bonos et ydoneos*); rechtschaffen (*bona fide*) sollten die Schiffer die Pilger behandeln und deren Habe bewachen. Nach einem Statut von 1316 verlangte auch Genua geeignete Bürgschaften (*ydoneas securitates*) für die Reisenden. Im Interesse der Sicherheit vor Seeräubern sollten bei Fernreisen die Schiffe nicht allein und höchstens mit einer Meile Abstand fahren. Der Eigner, der oft auch das Schiff führte, haftete dafür, daß Schiff, Segel, Taue usw. sowie erfahrene, auch waffengeübte Seeleute den üblichen Belastungen gewachsen waren und daß man ausreichend Proviant und Trinkwasser an Bord hatte. Eine Bestimmung lief darauf hinaus, Meutereien vorzubeugen: Der Schiffsführer sollte dafür sorgen, daß jeder Matrose täglich eine bestimmte Menge Zwieback erhielt.

Der Schiffsführer handelte stellvertretend für den abwesenden Reeder und besaß daher umfangreiche Vollmachten. Er war mitverantwortlich für Pflege, Ausrüstung und Seetüchtigkeit das Schiffes, heuerte die Mannschaft an und legte die Route fest; er mußte dafür sorgen, daß die Reise in der vorgesehenen Zeit angetreten und abgeschlossen wurde; deshalb sollten keine unnötigen Umwege oder Aufenthalte eingelegt werden. Wie der Wirt im Gasthaus, hatte der Schiffsführer an Bord für Frieden zu sorgen; dazu gehörte, daß er die Reisenden, zumal die Frauen, vor Belästigung durch die Besatzung und Passagiere schützen sollte. Mit Aussetzen an Land, Auspeitschen und anderen Körperstrafen konnte er die Einhaltung der Schiffsordnung erzwingen. Bei Ausbruch einer Epidemie mußte er angemessene Maßnahmen ergreifen. Er berief den Schiffsrat ein, wenn Kaperung drohte, wenn über Seewurf oder ähnlich schwerwiegende Eingriffe in das Vermögen der Reisenden zu entscheiden war; anschließend mußte er für Schadensausgleich sorgen. Um solche Streitfälle zu schlichten, fuhren auf venezianischen Schiffen im Spätmittelalter jeweils zwei Richter als Kontrollbeamte der städtischen Behörde mit.

Nicht zuletzt wurden seit dem Spätmittelalter auch Rechte und Pflichten der Passagiere gegenüber Schiffseigner und Schiffsführer in einem schriftlichen Vertrag festgehalten, der oft von der obersten Stadtbehörde registriert wurde. Dieser Vertrag spiegelt Erfahrungen von und mit Pilgern; er sollte Konflikte nach Möglichkeit verhüten. Wie jeder andere Reisende hatte der Pilger sich so zu verhalten, daß der Schiffsbetrieb nicht gestört wurde; wer umsonst oder gegen geringes Entgelt mitgenommen wurde, mußte Arbeiten an Bord übernehmen, etwa das stinkende Bilgenwasser auspumpen, das sich in der untersten Höhlung des Schiffsrumpfes sammelt. Genua ordnete 1441 an, auf jedem Schiff sollten zwei Kaufleute gewählt werden, die unter Eid angeben mußten, ob der Schiffsführer das Schiff unterwegs überlastet habe (*oneraverit navem suam ultra debitam portatam*).

Alles Wichtige wurde im Laufe der Zeit in einer Art Mustervertrag festgelegt: Abfahrt und Route, Höchstzahl der Passagiere, Mindestgröße des dem Einzelnen zustehenden Raumes (einschließlich des Platzes für Hühnerkäfige), Verpflegung an Bord (Häufigkeit und Zusammensetzung der Mahlzeiten, Art der Getränke). Wenn möglich, nahm man vor Vertragsabschluß das Schiff in Augenschein und ließ sich gewisse Vergünstigungen ausdrücklich bestätigen. Der schon erwähnte Bernhard Breydenbach hatte 1483 von Venedig aus das Heilige Land und Ägypten besucht; im Anschluß an seine Reise gab er den Lesern seines Berichtes folgenden Rat: Der Schiffsführer solle sich verpflichten, auf der Hin- und Rückfahrt guten Wein ausschenken zu lassen, auch jeden Morgen Brot und Malwasier Wein, und zwar »ungeverlich« (ohne List und Trug).[202] Weiter wurde geregelt, aus welchen Gründen Reisende an Land gehen dürften – etwa zur Beschaffung von Medizin oder zum Besuch von Wallfahrtsorten. Während eines solchen Landganges hatte der Schiffsführer, nicht anders als der Wirt eines Gasthauses, ihm anvertraute Wertsachen sorgfältig zu verwahren. Geregelt war ferner die Sorge für Kranke (ihnen sollte möglichst ein Platz an Deck zugewiesen werden) und unterwegs Verstorbene: Der Leichnam sollte nicht ins Meer geworfen, sondern bei nächster Gelegenheit ordentlich bestattet werden. Als Kenner von Land und Leuten hatte der Schiffsführer im Heiligen Land etwaige Risiken mit den Pilgern zu teilen; er sollte sie vor Angriffen der Ungläubigen schützen und zu den Heiligen Stätten begleiten; er sollte für sie Zölle und sonstige Abgaben bezahlen, Esel mieten usw. Jenen Pilgern, die weiter zum Berge Sinai und nach Ägypten reisen wollten, sollte er sicheres Geleit besorgen. ... Eine Generalklausel zum Schluß war geeignet, auch mißtrauische Reisende zufriedenzustellen: Wenn etwas in diesem Vertrag vergessen oder nicht hinreichend ausgedrückt sein sollte, was nach Recht und Gewohnheit zu den Pflichten des Schiffsführers gehöre, so solle es als hier niedergeschrieben und in den Vertrag eingefügt gelten. Trotzdem gab es natürlich immer wieder Klagen, oft über die Verpflegung an Bord. Ob der (vermeintlich) Geschädigte dann Schadensersatz bekam, etwa aufgrund der vom Schiffsführer geleisteten Bürgschaft, hing nicht zuletzt von den Machtverhältnissen und den gezahlten ›Verehrungen‹ ab.

Das Recht sollte den Frieden an Bord und ein hohes Maß an Sicherheit gewährleisten. Es konnte weder Bequemlichkeit garantieren noch vor Stürmen bewahren; die drohten sogar dort, wo man sich möglichst nah an die Küste hielt, z. B. von Venedig aus durch die Adria ins Heilige Land. Auch bei leichtem Seegang hatte mancher unter Seekrankheit und Erbrechen zu leiden. Rechnen mußte man mit verdorbenen Lebensmitteln und, schlimmer noch, gräßlich stinkendem Trinkwasser. Wegen der Feuergefahr durfte bei bewegter See nicht gekocht werden. War an Bord eine Seuche ausgebrochen, ließ einen unterwegs vielleicht keine Hafenverwaltung an Land. Die meisten Reisenden dürften so mit sich selbst beschäftigt – oder auch so abgestumpft? – gewesen sein, daß sie keinen Blick für das Los derer hatten, die unter gräßlichen Qualen für sie arbeiten mußten: Dem Seetransport großer Menschenmengen dienten seit dem Spätmittelalter vorzugsweise Galeeren; sie verfügten zwar über Segel, doch um schnell und vom Wind möglichst unabhängig zu sein, wurden sie zusätzlich von Ruderern angetrieben. Nicht selten handelte es sich um Sklaven sowie um Männer, die von ordentlichen Gerichten zur Arbeit auf der Galeere verurteilt worden waren – in der frühen Neuzeit vielleicht deshalb, weil sie das Verbot von Fernwallfahrten übertreten hatten. Auf der Galeere mußten sie mit nacktem Oberkörper arbeiten, auf daß ihre Aufseher sie mit Peitschenhieben um so schmerzhafter treffen könnten. Waren sie an die Bänke gekettet, durften sie sich möglicherweise nicht einmal zur Verrichtung der Notdurft von ihren Plätzen entfernen. Ihr Stöhnen, das Fluchen der Antreiber, das Klatschen der Schläge sowie der von ihnen ausgehende Gestank dürften Ohren und Nasen der Pilger in einer Weise belastet haben, die Landreisenden erspart geblieben ist. Man bezahlte einen hohen Preis dafür, sich an Bord der Muße hingeben zu dürfen. Oder müßte man sagen, daß das Ertragen all der für Seereisen typischen Unbill auch auf harte Arbeit hinauslief, die – das sei wiederholt – Wesensmerkmal des Reisens war?

Einzelheiten aus dem Alltag seefahrender Pilger berichtet der Dominikanermönch Felix Faber aus Ulm, der 1480 und 1483 ins Heilige Land gereist ist.[203] Mit herzhafter, zeittypischer Unbefangenheit äußert er sich sogar zu Fragen der Körperpflege; manches von dem, was er beschreibt, dürfte auf Reisen zu Lande nicht wesentlich anders gewesen sein. Jeder Pilger habe, so erfahren wir, neben seinem Bett ein Gefäß aus Glas oder Steingut, in das er uriniere und sich erbreche. Da es an Bord eng zugehe und dunkel sei, da ständig Menschen kommen und gehen, stoße »irgendein Tölpel«, aufgestört von einem dringenden Bedürfnis, schon abends im Vorübergehen fünf oder sechs dieser Gefäße um, was einen unerträglichen Gestank verursache. Nachts sei es schwierig, zu den Latrinen vorzudringen, weil auf dem Deck der Galeere zahllose Menschen liegen. Auf dem Weg zum Bug, wo zu beiden Seiten des Schiffsschnabels Abtritte eingerichtet seien, laufe man mit jedem Schritt Gefahr, auf einen Mitpilger zu treten oder auf einen Schlafenden zu fallen; die Aufgeschreckten fluchen, der Störenfried schimpft zurück – schließlich hat er nicht in böser Absicht die anderen um die ersehnte Ruhe gebracht.

Wer mutig und schwindelfrei sei, hangele sich an der Außenwand des Schiffes von Tau zu Tau, was er, Faber, trotz der damit verbundenen Gefahren wiederholt getan habe. Morgens, wenn die meisten zum Bug strebten, warteten manchmal zehn und mehr Pilger darauf, einen Sitz zu ergattern. Brauche einer zu lange, herrsche nicht Verlegenheit, sondern Zorn. Wirklich schwierig werde es bei schlechtem Wetter; wer dann den Freiluft-Abort aufsuche, laufe Gefahr, von Kopf bis Fuß durchnäßt zu werden; deshalb entledigten sich viele ihrer Kleider und gingen nackt nach vorn. Wer sich schäme, hocke sich an irgendeiner Stelle hin, »die er verunreinigt, was die Wut reizt und zu Schlägereien führt, wobei sich sogar ehrbare Leute vergessen«. Manche entleerten sich gar in ihre Bettflasche; das sei abscheulich und vergifte die Nachbarn; dulden könne man es nur bei Schwerkranken, denen man deshalb keinen Vorwurf machen dürfe. Faber deutet an, was er durch einen kranken Bettgefährten in dieser Hinsicht zu leiden hatte. Er ergänzt seine Erfahrungen um den dringenden Rat, auf See, wo man leicht Verstopfung bekomme, für regelmäßige Verdauung zu sorgen.

So drastisch wie Faber haben nur wenige Autoren derartige Einzelheiten geschildert. Doch dürften Tausende Ähnliches erlebt haben. Wenn sie sich nicht zu Unzulänglichkeiten äußern, dann wohl deshalb, weil die Reise alles in allem erwartungsgemäß verlaufen war. Die Beschwernisse hatten nicht das Maß dessen überstiegen, was man seit frühester Jugend als unvermeidbar hinzunehmen gelernt hatte.

Eine Ergänzung: Als Dominikaner war Faber in die Seelsorge seiner Heimatstadt eingebunden. Er wußte, wovon er sprach, wenn er die Ungehaltenheit der Menschen, die sich morgens zum Schiffsabort drängten, mit der Ungeduld der Sünder verglich, die in der Fastenzeit anstehen, um ihr Gewissen zu erleichtern: »Zornig über die endlosen Beichten« warten sie übelgelaunt darauf, an die Reihe zu kommen. Wahrscheinlich hat mancher mit ähnlichen Regungen gekämpft, wenn er am Ziel seiner Pilgerfahrt lange warten mußte, um dem Priester seine Sünden zu bekennen und die ersehnte Lossprechung zu erhalten.

Die Seereise galt nur mit Einschränkungen als ›echte‹ Pilgerfahrt: Man ging nicht zu Fuß, wie Jesus und seine Jünger; man war an die festgelegte Route gebunden, konnte also nicht nach Gutdünken weitere Heilige aufsuchen. Auch sollte an Bord keine Messe gefeiert werden, denn auf einem schwankenden Schiff konnte der Wein, nach der Wandlung das Blut Christi, verschüttet werden. Dieses Risiko hat den Erfindungsgeist von Menschen beflügelt, die über See ein fernes Pilgerziel aufsuchten. Seit dem Spätmittelalter kannte man Kelche, deren oberer Teil so in einem Kardangelenk ruhte, daß ein Schwanken des Schiffes ausgeglichen und der Wein in der *cupa* so sicher war, als stände der Kelch auf einer ebenen Fläche.[204]

Obwohl Seereisen noch größere Risiken bargen als Fahrten zu Lande, obwohl eine Pilgerfahrt zur See nicht den geistlichen Gewinn einer Wallfahrt zu Lande versprach, sind seit der frühen Kirchengeschichte[205] Millionen von Pilgern über das Meer gereist, etwa von den Britischen Inseln sowie aus dem Nord- und Ostseeraum nach Santiago. Waren die Landwege ins Heilige Land gesperrt, mußte der Fromme einen Kompromiß eingehen, wenn er auf den Spuren des Erlösers wandeln wollte. In Jerusalem konnte er echte Beschwernisse auf sich nehmen, wenn er mit einem Kreuz und barfuß den Weg nach Golgatha ging, oder wenn er sich der Schädelstätte bei sengender Sonne auf Knien rutschend näherte.

Dreißig Kilometer pro Tag, eine gute Leistung

Bevor Glück und Leid der Pilger weiter erörtert werden, sei der Blick auf Reisegeschwindigkeiten gelenkt. Datums- und Ortsangaben in Urkunden, Briefen und anderen Quellen geben Hinweise auf Weg und Geschwindigkeit von Reisenden. Ein Beispiel: Landgraf Ludwig und die ihn begleitenden Kreuzfahrer brachen am 24. Juni 1227 in Thüringen auf, am 3. August 1227 erreichten sie Troja in Süditalien.[206] In vierzig Tagen hatten sie also etwa 1500 Kilometer zurückgelegt oder durchschnittlich 35 bis 40 Kilometer pro Tag – eine achtunggebietende Leistung; denn der Trupp mußte die Alpen überqueren und mit der Julihitze Italiens fertigwerden.

Wer es eilig hatte, regelmäßig die Pferde wechselte, zäh und belastbar war, mochte über längere Zeit sogar 50 bis 60 Kilometer schaffen; von Kurieren erwartete man weit mehr. Doch dürften die meisten Reiter nicht wesentlich schneller als Fußreisende gewesen sein; für sie gehörten ein gemächliches Tempo und Ruhetage zu den Freuden des Reisens.

Erfahrung spricht aus einem Rat des wiederholt erwähnten Geiler von Kaysersberg: Der Pilger übereile sich nicht, zumal am ersten Tag gehe er »gemach«; denn wer einen weiten Weg vor sich habe, dürfe sich nicht übernehmen; gehe er zu schnell, müsse er »gleich also stil ligen alß wenn ainer ain pferd yberreit«.[207]

Etwa 30 Kilometer stellten für Fußreisende eine gute Leistung dar; doch sollte man diesen Wert nicht extrapolieren: Schaffte man in den ersten drei Tagen hundert Kilometer, brauchte man wohl sechs Tage für insgesamt 150 Kilometer; wer als Pilger in zehn Tagen 200 Kilometer zurücklegte, Überquerung von Flüssen und Gebirgen eingeschlossen, durfte zufrieden sein. Man tat gut daran, von Lübeck aus fünf Monate für die etwa 3000 Wegekilometer nach Santiago zu rechnen (Luftlinie etwa 2000 Kilometer). Der Tagesdurchschnitt sank, weil man auch einmal verschnaufen wollte; ein andermal mußten die Schuhe in Ordnung gebracht werden – zu schweigen von unfreiwilligen Pausen, bedingt durch Krankheit, Hochwasser und andere Naturereignisse. Grundsätzlich galt ferner: Je geringer die Besiedlung, desto größer das Risiko unliebsamer Zwischenfälle, desto geringer der Tagesdurchschnitt. Das heißt nicht, daß Pilger sich in dichtbesiedelten Landstrichen immer gesputet hätten. Für den Weg von London zum Grabe des hl. Thomas Becket rechnete man vier Etappen, mit drei Übernachtungen unterwegs;[208] das entspricht einem Durchschnitt von weniger als 25 Kilometern pro Tag.

Im Mittelalter übliche Durchschnitte galten in Europa bis etwa 1700. Eine ›Revolution‹ gab es im Landverkehr erst im 18. Jahrhundert. Als Johann Wolfgang von Goethe 1786 nach Italien reiste, kam er – mit der Postkutsche – immerhin schon auf durchschnittlich sechzig Kilometer pro Tag.[209] Zur Orientierung seien Leistungen zusammengestellt, die man unter günstigen Bedingungen im Mittelalter und bis in die Neuzeit erzielen konnte.[210]

	Stunden-geschwindigkeit	Tages-leistung
Fußreisende	3–6	20–40
Läufer	10–12	50–65
Pferd im Galopp		20–25
Reitender Bote, ohne Rücksicht auf das Pferd		130–135
›Durchschnitts‹reisende, wenig eilig, mit Gefolge und Gepäck (z. B. Kaufleute)		30–45
Flußschiff, talwärts, auf Rhein oder Rhône		100–150
Hochseegängiges Segelschiff bei günstigem Wind wohl mehr		120–200
Besonders schnelle Galeere		200

Vor dem Hintergrund von Höchstleistungen sei Verkrüppelter gedacht; wiederholt in Wort und Bild dargestellt, haben manche ohne fremde Hilfe weite Entfernungen überbrückt. Gestützt auf ›Schemelchen‹ – Hölzer mit vier kleinen Beinen, die die Handknöchel davor bewahrten, zerschunden zu werden – zogen die sogenannten ›Schemeler‹ ihren Körper Stück für Stück voran.

Eine päpstliche Kommission untersuchte Anfang der 1230er Jahre ›Wunder‹, die sich auf Fürsprache der hl. Elisabeth ereignet hätten. Die realitätsnahen Mirakel stellen auch einen gewissen, etwa 21 Jahre alten Wigand vor; mit großer Mühe habe er – hier scheint Anteilnahme der Kommission auf – in fünf Wochen seinen wohl hüftabwärts gelähmten Körper von Grünberg zum Grab Elisabeths nach Marburg geschleift, in der Luftlinie etwa 28 Kilometer![211] Solche Angaben legen es nahe, Solidargemeinschaften – von denen im folgenden Abschnitt gesprochen werden soll – nüchtern einzuschätzen. Hätte jemand spontan geholfen, wäre Wigand nicht erst nach fünf Wochen, sondern nach zwei, höchstens vier Tagen am Grabe Elisabeths angekommen. Nicht auszuschließen ist indessen, daß Wigand sich gar nicht helfen lassen wollte, daß er darauf hoffte, die als heilig Verehrte werde seine Mühsal belohnen.

Wer für eine bestimmte Wallfahrt warb, sorgte dafür, daß Angaben zur Entfernung nicht abschreckten. So läßt sich eine Bemerkung im ›Pilgerführer‹ erklären: »Von den Cizepässen bis nach Santiago hat der Pilger dreizehn Tagemärsche vor sich«.[212] Für die gut 700 Kilometer (etwa 600 Kilometer Luftlinie) mußte man mindestens dreißig Tage veranschlagen.

Eine Einschränkung zu den in der Tabelle gebrachten Angaben: Angesichts optimaler Leistungen darf man nicht vergessen, daß Schiffsreisende sich auf große Risiken einließen. Windstille, die der Landreisende möglicherweise gar nicht bemerkt, kann auf dem Meer tödlich werden. Konkret: Von Irland rechnete man für die Fahrt nach Spanien bzw. nach Island drei Tage; bei widrigen Winden konnte die Reise aber auch dreimal so lange dauern. Wenn die mitgeführten Vorräte vielleicht für eine Woche reichten, drohten bei einer langdauernden Flaute Hunger und Skorbut als Folge von Vitaminmangel; nicht weniger schlimm konnte sich auf See der Mangel an Trinkwasser auswirken. Nicht von ungefähr nahm die Tragödie von Tristan und Isolde auf einer Seefahrt ihren Ausgang.

Eine der genannten Geschwindigkeiten gilt immer noch: Wie wir eingangs gesehen haben, gibt es auch heute Pilger, die zu Fuß ferne heilige Stätten aufsuchen; nicht anders als ihre Schicksalsgefährten vor fünfhundert oder tausend Jahren ›schaffen‹ sie pro Tag etwa 30 Kilometer. Ansonsten sind Wallfahrer wie andere Reisende in den Genuß revolutionär anmutender Veränderungen im Verkehrswesen gekommen. Spätestens seit dem 17./18. Jahrhundert standen zahlungskräftigen Reisenden gleich welchen Standes Kutschen zur Verfügung, die bald nach einem festen Fahrplan verkehrten und in denen man, dank regelmäßigen Pferdewechsels, nun sogar nachts reiste. Weitere Beschleunigung und Bequemlichkeit brachte der Bau von Eisenbahnen im 19. Jahrhundert. Züge waren anfangs allerdings weit entfernt von dem uns vertrauten Komfort. Pilger dürften oft genug 4. Klasse gefahren sein; die Wagen waren im Winter nicht geheizt, im Sommer nicht klimatisiert. Zum Aufschwung von Lourdes (erste ›Erscheinungen‹ der Muttergottes 1858) trug erheblich bei, daß der Pyrenäenort 1867 an das französische Eisenbahnnetz angeschlossen wurde.[213] Dank Entwicklung und rascher Verbreitung von Kraftfahrzeug und Omnibus seit Beginn des 20. Jahrhunderts sowie des Baus angemessener Straßen konnten immer mehr Pilger in überschaubarer Zeit zu vorhersehbaren Kosten auch ferne Ziele erreichen. Dampfmaschine und Dieselmotor revolutionierten den Verkehr auch zu Wasser. Einen gewissen Endpunkt der Entwicklung stellt seit den 1950er, verstärkt seit den 1970er Jahren der Einsatz von Flugzeugen zum Transport von Pilgern dar, etwa ins Heilige Land oder nach Lourdes.[214] Wer von Mainz aus im ersten Heiligen Jahr, 1300, nach Rom wallte, mußte Monate rechnen; wer es unbedingt will, fliegt heute vom Frankfurter Flughafen aus morgens nach Rom, betet dort in einer oder mehreren Kirchen, fliegt abends heim und schläft nachts wieder im eigenen Bett.

Solidargemeinschaften

Die Sozialbindung des Eigentums ist keine Erfindung des 20. Jahrhunderts. Unter Pilgern sollte es selbstverständlich sein, daß der Habende mit dem Habenichts teilt. In Wort und Bild wurde den Menschen eingeschärft, daß beim Jüngsten Gericht gerettet werde, wer Fremden geholfen hatte. Dazu mußte man nicht einmal Unbequemlichkeit in Kauf nehmen. So konnte ein Viehhändler einem Pilger erlauben, eins seiner Tiere zu besteigen.

Die *Legenda aurea* aus der zweiten Hälfte des 13. Jahrhunderts, das verbreitetste und beliebteste Buch des Spätmittelalters, preist einen Ritter, der zunächst den Sack einer alten Frau zu sich aufs Pferd genommen, dann einen Schwerkranken hatte aufsitzen lassen; er selber hatte das Pferd geführt und den Sack der Frau sowie den Stab des Kranken getragen. Welch gute Tat das ist, zeigen Legenden oft dadurch, daß der Pilger sich später – meist im Traum – als Heiliger oder Engel zu erkennen gibt. Hier sieht der barmherzige Ritter in einer Vision, wie der hl. Jakobus ihn gegen anstürmende Teufel schützt, denen er eigentlich wegen seines früheren Lebenswandels verfallen wäre.[215] Auch die Anno-Mirakel bezeugen, daß wildfremde Menschen unterwegs Hilfe fanden: Eltern hatten vergeblich ihre blinde Tochter auf einem Karren nach Siegburg geführt; unterwegs wurden sie von einer elenden Blinden gebeten, sie um Gottes willen mitzunehmen. Kaum hat man die Frau auf das Gefährt gehoben und neben die Tochter gesetzt, da rufen die beiden Blinden gemeinsam die Verdienste Annos an – und sind geheilt.[216]

Gelegentlich werden aber auch Grenzen der Solidarität deutlich, sogar innerhalb der Familie. Eine bettlägerige ältere Dame aus Mülheim war vergeblich zum Grabe Annos gefahren worden; wieder daheim, mahnte Anno sie in einer Vision, sein Grab nochmals aufzusuchen, an dem sie »ohne Zweifel« die Gesundheit erlangen werde. Auf ihre Bitten, gleich wieder nach Siegburg geleitet zu werden, erklärt einer ihrer Söhne unwirsch: »Wir haben dich, Mutter, unter erheblichen Mühen dahingeführt und ohne Heilerfolg wieder zurückgeleitet. Ich schwöre dir, daß du durch unsere Hilfe nie wieder dorthin geführt wirst – allenfalls magst du diesen Weg mit eigenen Füßen gehen!« Gleich danach fühlt die Mutter sich geheilt; ohne Wagen und Stock kann sie das Grab Annos aufsuchen. Es ist nicht die Rede davon, daß der Heilige den trotzigen Sohn bestraft hätte.

Das Reisen in Gesellschaft bewahrte nicht vor Überfall, wie sogar der Abt von Cluny erfuhr; in den Alpen geriet er im Jahre 972 mit seinem Gefolge in die Gewalt von Sarazenen und wurde erst freigelassen, als die Mönche ein hohes Lösegeld aufgebracht hatten.[217] Überfallen wurde auch die schon erwähnte Pilgerin aus Siegburg, kaum daß sie den Fluten der Rhône entkommen war. Sie hatte sich Frauen angeschlossen, die ebenfalls nach Deutschland strebten. In einem Wald fielen Verbrecher über sie her und »begannen, bar jeder Scham, sie der Kleider zu berauben und zu entblößen.« In ihrer Not rief die Siegburgerin wieder Anno an; kaum hatte sie dessen Namen ausgesprochen, nahm einer der Räuber sie beiseite und führte sie auf den Weg zurück. Im Vorgriff auf ein späteres Kapitel sei schon hier das Ende der Geschichte erzählt. Glücklich heimgekehrt, ging sie zunächst an ihrem Haus vorbei und andächtig zum Kloster des heiligen Bischofs. »Unter Seufzen und Tränen« erfüllte sie ihr Gelübde, erzählte ihre Abenteuer »und veranlaßte so Klerus und Volk, Gottes Lob zu singen«.[218] Der Chronist äußert sich nicht zum Geschick ihrer Weggefährtinnen. Sie werden der Vergewaltigung kaum entgangen sein; vor Gefahren, die besonders Frauen drohten, hatte – wie schon erwähnt – Jahrhunderte früher Bonifatius gewarnt.

Abb. 25: »Und mancher fiel unter die Räuber« (Abbildung aus dem Hortus Deliciarum der Äbtissin Herrad von Landsberg, ca. 1150). Auch damit mußte man rechnen; doch hoffte man, daß in solcher Not ein barmherziger Samariter des Weges kommen und selbstlos helfen würde (vgl. Lk 10, 25–37).

Freuden unterwegs: Besuch bei Heiligen

Pilger haben ihre Reisen wahrscheinlich gar nicht als so strapaziös erfahren, wie sie hier geschildert werden. Auch deshalb sollte man Lichtseiten nicht vergessen, die dem Wallfahrer den langen Weg erleichterten. Dazu dürften anregende Gespräche gehört haben, angenehme Überraschungen in Herbergen, unerwartete Hilfen bei der Überquerung von Flüssen und Gebirgen – nicht zuletzt die Freuden der Tafel, zu denen der ›Pilgerführer‹ sich mehr als einmal unumwunden bekennt. Es sei dahingestellt, wie weit man sich an den

Wundern der Schöpfung gefreut hat, an einer majestätischen Landschaft, an einem prächtigen Schmetterling oder einer ungewöhnlichen Blume.

Abb. 26: Pilger auf der Rast (1508, Kupferstich des Lukas von der Leyden). Selbstverständlich reisten auch Frauen zu Wallfahrtsstätten. Zum Gepäck gehörte ein Taschenmesser.

Höher schlug das Herz des Frommen, wenn er sich dem Haus eines Heiligen näherte, der ihm seit Kindsbeinen vertraut war oder den er im Gespräch mit Weggefährten kennengelernt hatte. Bei der Schilderung des in St. Gilles ruhenden Aegidius gerät der ›Pilgerführer‹ ins Schwärmen: »Wer wird da nicht lange Zeit an der Schwelle zu seinem Grabe verweilen wollen! Wer wird nicht Gott in der diesem Heiligen geweihten Basilika verehren wollen!... Wer möchte nicht seinen überaus frommen Lebenslauf weitererzählen!... Wem gewährt er nicht unermüdlich Hilfe!« Es folgt eine Aufzählung von Großtaten dieses Heiligen.[219]

Deutlich wird, wie ein aufgeschlossener Wallfahrer Bildwerke erlebte. Die auf den Lobpreis des hl. Aegidius folgende Beschreibung ist auch dem Kunsthistoriker willkommen, weil der Schrein, in dem der Heilige ruhte, später zerstört wurde. Der Autor geht systematisch vor; er beschreibt die beiden Stirn- und Seitenwände sowie die Dachflächen; namentlich stellt er die Figuren vor, einzeln – insbesondere Bilder der Apostel und der Sternkreiszeichen – oder gruppenweise, etwa die in der Apokalypse genannten Ältesten. Besondere Aufmerksamkeit schenkt er einer Darstellung Christi: »Inmitten der vorderen Giebelseite des Schreins sitzt in einem goldenen Kreis der Herr; mit der rechten Hand spendet er den Segen, in der linken hält er ein Buch, in dem geschrieben steht: ›Liebt den Frieden und die Wahrheit‹. Seine Füße ruhen auf einem Schemel, unter dem man einen goldenen Stern sieht. Zu beiden Seiten des Herrn hat der Künstler auf der Höhe der Ellenbogen die Buchstaben Alpha und Omega eingraviert. Über dem Thron des Herrn funkeln zwei Edelsteine in unbeschreiblichem Glanz. Die vier geflügelt dargestellten Evangelisten sind um seinen Thron gruppiert, aber außerhalb der Gloriole; jeder hält mit den Füßen ein Buch, in dem der jeweilige Anfang des Evangeliums aufgeschlagen ist. Auf der rechten Seite Matthäus, als Mensch abgebildet, aufrecht«; darunter Lukas sowie – auf der linken Seite – Johannes und Markus, in Gestalt eines Stieres, eines Adlers bzw. eines Löwen. In feinster Goldschmiedearbeit sehe man neben dem Thron des Herrn zwei Engel: einen Cheruben zur Rechten, einen Seraphen zur Linken, ihre Füße über Lukas bzw. Markus.

Der Autor äußert sich zur Technik der Arbeit, zu Ornamenten (Weinranken, den Schuppen eines Fisches vergleichbare Bearbeitung des Metalls), zu den das Werk schmückenden kostbaren Edelsteinen und der Art ihrer Bearbeitung; in einem schön geschliffenen Bergkristall glaubt er eine langgestreckte Forelle mit aufwärts gerichtetem Schwanz zu erkennen. Ferner erläutert er Darstellungen von Tugenden: »Freigebigkeit, Sanftmut, Glaube, Hoffnung und Liebe, sowie noch weitere, jeweils in Gestalt einer Frau«. Aus der letzten Bemerkung kann man vielleicht schließen, daß die weiteren Allegorien nicht recht zu bestimmen waren; möglicherweise fehlten die einschlägigen Attribute. Erkennbar wird ferner, wie sehr die symbolische Deutung Menschen im 12. Jahrhundert vertraut war: »In bewundernswerter Weise wurden ferner drei Steine zusammengefügt, Abbild der göttlichen Dreieinigkeit.«

Auch die Inschriften werden hervorgehoben. Nach einer treffe der Fluch des Himmels jeden, der sich an dem aus Gold, Silber und Edelsteinen gearbeiteten Werk oder an den Reliquien des hl. Aegidius vergreife: »Wer diesen Schrein verletzen sollte, den wird auf ewig verdammen der Herr; Aegidius und die Scharen der Heiligen werden sich diesem Spruch anschließen«.

Der ›Pilgerführer‹ beschreibt weitere Werke der bildenden Künste; er scheint sich dabei von der Freude an solcher Schilderung und an der Belehrung Ungebildeter leiten zu lassen. Für erläuterungswürdig hält er sogar auf die Evangelien bezogene Darstellungen, die wohl weniger bekannt waren, als man meinen möchte: Mariae Verkündigung, Besuch der Weisen aus dem Morgenland, Szenen aus der Leidensgeschichte. Von den Skulpturen an der Basilika in Santiago hat es ihm eine Gruppe besonders angetan: Neben der Darstellung der Versuchung des Herrn (»das will ich dir geben, wenn du niederfällst und mich anbetest«; Mt 4, 9) sei eine Frau abgebildet. »In ihren Händen hält sie den Kopf ihres Galans, den ihr eigener Mann abgeschlagen hat; von ihrem Mann gezwungen, muß sie zweimal am Tag den stinkenden Schädel küssen. Wie nachdrücklich, wie bewundernswert widerfuhr dieser ehebrecherischen Frau Gerechtigkeit. Allen sei es kundgetan!«[220] Ob auch diese Darstellung Freude im Betrachter ausgelöst hat, sei dahingestellt; denn auf Freude kam es letztlich gar nicht an. Bilder in und an Kirchen sollten belehren; sie sollten die Menschen warnen, nicht der Versuchung zu erliegen; sie sollten mahnen, daß jeder sich eines Tages dem göttlichen Gericht zu stellen habe.

Abb. 27: Erschaffung des Menschen (Südportal der Kathedrale von Santiago de Compostela).

7. UNTERKUNFT UND GASTFREUNDSCHAFT

Wo kann ich heute wohl übernachten? Wie werde ich aufgenommen? Tag für Tag mußten Pilger sich solche Fragen stellen. Als mißtrauisch beäugte Fremde kamen sie; gastfreundliche Einheimische werden nicht selten böse Absichten Fremder erst dann durchschaut haben, als es zu spät war.

Reisenden standen unterschiedliche Stätten der Beherbergung zur Verfügung: Unentgeltlich war die Aufnahme im Xenodochion (wörtlich: Haus für die Aufnahme von Fremden), in Kloster, Hospiz bzw. Spital. Als die Zahl der Reisenden zunahm, entstanden Einrichtungen gewerblicher Gastlichkeit, zunächst in Italien, dann in Südfrankreich, seit der Jahrtausendwende etwa auch in Ländern nördlich der Alpen.

Unentgeltlich geübte Gastlichkeit gibt es seit der Antike und bis in die Gegenwart. Um Quartier bittende Verwandte, Freunde und andere Nahestehende wurden gewiß zu allen Zeiten mehr oder weniger freundlich aufgenommen. Bei Römern und Germanen durfte ein Gast grundsätzlich für kurze Zeit Folgendes beanspruchen: Unterkunft, Holz und Feuer (zum Wärmen, zum Trocknen der Kleider, zur Vertreibung wilder Tiere nachts), Wasser und Pferdefutter (in grasreichen Gegenden), ferner Auskunft zu Weg und Steg sowie Hilfe beim Einkauf von Lebensmitteln.

Ein anspruchsvolles Gebot

Reisenden kam die fortschreitende Christianisierung Europas zugute. Denn zentrale Stellen im Alten und Neuen Testament gebieten, dem Bedürftigen zu helfen. In den Genuß der Gastfreundschaft sollten nicht nur – wie in vorchristlicher Zeit – Menschen kommen, die einem nahestanden. Jeder Christ war aufgefordert, den Fremden wie seinen Nächsten zu lieben. Bei dieser Ausübung der Barmherzigkeit sahen sich in erster Linie die Leiter der Gemeinden sowie

Witwen und Diakone angesprochen, die in besonderer Weise karitative Aufgaben wahrnehmen sollten.

Nicht jedem gelingt es, nach der Taufe sein ganzes Leben an den Normen der Heilsbotschaft auszurichten. Zudem sprach ein gerüttelt Maß Erfahrung aus einem Wort des Alten Testamentes: »Nimmst du einen Fremden auf, so entfremdet er dich deiner Lebensart und entzweit dich mit deiner Familie« (Sir 11, 34). Trotzdem sind eindrucksvolle Zeugnisse spontan gewährter und institutionell abgesicherter Gastfreundschaft überliefert, die man vielleicht als Hinweise auf eine gewisse innere Christianisierung verstehen darf. In Wort und Bild – etwa bei der Darstellung von Werken der Barmherzigkeit – wurden die Menschen nachdrücklich auf das Gebot der Gastfreundschaft verpflichtet.

Mit einer Teilantwort auf die eingangs gestellten Fragen leitet der ›Pilgerführer‹ sein letztes Kapitel ein: Ob arm oder reich, Santiagopilger »sollen von allen Völkern liebevoll und ehrfürchtig aufgenommen werden.« Denn wer ihnen fürsorglich Obdach gewähre, beherberge nicht nur den hl. Jakobus. »So spricht ja der Herr im Evangelium: ›Wer euch aufnimmt, nimmt mich auf‹.«[221] Es folgen Beispiele, aus denen hervorgeht, daß Menschen schon in diesem Leben Lohn oder Strafe gefunden haben, je nach ihrem Verhalten Pilgern gegenüber.

Wie soll man Erinnerungen und Warnungen deuten? Offensichtlich war es nötig, daß Synoden, Predigten und königliche Erlasse das Gebot der Gastfreundschaft wiederholten, weil es immer wieder verletzt wurde. Langfristig dürften die Mahnungen das Gewissen der Menschen geschärft und die Bereitschaft zu selbstloser Hilfe verstärkt haben.

Gewisse Mindestforderungen waren leicht zu erfüllen, weil man nicht verwöhnt war, was das Wohnen angeht. Oft war einem schon geholfen, wenn man die müden Glieder unter einem vorkragenden Dach oder im Stall ausstrecken durfte. Die meisten Gastgeber konnten bestenfalls ein einfaches, trockenes Lager für die Nacht gewähren; sie waren zu arm, als daß sie Fremde umsonst hätten beköstigen können.

Wunderberichte erwähnen manch abenteuerlich anmutende Unterkunft, etwa in einem noch warmen Backhaus; sie wurde von den Pilgern dankbar angenommen und von denen, die die Mirakel aufgezeichnet haben, nicht gerügt. Grimmelshausen läßt es offen, ob sein Held auf dem Weg nach Einsiedeln in einem ›Beinhäusel‹ genächtigt hat.[222] Wiederholt ist von gastfreundlichen Witwen die Rede, auch von treuherzigen Leuten, die dem Fremden auf eigene Kosten in einer Herberge Tisch und Bett besorgen.[223] In Notquartieren nahmen Männer gelegentlich mit harten Bänken vorlieb und ließen die Frauen im Heu schlafen. Immerhin konnte auch »frisch« gestreutes Stroh seine Tücken haben, dann nämlich, wenn es »voller lebendigen thierlinen« war, »deßen wier morgendts woll gewahr wardendt unndt woll mitt ihnen zethun bekamendt«.[224] Wären Bauern und Hirten, Köhler und Jäger, Arme und Reiche überwiegend hartherzig gewesen, hätten nicht so viele Pilger seit dem Frühmittelalter weite Fahrten unternehmen können.

Xenodochien und Klöster

In der römischen Kaiserzeit hatten christliche Gemeinden – wohl nach dem Vorbild jüdischer Gemeinden – für durchreisende Glaubensgenossen eigene Xenodochien eingerichtet, in denen auch Kranke und andere Hilfsbedürftige Obdach und Speise fanden. Im Mittelmeerraum hat manches Xenodochion zwar die Umbrüche der Völkerwanderungszeit überstanden, doch sind sie später dann eingegangen. Die laufende Unterhaltung war nicht mehr gewährleistet, weil die dafür vorgesehenen Mittel zweckentfremdet worden oder Einnahmen aus Grundbesitz versiegt waren; oft dürfte es ganz einfach an der nötigen Nachfrage gefehlt haben. Unter der seit dem 9. Jahrhundert in den Quellen begegnenden Bezeichnung Hospiz *(hospitale)* könnte das eine oder andere Xenodochion weitergelebt haben.

In den seit der vorchristlichen Antike bekannten Tavernen konnte man, wo es sie denn gab, zu essen und zu trinken kaufen, im allgemeinen aber nicht übernachten. Wegen ihres zweifelhaften Rufes war ihr Besuch seit dem 4. Jahrhundert Klerikern nur in Notfällen gestattet.[225]

Nach der Regel des im Jahre 347 verstorbenen Pachomius, eines der ›Väter‹ des christlichen Mönchtums, sollten Klöster eigene Räume für die Aufnahme von Fremden haben und das Amt des Fremdenbruders einrichten. Die später im christlichen Orient maßgebliche Mönchsregel des Basilius schreibt für jedes Kloster ein Xenodochion vor. Die Verbindung von gemeinsam geübter Askese und gelebter Nächstenliebe reicht also mindestens bis ins vierte nachchristliche Jahrhundert zurück; sie bildet ein Antike, Mittelalter und Neuzeit verklammerndes ›Element langer Dauer‹ in der europäischen Geschichte.[226]

Über die Gastfreundschaft von Klöstern sind wir besser unterrichtet als über die von Adligen und Bürgern. Denn in Klöstern gab es häufig schreibkundige Mönche; die hier angefertigten Schriften unterlagen dem besonderen, der Kirche und deren Einrichtungen vorbehaltenen Schutz; Dokumente wurden sorgfältiger aufbewahrt, und sie waren nicht dem Risiko der Zerstreuung als Folge von Erbauseinandersetzung ausgesetzt. Von Klöstern wird an dieser Stelle deshalb ausführlich gehandelt, weil die hier aufgezeichneten Quellen Einzelheiten zum Thema ›Unterkunft‹ bringen, die auch für Hospize und Gasthäuser gelten, von diesen aber in geringerer Zahl und Vielfalt überliefert sind.

Im Abendland kam Pilgern, denen preiswerte oder gar unentgeltliche Unterkunft fehlte, jahrhundertelang die Regel zugute, die Benedikt von Nursia um das Jahr 530 aufgezeichnet hatte. Im Jahr 816 wurde sie allen Klöstern im Karolingerreich vorgeschrieben; und dieses erstreckte sich von der Elbe bis zur Bretagne, von der Nordsee bis nach Rom. Berühmt geworden ist Kapitel 53 der Regel Benedikts, überschrieben »Von der Aufnahme der Gäste«; aus ihm sei ausführlich zitiert:

»Alle Gäste, die zum Kloster kommen, werden wie Christus aufgenommen; denn er wird einst sprechen: ›Ich war fremd, und ihr habt mich beherbergt‹. Allen erweise man die ihnen gebührende Ehre, besonders den Glaubensgenossen und den Pilgern. Sobald also ein Gast angemeldet ist, gehen ihm der Obere und die Brüder in vollkommener Erfüllung christlicher Liebespflicht entgegen. Zuerst sollen sie miteinander beten und einander den Friedenskuß geben.« Benedikt fordert die Mönche auf, Gäste mit großer Demut zu begrüßen.

»Wenn sie kommen und wenn sie gehen, verneige man vor ihnen das Haupt oder werfe sich ganz zur Erde nieder und verehre so in ihnen Christus, den man in ihnen ja auch aufnimmt.« Der Obere soll eines Gastes wegen sogar das Fasten brechen, den Gästen Wasser über die Hände gießen und zusammen mit der ganzen Gemeinschaft den Gästen die Füße waschen. »Ganz besondere Aufmerksamkeit zeige man bei der Aufnahme von Armen und Pilgern, da in ihnen Christus ganz besonders aufgenommen wird. Bei den Reichen bewirkt nämlich bereits das Gebieterische ihres Auftretens Ehrerbietung. Die Küche für den Abt und die Gäste sei für sich; so stören die Gäste, die zu unbestimmten Zeiten ankommen und im Kloster niemals fehlen, das Leben der Brüder nicht«. In der Gastwohnung seien »Betten in genügender Anzahl«. Es folgt eine gewichtige Ergänzung, im Interesse des Konventes: »Niemand darf ohne Erlaubnis mit den Gästen verkehren und reden«.[227]

In Kapitel 53 der Regel erinnert Benedikt an ein Wort, nach dem einst über Heil und Verdammnis entschieden werde: Gemäß der Rede, die der Evangelist Matthäus (25, 31–46) unmittelbar vor dem Bericht von Jesu Leiden, Sterben und Auferstehung bringt, wird Christus am Tage des Gerichtes die Menschen scheiden: Zur ewigen Seligkeit werde berufen, wer an Armen und Bedürftigen Werke der Barmherzigkeit geübt, zur ewigen Verdammnis werde verurteilt, wer Fremde nicht gespeist, getränkt und beherbergt habe.

Pilger wußten zu schätzen, daß viele Klöster ausgesprochen verkehrsgünstig lagen, in manchen Landstrichen Deutschlands, Frankreichs und Italiens im Abstand von einer Tagereise oder weniger. Die Gunst der Lage gilt nicht selten sogar dann, wenn später verfaßte Gründungsberichte von einem menschenleeren, wilden, abgelegenen Ort sprechen. Es ist kein Zufall, daß in Fulda heute Inter-City-Züge halten und St. Gallen Hauptstadt eines Kantons geworden ist.

Naturräumliche Gegebenheiten schufen Sachzwänge für klösterliche Gastfreundschaft. Oft fanden sich Klöster gerade dort, wo besondere Hilfen gebraucht wurden; ihre Konvente stellten sich ausdrücklich in den Dienst von Fremden. Das im 8. Jahrhundert in der Schweiz gegründete Disentis liegt so, daß man bis zur Höhe des Lukmanierpasses ›nur‹ noch gut 770 Höhenmeter zu überwinden hatte. Von Saint Guilhem-le-Désert (St. Wilhelm in der Einöde) war bereits die Rede. Pilger von Oberitalien nach Santiago, die in Südfrankreich die durch Seeräuber gefährdete Straße entlang der Küste scheuten, hatten auch dank dieser Gründung einen relativ sicheren Weg durch das Landesinnere. An wichtigen Flußübergängen liegen Corvey (Weser) und La Charité-sur-Loire. Als Stätten klösterlicher Gastfreundschaft kamen möglicherweise auch Niederlassungen in Frage, die Klöster in Stadt und Land unterhielten, etwa zwischen Corvey und dem Rhein.

Spannung zwischen Norm und Alltagswirklichkeit

Ein Zeichen dafür, wie schwer das Gebot der Gastfreundschaft einzuhalten war, mag bereits die außergewöhnliche Länge des 53. Kapitels der Regel Benedikts sein. Im Laufe der Jahrhunderte mußten Klöster immer neue Antworten auf Herausforderungen ihrer Zeit, ihres Raumes, ihrer Gesellschaft finden, wenn sie dem Auftrag ihres Gründervaters gerecht werden wollten. Sie sollten sich bemühen, die Spannung zwischen der Regel und den jeweiligen klimatischen, wirtschaftlichen, sozialen, kirchlichen Verhältnissen im Geiste Benedikts zu lösen. Vom Ringen mit der Norm und vom Zwang zu Kompromissen im Alltag des Klosterlebens zeugen Kommentare zur Regel. Dabei galt: Sie sollte nicht verletzt werden, der Konvent aber auch seinen anderen Pflichten nachkommen können. Immerhin hatte Benedikt eingeräumt, daß die Aufnahme von Gästen auf eine Störung des Klosterlebens hinauslief.

Sollten wirklich alle, die sich als Pilger ausgaben, aufgenommen, mindestens also gespeist werden? Mitte des 9. Jahrhunderts meint Hildemar, zur Zeit Benedikts hätten täglich vielleicht zwei oder drei Gäste vorgesprochen; dann legt er einem Theudulf den Stoßseufzer in den Mund: »Bei Gott! Wäre der hl. Benedikt jetzt da, er ließe die Türen zusperren!«[228] In Saint-Riquier versorgte man nach einem im 9. Jahrhundert angelegten Verzeichnis täglich bis zu 300 Arme, 150 Witwen und 60 Kleriker – eindrucksvolle Scharen, selbst wenn man berücksichtigt, daß es sich um ›runde‹ Zahlen handelt. In Cluny gab man lange Zeit am Todestag eines Mönches dessen Essensportion

Abb. 28: Kreuzgang des Klosters Las Huelgas Reales bei Burgos. Mönche übten Gastfreundschaft, wie Benedikt sie ihnen geboten hatte, wenn sie Pilger im Kreuzgang beherbergten – einem trockenen und gut gelüfteten Raum, der sich ideal als Massenquartier eignete, sogar für Reittiere.

einem der Armen, zu denen oft Pilger gehörten. Mitte des 12. Jahrhunderts zählte der Konvent etwa 300 Mönche, und 10 000 Arme aßen für die 10 000 verstorbenen Cluniazenser mit! Das überstieg die wirtschaftliche Leistungsfähigkeit des Klosters; die Mönche von Cluny beschwerten sich über schlechtes Brot und verwässerten Wein. Deshalb wurde die Zahl der Gedenkrationen auf höchstens fünfzig pro Tag gekürzt.

In die Form der Frage gekleidet, hatte Hildemar zur Zahl der Gäste eine salomonische Lösung vorgeschlagen: Sind unter ›alle‹ vielleicht die zu verstehen, die das Kloster aufnehmen kann? Die Regel verlange doch nichts Unmögliches! Ähnlich argumentiert er zu Übernachtungen: Wenn Benedikt »Betten in genügender Anzahl« fordere, sei das so zu verstehen, daß man so viele Arme aufnehme, wie es bezogene Betten gebe. Letztlich konnte man nur geben, was vorhanden war; man mußte verweigern, was fehlte.

Durften sich auf Kapitel 53 auch Mächtige und Reiche berufen, die für Beherbergung bezahlen konnten? Indirekt hatte Benedikt die Frage bejaht: »Gebieterisch« Auftretende sollten aufgenommen und nicht etwa abgewiesen werden, weil sie es an der gebotenen Demut hätten fehlen lassen. Und weiter: Wie wollte man zwischen Arm und Reich unterscheiden? Einen Hinweis gab die Art der Fortbewegung: Wer zu Fuß kam, galt eher als arm; Wohlhabende reisten mit dem Pferd, das dem Kloster auch noch im Stall zur Last fiel. Es leuchtet ein, daß die Pforte mit einem menschenkundigen und menschenfreundlichen Mönch besetzt sein sollte; angesichts unvermeidlicher Engpässe spielte sie eine große Rolle. Hier wurden die Gäste begrüßt und gesiebt.

Wie sollten Mönche sich verhalten, wenn Frauen, bzw. Monialen, wenn Männer um Gastfreundschaft baten? Gäste unterschiedlichen Geschlechts ließen sich leichter in den zeitweilig recht verbreiteten Doppelklöstern unterbringen, erst recht, wenn an der Spitze eine Frau stand. Der Klausurbereich, zu dem die Kirche gehören konnte, unterlag selbstverständlich einem besonderen Schutz. Manches Kloster unterhielt außerhalb des engeren Klosterbezirks ein eigenes Gasthaus, auch für hochgestellte weibliche Gäste. – Wie sollte man sich Gruppen gegenüber verhalten? Im Interesse ihrer Sicherheit schlossen Pilger sich oft zusammen, auch auf die Gefahr hin, weniger leicht unterzukommen.

Eine zusätzliche Last bescherten Pilger, wenn sie während ihres Aufenthaltes erkrankten. In Subiaco sollte der Gast so versorgt werden wie einer der Brüder auf der Krankenstation; er sollte also bis zur Genesung gepflegt werden; gegebenenfalls mußte man Hilfe beim Abfassen des Testamentes und beim Sterben leisten, für ein ordnungsgemäßes Begräbnis sorgen, die Hinterlassenschaft vorschriftsmäßig aufbewahren und Erben benachrichtigen.

Die Forderung, im Armen und Fremden Christus selber aufzunehmen, erwies sich Tag für Tag als eine dornige Aufgabe, die viele Klöster überforderte. Trotzdem legte man das Gebot, im Pilger den Heiland zu beherbergen, gelegentlich weit aus. Um 820 meinte der Abt von St. Mihiel (Diözese Verdun), man dürfe nicht warten, bis Gäste kommen, sondern müsse sich allenthalben auf die Suche begeben, um ihnen Ungemach zu ersparen. Andernorts hielt man Weg und Steg instand, ging bei Nebel und Schneetreiben sowie im Gebirge etwaigen Pilgern wohl auch entgegen, mit Rufen oder unter dem Läuten der Glocken, damit der Fremde sich nicht zu guter Letzt verirre und erfriere. Dieselben Hilfen sollten Hospize bieten, von denen noch zu reden ist.

Wie sollte man Gäste begrüßen? Benedikt hatte Unterschiede erlaubt, aber geboten, Christus besonders im Armen zu ehren. Mußte man dann nicht alle gleich behandeln? Für Hildemar ist es selbstverständlich, daß nicht alle auf die gleiche Weise aufgenommen werden können; bei der Lesung, bei Speis und Trank müsse man unterscheiden. Aus seiner Begründung sprechen Erfahrung, in der sich vielleicht die zunehmende soziale Differenzierung der karolingischen Gesellschaft spiegelt, und die Unfähigkeit, sich in die Lage von Hungerleidern zu versetzen; können die sich einmal sattessen, stopfen sie soviel in sich hinein, daß ein regelmäßig, wenn auch karg ernährter Mönch sich angewidert abwendet. Einen Armen nach Herzenslust sich sattessen lassen, laufe auf Beihilfe zur Völlerei hinaus, sei sündhaft, meint Hildemar; dem Armen solle man daher »Bohnen oder was Bäurisches« reichen.

Von der Regel klar abweichende Ansichten äußert er zur Fußwaschung: Der Reiche sehe in ihr keine Ehrung, sondern halte sie eher für lächerlich und töricht; daraus könne dem Kloster gar Schaden erwachsen. Angesichts dieser Beurteilung ist es nur naheliegend, daß Hildemar gar nicht erst die delikate Frage erörtert, ob der Abt auch weiblichen Gästen die Füße waschen solle. Zwar hält er fest, der Gast sei gemäß seinem Rang aufzunehmen; doch wie sei dann das Wort Benedikts zu verstehen, man müsse Armen und Pilgern größte Aufmerksamkeit schenken? Hildemar bezieht das Gebot, allen die gebührende Ehre zu erweisen, auf den äußeren Menschen, die Weisung, den Armen besonders zu ehren, auf den inneren Menschen. Je nach Rang seien die Gäste also unterschiedlich zu bedienen; wenn möglich, solle man getrennte Herbergen für Bischöfe, Adlige und Arme einrichten, wo alles Nötige zubereitet werden könne. Auf diese Konzession folgt eine grundsätzliche Einschränkung: Im Geiste jedoch müsse der Arme dem Reichen vorgezogen werden. Ähnlich hatte Hildemar an anderer Stelle argumentiert: Gott schaue mehr auf das Herz als auf die Tat. Ob mit solchen Subtilitäten einfachen Gemütern gedient war, zumal bei der Alltagsarbeit, sei dahingestellt.

Der Kommentar wurde ausführlich referiert, weil Hildemar zu Fragen Stellung nimmt, die sich bei der Aufnahme von Gästen stellten. Es gab auch andere Meinungen; so wird Anfang des 9. Jahrhunderts betont, gemäß der Regel sollten alle Brüder sich beteiligen, wenn Gästen die Füße zu waschen seien. Eine Anekdote zeigt, daß auch Obere sich für solche Dienste nicht zu schade waren: Gelegentlich erkennt ein Abt an den »feinen und weißen Beinen«, die mit schäbigen und schmutzigen Kleidern bedeckt waren, daß er nicht Arme vor sich hat. Smaragd, ein weiterer Kommentator der Regel Benedikts, bringt eine menschenfreundliche Ergänzung: Vom Weg strapazierte Füße solle man mit Öl einreiben.

Speisung und Unterbringung

Mancherorts konnten Gäste des Klosters mit einer warmen Mahlzeit rechnen: Brei aus Hülsenfrüchten und Hirse, Fett und Öl für die Armen; Braten für die Reichen. Wenn möglich, schenkte man dem Gast ein landesübliches Getränk ein: Wein, Bier oder Apfelmost. Einschränkungen galten als erlaubt, wenn der Gast Lebensmittel mit sich führte oder kaufen konnte. Bereitete er sich Speisen selber zu, bot man ihm wohl auch Öl, Essig und Salz zum Würzen an.

Viele Klöster begrenzten die Zahl der täglichen Gäste, oder sie versorgten eine kleinere Zahl reichlich, d. h. auch mit Fleisch, alle übrigen aber mit einfacher Kost. Im allgemeinen sollten mindestens Brot und Wasser angeboten werden; in Aubrac wurde davon nur soviel gereicht, daß der Pilger nicht gerade Hungers starb. Vor diesem Hintergrund wird ein Gebot verständlich, das die ›Lebensordnungen‹ *(consuetudines)* des in Nordfrankreich gelegenen Klosters Corbie festgeschrieben haben; in Jahrhunderten gewachsen, regelten sie Einzelheiten des Klosterlebens, zu denen Benedikt sich nicht geäußert hatte. In Corbie wurden also alle, die mit dem Dienst an den Gästen betraut waren, beschworen, bei großzügiger Verteilung eher auf den Willen Gottes zu achten als das Beispiel »unserer Knauserigkeit« zu befolgen; denn einst werde jeder für sich Rechenschaft ablegen müssen.

Von der Wirtschaftskraft des jeweiligen Klosters hing es ab, ob es alle beherbergte, die Aufnahme heischten, und ob es je nach Stand und Rang den Gästen unterschiedliche Räume bieten konnte. Sofern vorhanden, sollte der Gästeraum mit Tischen und Bänken möbliert sein; eventuell wurden auch Küchengerät und Tischwäsche zur Verfügung gestellt. Töpfe, Pfannen, Bratspieß, Kessel, Teller, Tassen, Eimer, Lampe konnte der Pilger nicht mit sich herumschleppen; so willkommen sie dem Gast waren, so kostbar waren sie dem gastgebenden Kloster, selbst wenn es als wohlhabend galt. Das Risiko des Verlustes durch Unachtsamkeit und Diebstahl war groß. In realistischer Einschätzung mancher Gäste hatte die im ersten Viertel des 6. Jahrhunderts aufgezeichnete *Regula Magistri*, die zu den Vorlagen Benedikts gehört, folgende Empfehlung gegeben: Ein Mönch solle überraschend die Zelle der Gastmönche auf Eigentum des Klosters, Eisengerät und anderes Werkzeug kontrollieren.

Im Schlafraum sollte eine ausreichende Zahl von Betten stehen – oft zwölf, entsprechend der Zahl der Apostel, gelegentlich ein Vielfaches davon; ferner sollte man an Bettwäsche, Decken, Nachtgeschirr usw. denken. Gegebenenfalls war Stroh für Notlager bereitzuhalten. Abends und nachts war für Beleuchtung zu sorgen, ein riskantes Unterfangen, da die Häuser zum großen Teil aus leicht brennbaren Materialien gebaut und die Löschvorrichtungen unzulänglich waren. Mit – kostspieligem – Kerzen- oder Öllicht durften in Cluny Herrscher rechnen.

Im Winter und bei naßkalter Witterung wollte man sich wärmen und die Kleidung trocknen. Fehlte es an Brennholz, war zu befürchten, daß die Gäste das wenige Mobiliar verheizten. Etwaige Reittiere brauchten einen Stall. Viel war gewonnen, wenn die Pilger außer Lebensmitteln auch Stroh, Heu und Hafer zu angemessenen Preisen im Kloster oder auf einem nahen Markt kaufen konnten.

Umsichtsvolle Planung im Interesse der Gastfreundschaft

Manche der in Kommentaren zur Regel erörterten Fragen zum Thema Gastfreundschaft finden sich in anderem Zusammenhang wieder; ein in St. Gallen aufbewahrter einzigartiger Plan läßt sich als Beispiel verstehen: Sollte ein Kloster neu gebaut werden, mochte man sich an dieser Vorlage wie an einer Prüfliste ausrichten, damit nichts Wesentliches vergessen werde. Außer den Klostergebäuden im engeren Sinne sind Zellen für Gastmönche, eine Armenherberge und ein Haus für vornehme Gäste vorgesehen. Dieses hat in der Mitte einen Speiseraum mit Feuerstelle, an den Seiten heizbare Schlafkammern, ferner Räume für Knechte sowie Ställe für Pferde; auf die Bedürfnisse der Gäste abgestimmt, umfaßt ein Nebengebäude Küche, Keller, Bäckerei und Brauerei; von realistischer Planung zeugt auch die Latrine mit achtzehn Plätzen. Die Armenherberge ist ähnlich konzipiert, insgesamt aber einfacher und kleiner. Im Plan fehlen Heizgelegenheiten in den Schlafkammern, Ställe und Latrinen. Arme kamen nicht hoch zu Roß, und ihre Notdurft konnten sie in einem der nahe gelegenen Ställe verrichten – wie in ländlichen Gegenden Mitteleuropas noch in der Mitte dieses Jahrhunderts.

Waren Scharen von Pilgern unterzubringen – Klöster wie Einsiedeln in der Zentralschweiz, St. Michel in der Normandie waren Wallfahrtsorte mit europaweitem Einzugsgebiet –, wurden an geeigneter Stelle mitgebrachte oder klostereigene Zelte aufgeschlagen. Gegebenenfalls suchten Diener sich für die Nacht irgendwo auf dem Klostergelände einen trockenen, windgeschützten Platz. Da die Gäste nicht der Disziplin und dem Schweigegebot der Mönche unterlagen, ging es bei ihnen oft recht lebhaft zu; bis Mitternacht konnten sie Witze reißen; ihre Herberge sollte also weit vom Schlafsaal der Mönche entfernt sein. Daß am nächsten Morgen Hühner fehlten oder die Nester schon ausgenommen waren, vielleicht als Rache für eine unerwartet karge Beköstigung, war ärgerlich, im Grunde aber nicht weiter verwunderlich.

Was sollte man sich in christlicher Demut klaglos gefallen lassen? Wie lange sollte man Gäste beherbergen? Sprichwörtliche Redens-

Die wichtigsten Gebäulichkeiten des Klosterplanes

1 **Kirche mit Ost- und Westapsis**
2 Schreibstube, darüber Bibliothek
3 Sakristei
4 Zubereitungsraum für Hostien und Öl
5 Klausur mit Kreuzgang
6 Wärmestube, darüber Schlafsaal
7 Bad und Waschraum
8 ***Latrinen***
9 Speisesaal, darüber Kleiderkammer
10 Küche für Mönche
11 Keller, darüber Vorratskammern
12 Sprechzimmer für Besucher
13 Stube des Armenverwalters
14 **Herberge für Pilger und Arme**
15 **Brauerei und Bäckerei der Herberge**
16 Wohnung des Pförtners
17 Wohnung des Schulvorstehers
18 Wohnung für fremde Ordensbrüder
19 Küchenhaus mit Bäckerei und Brauerei
20 **Haus für vornehme Gäste**
21 Äußere Schule
22 Residenz des Abtes mit Diensthaus
23 Haus für Aderlaß
24 Ärztehaus mit Apotheke
25 Kräutergarten
26 Hospital mit Kreuzgang
27 Küche und Bad des Hospitals
28 Doppelkapelle für Hospital und Noviziat
29 Noviziat mit Kreuzgang
30 Küche und Bad des Noviziates
31 Obstgarten und Friedhof
32 Gemüsegarten
33 Wohnhaus des Gärtners
34 Gänsestall
35 Wohnhaus der Wärter
36 Hühnerhof
37 Kornspeicher mit Dreschtenne
38 Werkstätten und Haus des Kämmerers
39 Brauerei und Bäckerei für die Mönche
40 Mühle
41 Stampfe
42 Darre
43 Getreidescheune, Drechslerei und Küferei
44 Stier- und Pferdestall mit Heustöcken
45 Schafstall
46 Ziegenstall
47 Kuhstall
48 Stuterei
49 Schweinestall
50 Unterkunftsbau für Diener

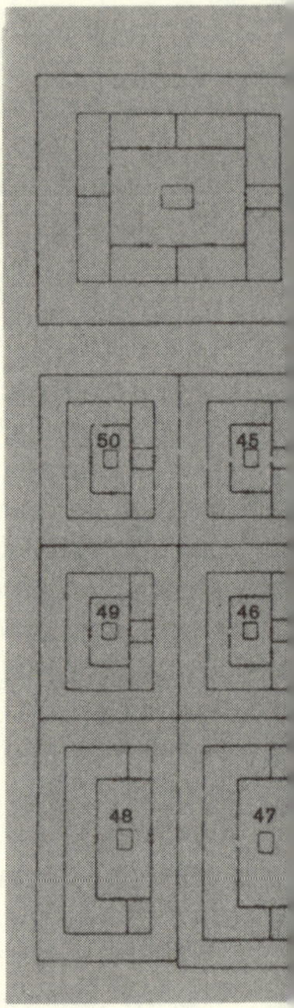

29. Der karolingische Klosterplan von St. Gallen (aus: Atlas zur Kirchengeschichte, S. 35). Vom Realitätssinn des Auftraggebers zeugen Einzelheiten zum

arten spiegeln weitverbreitetes Unbehagen: ›Dreitägiger Gast, jedermanns Last‹, ›Ein Fisch und ein Gast riechen übel am dritten Tag‹. So direkt hat man es vielleicht nur nach reiflicher Überlegung gesagt; doch konnten die Mönche es wagen, sich über solche Volksweisheiten hinwegzusetzen? Oft durfte der Gast nur eine Nacht bleiben; in Roncevaux, einem für Santiagopilger wichtigen Kloster in den Pyrenäen, galten zwei oder drei Übernachtungen als üblich, nur

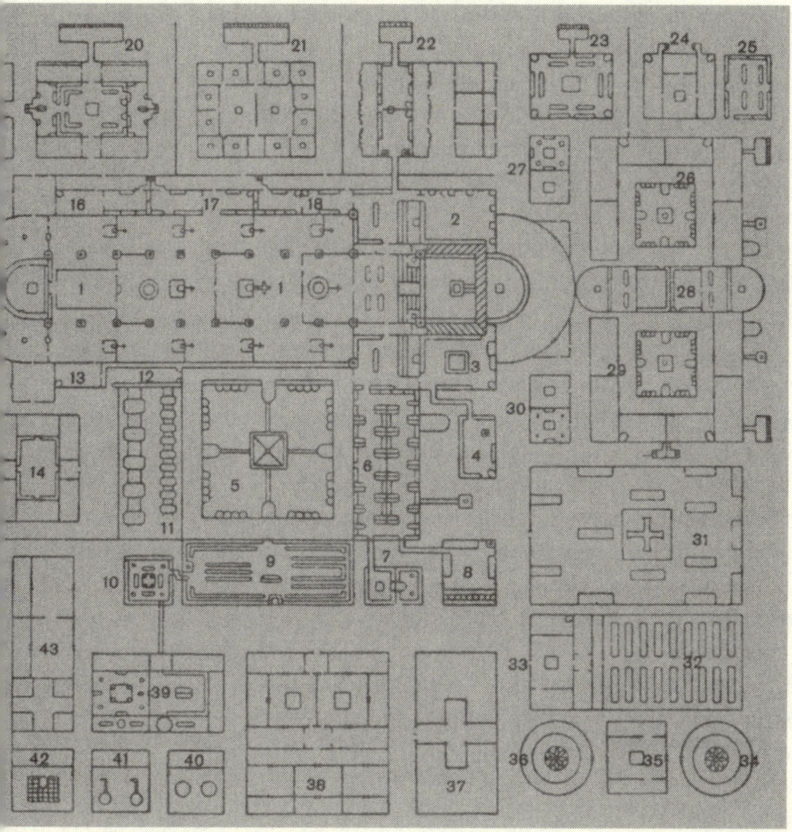

Weinkeller (Nr. 11, gleich neben der Kirche) und zu den sanitären Einrichtungen (Nr. 20, 21).

bei schlechtem Wetter mehr. Man konnte dem Gast längeres Bleiben verleiden: Denkbar dürftige Nahrung, saurer Wein, schmuddeliges Bettzeug, stinkende Strohsäcke, nach Geschlechtern getrennte Schlafräume auch für Verheiratete. Doch erwiesen sich solche Waffen als stumpf, wenn man ihrer am meisten bedurfte: Mächtige und deren Gefolge übten Rache, oder sie nahmen sich, was sie zu brauchen meinten.

Wie sollte man sich in Konflikten verhalten, die auf den Mittelpunkt klösterlichen Lebens zielten? In karolingischer Zeit wurde Mönchen, die eine vielbesuchte Wallfahrtskirche betreuten, die Errichtung eines eigenen Oratoriums vorgeschrieben; dort konnten sie dann ihr Stundengebet verrichten, unbehelligt vom Pilgerrummel. In späterer Zeit gebot der Erzbischof von Mainz der als heilig verehrten Hildegard von Bingen, keine Wunder mehr zu wirken, damit an ihrem Grabe endlich Ruhe einkehre. Die Mönche von Grandmont drohten gar ihrem Stifter, sie würden seine Gebeine in eine Kloake werfen, wenn er weiterhin durch Wunder ihren Konvent störe. In Siegburg scheint dagegen der Pilgerbetrieb nicht unwillkommen gewesen zu sein; Mönche und Obere ließen sich gern zusammenrufen, um einen Wunderbericht zu vernehmen; bot sich eine Gelegenheit, außer der Reihe Gott zu preisen und den hl. Anno zu ehren, murrte man nicht einmal bei Störung des Hochamtes.

Sollte man als notwendig geltende Baumaßnahmen zugunsten der Gastfreundschaft aufschieben oder gar aufgeben? In der von Benedikt zitierten Gerichtsrede Jesu ist vom Bauen nicht die Rede. Es war daher nur konsequent, daß Kirchenväter, darunter Zeitgenossen Benedikts, sich recht distanziert zum Gold der Kirche äußerten: Es sei nicht dazu da, gehortet zu werden, sondern um Bedürftigen zu helfen. Im Falle großer Not sollten gar Meßkelche zerschlagen und ihr Erlös an die Armen verteilt werden. Solche Grundsätze sind nicht immer toter Buchstabe geblieben: In St. Benoît-sur-Loire wurde wertvolles liturgisches Gerät verkauft, um die für die Speisung von Armen notwendigen Mittel zusammenzubekommen; auch Abt Richard von Reims veräußerte kostbares Kultgerät zur Linderung einer Hungersnot, die in den Jahren 1032/33 weite Teile Europas in Mitleidenschaft zog.

Gelebte Mitmenschlichkeit

Mit Regel, ergänzenden Kommentaren, Anordnungen und Statuten war ein Rahmen abgesteckt, den auszufüllen jedem Kloster aufgetragen war. Zwischen den Maximalforderungen Benedikts und deren notgedrungen unzulänglicher Umsetzung schwankte die Wirklichkeit klösterlicher Gastfreundschaft. Einzelne Mönche und ganze Konvente sind den hohen Ansprüchen der Regel bestenfalls zeitweise gerecht geworden. Das hat viele Gründe. Wiederholt verebbte der Schwung eines neuen, von opferbereiten Menschen getragenen Aufbruchs zwei, drei Generationen später. Klagen über mangelhafte Gastfreundschaft waren nicht selten berechtigt. Doch die Schuld traf längst nicht immer die Mönche. Die Werke der Barmherzigkeit konnten nicht so geübt werden, wie Benedikt geboten hatte, wenn das Kloster abgebrannt, von Kriegern ausgeplündert, von einem unfähigen Abt zugrundegerichtet worden war. Seit dem Spätmittelalter, verstärkt in der frühen Neuzeit ließen sich oft am Konventsleben desinteressierte Laien die Einnahmen von Klöstern übertragen; als Kommendataräbte haben sie Besitztümer, die den Klöstern einst gestiftet worden waren, damit sie Werke der Nächstenliebe üben könnten, zweckentfremdet.[229] Damit haben sie zu dem großen Bruch während der Französischen Revolution und der allenthalben in Europa praktizierten Säkularisierung kirchlicher Güter beigetragen. Daß der Mißbrauch solcher Güter eine lange Tradition hat, zeigen Klagen einer Synode im Jahre 844: Was Könige und andere Christen Gott geweiht hätten, werde »nun zu weltlichem Nutzen einbehalten«. Infolgedessen müßten viele Mönche darben; kirchliche Einrichtungen könnten den Armen nicht das übliche Almosen reichen, Fremde nicht aufnehmen, Gefangene nicht auslösen.[230]

Je widriger die Zeitumstände waren, desto mehr kam es auf die Initiative des Einzelnen an. Im 11. Jahrhundert wurde im Kloster Saint-Chaffre du Monestier im Velay die Sorge für Arme und Pilger einem Mönch anvertraut, der dreißig Jahre lang eifrig und gütig wirkte. Er setzte das Haus für Pilger instand und vergrößerte es gar. Daraufhin fanden sich außer diesen von Not und Mangel Bedrückte ein; sie erhielten, was sie brauchten, und es habe weder Verschwendung noch Geiz gegeben.[231] Solches Verhalten entsprach besten benediktinischen Grundsätzen; immerhin erfreute sich das Maßhalten als eine der vier Kardinaltugenden auch bei ihnen hohen Ansehens.

Millionen von Pilgern sind in den Genuß klösterlicher Gastfreundschaft gekommen, und zwar auch noch in der Neuzeit, wie ein

Beispiel zeigen mag. Im Kloster Montserrat bekam der schon mehrfach erwähnte Protestant Thomas Platter 1599 drei Tage lang umsonst Unterkunft in einem frisch bezogenen Bett sowie Brot und Wein; in der Küche konnte er sich mitgebrachte Lebensmittel kochen lassen; unentgeltlich durfte er sogar sein Pferd einstellen.[232] Solches Entgegenkommen haben sich im Laufe der Jahrhunderte nur wenige Klöster leisten können. Und doch! Wer von Dunkelheit und Kälte getrieben, von Hunger und Durst geplagt, erschöpft und durchnäßt bei Mönchen Aufnahme fand, wird diesen Ort wie eine Insel der Seligen erfahren haben, und zwar auch dann, wenn man ihm ›nur‹ eine warme Suppe und ein trockenes Lager bieten konnte. Gelebte Mitmenschlichkeit lebt mindestens in einem Ortsnamen bis in unsere Tage weiter. Ein großes französisches Kloster wurde nicht nach einem Fluß (wie Fulda) oder einem Heiligen (wie St. Gallen) benannt, sondern nach seiner Funktion: *Caritas super Ligerim,* La Charité-sur-Loire, an der Loire geübte Nächstenliebe.

Hospiz und Spital

Mit hymnischem Überschwang preist der ›Pilgerführer‹ Hospize, von denen zwei auf Paßhöhen lagen; die von ihm gewählte Bezeichnung ›Häuser Gottes‹ lebt im französischen *Hôtel Dieu* weiter. Zum Unterhalt seiner Armen habe der Herr drei Säulen in dieser Welt aufgerichtet, die für die Christenheit unentbehrlich seien: das Hospiz in Jerusalem, das auf dem Großen St. Bernhard in den Alpen und das auf dem Somport in den Pyrenäen. An Orten seien sie eingerichtet worden, »wo sie Not wenden können. Häuser Gottes sind es, heilige Stätten, an denen der fromme Pilger sich erholen kann. Hier finden die Bedürftigen Ruhe und Pflege, die Kranken Trost, die Toten das Heil, die Lebenden Hilfe.« Daher könne es keinem Zweifel unterliegen, daß die Erbauer solch heiliger Einrichtungen das Himmelreich besitzen werden.[233]

In dem Maße, wie der Verkehr zwischen Nordwesteuropa und Rom zunahm, waren Hilfen an breiten Strömen und im Hochgebirge gefragt. Möglicherweise haben schon im Frühmittelalter irische Pilger besondere Hospize *(hospitalia*, abgeleitet von lateinisch *hos-*

pes, Gastfreund) für reisende Landsleute gegründet. Zum Jahr 825 nennen die Quellen ein *hospitale* am Mont Cenis, zum Jahr 859 ein *hospitale quod est in monte Iovis*, das spätere Sankt Bernhard-Hospiz. Auch Bischöfe, die seit der Spätantike in Aufgaben der Zivilverwaltung eingebunden waren, haben Hospize gegründet und gefördert; dasselbe taten Herrscher, Klöster, Städte, im Spätmittelalter der Legende nach sogar ein Angehöriger der Unterschicht: Das Hospiz auf dem Arlberg soll von ›Heinrich dem Findelkind‹ gegründet worden sein; als Schweineknecht habe er die Not der Pilger kennengelernt und die Initiative zum Bau eines Hauses ergriffen, in dem man Fremden helfen konnte.[234]

Im Gebirge lagen und liegen Hospize im allgemeinen nicht auf der Scheitelhöhe des Passes, sondern etwas unterhalb, im Windschatten. Über ihr Aussehen wissen wir weniger als über dasjenige frühmittelalterlicher Klöster; denn es hat sich kein dem Plan von St. Gallen vergleichbares Dokument erhalten. Dazu kommt, daß die Frühzeit von Hospizen weniger erforscht ist; die Arbeit der Archäologen wird dadurch erschwert, daß vielerorts der Platz wieder und wieder überbaut worden ist.

Viele Hospize sind über einfache Anfänge nicht hinausgekommen; den unentbehrlichen Kern bildeten Küche und Schlafraum, dieser mit zwei bis vier Betten für bis zu zwölf Personen. Je nach Bedarf und materiellen Möglichkeiten kamen dazu weitere Räume zum Aufenthalt, getrennte Schlafräume für Männer und Frauen, eine Kapelle, Scheune und Stall, nicht zuletzt ein eigener Friedhof.

Die meisten Gäste wollten am nächsten Tag weiterziehen; deshalb wird es einen Pilger niederen Standes kaum gestört haben, wenn er eine Nacht mit Gastgeber und (wärmespendendem) Vieh zusammenhausen mußte. Denn aus der Sicht des Gastes war entscheidend, daß das Hospiz unterhalten war, daß er hier jemanden fand, der ihm helfen konnte. Wer stundenlang über Geröllfelder seinen Weg hatte suchen und Bäche durchwaten müssen, wußte jede Annehmlichkeit zu schätzen.

Auch an Flüssen wurden Hospize gegründet, da Fähren bzw. Brücken die Verkehrsströme ähnlich wie Pässe bündeln. Ruhte der Fährbetrieb wegen Dunkelheit, Eisgang oder Hochwasser, war jede noch so bescheidene Behausung für die Nacht willkommen. Zu den Aufgaben der Brückenspitäler gehörten im allgemeinen auch die Erneuerung morscher Planken, die Kontrolle der Pfeiler nach Ablaufen des Hochwassers und die Ausbesserung des Geländers.

Opfer von Räubern oder einer Krankheit schöpften Hoffnung, wenn sie von einem Spital in der Nähe hörten. Arme und Wohlhabende verdankten oft genug ihr Leben der Tatsache, daß es hoch im Gebirge ein Hospiz gab: Waren vielleicht schon Finger oder Zehen erfroren, lebte man auf, wenn man Wegmarken oder Zeichen im Schnee sah, wenn eine Stimme nahe Rettung verhieß. Im Hospiz fand sich wenigstens ein trockenes Lager, warmes Essen, möglicherweise sogar ein scharfer Trunk, den man im Französischem mit gutem Grund *eau de vie* nennt, Lebenswasser. Wer hier Hilfe gefunden hatte, zeigte sich nach seinen Möglichkeiten erkenntlich; Wohlhabende machten einmalige oder wiederholte Schenkungen, auch im Testament. Der Besuch der Kapelle von Hospiz und Brückenspital war oft mit einem Ablaß verbunden.

Seit der Jahrtausendwende führte das rasche Wachstum der Bevölkerung auch zur Gründung vieler Städte. Solidarität unter den Generationen war in überschaubaren ländlichen Gemeinden vielleicht geübt worden; das Leben in der Stadt war stärker geprägt von Anonymität und Arbeitsteilung. Seit dem 11. Jahrhundert begegnet daher ein weiterer Typ von Hospiz: das städtische Spital, das sich im Laufe der Zeit in vielen Orten zu einer großen, oft bis in unsere Tage fortbestehenden Einrichtung entwickelte. Viele auch im Dienst der Pilger stehende Spitäler wurden zunächst von einer Gemeinschaft von Religiosen getragen. Die im Jahre 1095 gegründete Bruderschaft der Hospitaliter vom hl. Antonius, später zu einem Orden erhoben, betreute in ganz Europa zeitweilig bis zu 369 Hospitäler.[235] Elisabeth von Thüringen hat während ihres kurzen Lebens Spitäler in Eisenach und in Marburg gegründet. Im Laufe der Zeit gingen diese Spitäler oft in das Eigentum der jeweiligen Stadt über oder – wie das Elisabethspital in Marburg – in das des Deutschen Ordens. Wiederholt sind Spitäler, die ursprünglich Pilgern zugedacht waren, später (und nicht nur im Zeitalter der Reformation) anderen Zwecken zugeführt worden; häufig nahmen sie nun Waisenkinder auf. Doch wurden da und dort sogar in nachreformatorischer Zeit neue Pilgerspitäler gebaut, so 1593 im westfälischen Borken.[236]

Mehr noch als Brücken- und Paßhospize erfüllten städtische Spitäler meist mehrere Aufgaben. Sie sorgten sich um die ›Mühseligen und Beladenen‹ des Ortes, und das hieß um Alte, Arme, ausgesetzte Kinder, Behinderte, Bettler, Kranke. Weitere Spitäler wurden eigens für Aussätzige (Leprakranke) gegründet. Je größer die Stadt, desto früher nahmen einzelne Spitäler besondere Aufgaben wahr. So unterhielt Ende des 12. Jahrhunderts die Stadt Lyon fünf Spitäler für Arme, Kranke und Pilger. Mittellose Pilger fanden mancherorts im Armenspital für ein bis drei Nächte Unterkunft, vielleicht auch eine warme Suppe. Wohlhabende Bürger kauften sich gern in städtische Spitäler ein, um hier einen sorgenfreien Lebensabend zu verbringen.

Im Interesse langfristig heilsamer Arbeit war man in Spitälern auf die Arbeit besoldeter Fachkräfte angewiesen. Getragen wurden Spitäler oft von Bruderschaften, von denen noch zu sprechen ist. Ließen Frauen und Männer sich vom Geist der Liebe leiten, war ihre Wirkungsstätte – um mit dem ›Pilgerführer‹ zu sprechen – ein ›Haus Gottes‹.

Eine mustergültige Einrichtung in Jerusalem

Die meisten Spitäler waren anfangs einfache Anwesen, wie die Häuser der Siedlung, zu der sie gehörten. An großen Wallfahrtsstätten zwang der Andrang der Pilger zur Ausbildung besonders leistungsfähiger Einrichtungen, so in Jerusalem. Im dortigen, Ende des 11. Jahrhunderts von Kaufleuten aus Amalfi gegründeten, später in die Obhut der Johanniter übergegangenen Spital hat man sich in vorbildlicher Weise unterschiedlicher Gruppen von Bedürftigen angenommen. Die 1182 beschlossene Ordnung sollte auch für Häuser gelten, die künftig gegründet würden.

Die Arbeit wurde von Geistlichen und Laien besorgt; dazu kamen Konversen, d.h. Klosterbrüder, die nicht die vollen Rechte von Mönchen genossen. Für das Wohl kranker Männer und Frauen, die das Haus aufzunehmen pflegte, waren Ärzte angestellt; sie sollten die verschiedenen Krankheiten unterscheiden, die nötigen Heilmittel anfertigen und verabreichen sowie alles versehen können, was Kranke brauchten.[237]

Angeordnet wird im einzelnen, »daß die Krankenbetten in Länge und Breite so bequem wie möglich zum Ruhen gemacht werden; jedes Bett soll mit einer Zudecke bedeckt sein und seine passenden Bettücher haben«. Kranke sollen über Pelze, Schuhe und Wollmützen verfügen, damit sie sich warm anziehen können, wenn sie austreten müssen. Ausdrücklich vorgesehen sind Beherbergungsplätze für Pilgerinnen. Bestimmungen zur Pflege von Frauen und Kindern muten geradezu revolutionär an, wenn man bedenkt, daß noch Mitte des 19. Jahrhunderts Philipp Ignaz Semmelweis darum kämpfen mußte, daß Wöchnerinnen jeweils ein frisch bezogenes Bett erhielten. Wiegen sollten für die im Haus geborenen Kinder von Pilgerinnen angefertigt werden, »so daß sie gesondert allein liegen und Säuglinge nicht durch die Krankheit ihrer Mutter in Mitleidenschaft gezogen werden«.

Gefordert wird ferner, »daß die Hausvorstände die Kranken guten Mutes bedienen, ihnen reichen, was sie brauchen, und ihnen ohne Zank und ohne Klage Dienst tun; durch diese Wohltat können sie sich die Teilhabe an der Himmelsglorie verdienen«. Bei Tag und Nacht sollen die Brüder des Hospitals »eifrig und liebevoll« für arme Kranke wie für vornehme Herren sorgen; sie sollen den Kranken die Füße waschen, ihre Tücher reinigen, ihre Betten richten, den Schwachen bekömmliche Speisen reichen, ihnen liebevoll zu trinken geben »und in allen Dingen dem Wohl der Kranken gehorchen«. In einem Rückblick auf das seit langem im Haus Übliche ist noch mehr von Kleidung und Nahrung die Rede sowie von Diätkost, wie manche Kranke sie brauchen: »An drei Wochentagen pflegten die Kranken frisches Schweine- oder Hammelfleisch zu bekommen, und wer davon nicht essen konnte, erhielt Hühnerfleisch.« Darüber hinaus verstand sich das Johanniterspital als Einrichtung, die für das soziale Wohl der Gesamtheit Verantwortung trug: Es nahm ausgesetzte Kinder auf und ließ sie betreuen. Heiratswilligen Armen schenkte es zur Hochzeit »zwei Schüsseln oder die Portionen von zwei Brüdern«, und Armen jährlich tausend Felle von dicken Schafen.

Bemerkenswert ist der sparsame und nachhaltige Umgang mit der knappen, bedürftigen Pilgern aber immer willkommenen Kleidung. So setzten im Auftrag des Hauses ein Schusterbruder und drei Helfer alte Schuhe instand, die man um Gotteslohn verschenkte. »Auch der Almosenpfleger hielt gewöhnlich zwei Helfer; sie richteten alte Kleider her, die er den Armen gab. Und der Almosenpfleger schenkte gewöhnlich jedem Gefangenen zwölf Pfennig, wenn er zum ersten Mal aus Gefangenschaft kam.« Hier sind nicht Strafgefangene gemeint, sondern Pilger, die Muslimen in die Hände gefallen und mit dem Leben davongekommen waren; solche oft zu Sklaven gemachten Gefangenen konnten froh sein, wenn sie – völlig mittellos – die Freiheit wiedergewannen. Die Bestimmung könnte indessen auch auf den Mißbrauch des Gefangenenstatus und auf betrügerische Pilger hinweisen.

Schließlich die Sorge um das Heil von Seele und Leib, die sich auch in Gebet und Almosen äußert: Verstorbene Pilger sollen nicht anders geehrt werden als verstorbene Brüder; »ein rotes Tuch mit weißem Kreuz« soll über ihre Bahre gelegt werden. »Jede Nacht pflegten fünf Geistliche für die Wohltäter des Hauses den Psalter zu lesen. Und jeden Tag pflegten 30 Arme bei einer Tagesmahlzeit um Gotteslohn mitzuessen, und die fünf vorgenannten Geistlichen gehörten zu diesen 30 Armen.« Nicht genug damit: An drei Wochentagen erhielten alle, die zum Betteln herkamen, »Brot, Wein und Gekochtes«. Und in der Fastenzeit wurden jeden Samstag dreizehn Arme bewirtet; »man wusch ihnen die Füße und gab jedem ein neues Hemd, neue Hosen und Schuhe, und drei Kaplänen oder drei Geistlichen unter diesen dreizehn gab man drei Pfennig und jedem von den anderen zwei Pfennig«. Vielleicht waren unter diesen Armen und Geistlichen Stellvertreter-Pilger, wie sie Jahrhunderte später in den schon erwähnten Testamenten aus Lübeck begegnen.

Wahrscheinlich sah der Alltag in dem Jerusalemer Haus gelegentlich prosaischer aus, als die Ordnung es gebot. Offen soll auch bleiben, ob – wie Kreuzfahrer und Pilger berichteten – um das Jahr 1170 hier zweitausend Kranke betreut und weitere zweitausend Arme beschenkt worden sind. Doch nicht nur das differenzierte und häufige Fleischangebot auf dem Speisezettel ging weit über den

Rahmen des Zeittypischen hinaus. Wer wagt zu behaupten, liebevoller Dienst am Kranken ohne Ansehen der Person sei heute in solchen Häusern selbstverständlich? Welcher Träger eines Spitals kann es sich leisten, sein Personal sogar auf die Bequemlichkeit der Bewohner zu verpflichten?

Nach dem Verlust von Jerusalem haben die Johanniter ihr Haus zunächst nach Zypern und 1309 nach Rhodos verlegt. Dort kann man das von 1440 bis 1489 gebaute große Spitalgebäude noch heute bewundern. Mit der Anordnung der Räume um einen Innenhof und mit Ladengewölben auf der Straßenseite im Erdgeschoß ist es dem Typ der Karawanserei ähnlich, wie sie sich im Orient bewährt hatte. Im oberen Stockwerk wurden die Kranken in einem fünfzig Meter langen, gut belüfteten und gegen Sonnenhitze geschützten Saal gepflegt.[238]

Rückständigkeit von Spitälern in Europa

Mit ihrem Spital haben die Johanniter Maßstäbe gesetzt, an denen man sich im Abendland hätte ausrichten können. Doch dauerte es Jahrhunderte, bis eigens angestellte Ärzte sich auch hier der Kranken annahmen; in Barcelona findet man sie seit 1401, andernorts erst wesentlich später. Über die Gründe dieser Verzögerung kann man spekulieren. In Jerusalem hatten die Johanniter das Beispiel muslimischer Spitäler vor Augen; diese Konkurrenz dürfte zu einer für christliche Verhältnisse ungewöhnlichen Sorge um das leibliche Wohl geführt haben.[239] Denn abendländische Spitäler glaubten sich oft in erster Linie dem Heil der Seele verpflichtet. Vielfach standen sie von Anfang an unter kirchlicher Leitung, und die meisten hatten einen eigenen Hausgeistlichen. Dieser feierte mit den Spitalbewohnern die Messe, hörte Beichte, spendete die letzte Ölung und sorgte für das kirchliche Begräbnis Verstorbener.

Europäische Spitäler verfügten lange Zeit über weit weniger Mittel als das Jerusalemer Haus; doch standen auch hier selbstlose Menschen im Dienste Mühseliger. Einblick in die Art, wie Bedürftige gelegentlich von Städten aufgenommen wurden, gibt eine nach 1500 aufgezeichnete Hausordnung aus Bruchsal, die schon früher in Geltung gewesen sein dürfte. Pilger sollten »umb gots willen« eine Nacht lang unentgeltlich beherbergt und dazu im Sommer zwei, im Winter eine Stunde vor Einbruch der Dunkelheit eingelassen werden. Verboten waren »schweren, fluchen, schelten, kriegen, zancken, greinn, unnutze reden treiben«, ferner das Spielen um Geld; der Pilgerwirt sollte unverzüglich jeden »ausjagen«, der trotzdem Gott lästerte oder auf andere Weise den Frieden des Hauses störte. Bevor die Suppe ausgeschenkt wurde, wohl die einzige Speise, sollten die Pilger andächtig fünf Vaterunser und fünf Avemaria beten. Weitere Gebote: Zeitig zu Bett, Männer und Frauen in getrennten Räumen, nur mit einem Unterhemd bekleidet (oft schlief man gänzlich unbekleidet); »klaider und geräte« (Gepäck) waren vor der Kammer niederzulegen, die von außen zugesperrt wurde. Morgens hatte jeder sein Bett zu machen; da alles inventarisiert sei, müsse der Pilgerwirt »ein fleißigs uffsehens« auf Laken und Decken haben. Erst wenn jeder versichert habe, daß ihm nichts von seiner Habe fehle, sollten die Haustür aufgeschlossen und die Pilger entlassen werden.[240]

Verglichen mit der Jerusalemer Ordnung wirkt die in Bruchsal geradezu abschreckend. Wie soll man die Bruchsaler Ordnung deuten? Als Ausfluß von Bösartigkeit? Eher dürfte sie Alltagserfahrungen spiegeln. Mildtätigkeit sollte nicht mißbraucht werden; wer für Beherbergung bezahlen konnte, sollte ins Gasthaus gehen. Die knappen Ressourcen einer Kleinstadt mußten geschont werden. Die Bruchsaler Ordnung läßt sich darüber hinaus als Ausdruck der schärferen, repressiven Armenaufsicht und -gesetzgebung in Spätmittelalter und früher Neuzeit verstehen.

Wichtiger als Komfort und Größe war für Abertausende die Tatsache, daß es solche Häuser gab; mehr oder weniger mittellose Pilger hätten ohne Hospiz und Spital nicht zu fernen Zielen wallen können. Auf dem Weg von Pavia nach Rom, einem der belebtesten Pilgerwege des Abendlandes, für den man gut einen Monat rechnete, fanden sich Spitäler ähnlich dicht wie in anderen Landstrichen Klöster. So soll im Raum von Lucca der mittlere Abstand von Spital zu Spital nur fünf bis sechs Kilometer betragen haben.[241]

Viele Spitäler bzw. Spitalgebäude – genannt seien die in Angers, Beaune, Brügge, Lübeck, Nürnberg, Pistoia, Tonnerre – haben die

Stürme der Zeiten überstanden. Das im 12. Jahrhundert von König Alfons VIII. gegründete *Hospital del Rey* in Burgos beeindruckt noch heute durch die Pracht der Anlage. Seine Größe erklärt sich auch damit, daß in Burgos mehrere Pilgerwege nach Santiago zusammenliefen.

Bruderschaften

Zu den großen Hilfen, auf die Pilger vertrauen durften, gehörten Bruderschaften.[242] Seit dem Frühmittelalter hatten sich Menschen zusammengeschlossen, etwa zu gemeinsamem Gebet für Verstorbene (Gebetsbünde), zur Wahrnehmung wirtschaftlicher Interessen (Gilden), zur Sicherheit auf gefährlichen Reisen (von Kaufleuten gegründete Hansen), zur Verfolgung gemeinsamer Interessen an einem Studienort (Universität, Zusammenschluß von Lehrenden und Lernenden), nicht zuletzt zu Bruderschaften. Diese verfolgten vielfältige Ziele, zunächst einmal im Interesse ihrer Mitglieder: gemeinsames Gebet, gemeinsame Mahlzeiten, Sorge für Witwen und Waisen. Bruderschaften, in lateinischen Quellen gelegentlich einfach *caritas* genannt, sorgten auch dafür, daß Spitäler und andere mildtätige Einrichtungen ihren Gründer überlebten. Wallfahrtsbruderschaften kümmerten sich um das Wohl der Pilger in deren Heimatorten, ferner in Orten, durch die Pilger kamen, schließlich am Ziel, an den eigentlichen Wallfahrtsstätten. Vereinfachend lassen sich solche Bruderschaften als Interessengemeinschaften verstehen: Der Pilger wurde materiell und ideell gefördert, mit Geld und Gebet. Dafür erhielten die Mitglieder der Bruderschaft am Heimatort, unterwegs und am Zielort Anteil an den Gnaden, die der von ihnen Geförderte mit seiner Wallfahrt erwarb.

Solche Bruderschaften standen oft unter dem Schutz des Heiligen, zu dem die Pilger strebten; in vielen Städten Europas gab es Jakobusbruderschaften. Diese förderten die Verehrung ›ihres‹ Schutzheiligen auch an Ort und Stelle; sie ließen ihn auf Bildern, Statuen und Fahnen darstellen, widmeten ihm Kapellen und Kirchen oder weihten ihm in einer bestehenden Kirche einen Altar; hier feierte die Bruderschaft ihre Gottesdienste. Die Maßnahmen liefen darauf hinaus, die Verehrung dieses Heiligen zu fördern – und damit vielleicht auch die Wallfahrt zu einer ihm geweihten Stätte; selbstverständlich war das nicht.[243]

Mancherorts sollte nur aufgenommen werden, wer die Wallfahrt schon ausgeführt hatte; später konnte man eine große Wallfahrt durch viele kleine ersetzen, oder durch Bezahlung der Geldsumme, die man für die entsprechende Fahrt hätte aufwenden müssen. So wurden anfangs in Altdorf am Vierwaldstättersee nur solche Pilger in die Jakobusbruderschaft aufgenommen, die das Heilige Land und Santiago besucht hatten, später auch solche, die fünfzig (!) Mal nacheinander an der Prozession nach St. Jakob am Riedweg gegen Flüele teilgenommen hatten; noch später reichten zehn Gulden als ›Eintrittsgeld‹, wieder später 20 Franken.[244]

Abb. 30: Siegel der Bruderschaft Saint-Jacques-aux-Pèlerins.

Im günstigsten Fall umfaßte die Bruderschaft Mitglieder, die über eigene Erfahrungen verfügten, denen Neulinge sich vielleicht anschließen, bei denen sie sich mindestens Rat holen konnten. Wer die Risiken einer weiten Reise erwog, fand Ermutigung bei dem Gedanken an vielfältige Unterstützung. Er konnte davon ausgehen, daß Mitglieder von Jakobusbruderschaften in anderen Städten ihn förderten, in Paris etwa mit Kost und Logis. In den Dienst des unbekannten Pilgers hatten sich auch Bruderschaften gestellt, die Brücken und Hospitäler unterhielten, Wege ausbesserten oder für ein würdiges Begräbnis fremder Verstorbener sorgten.

Bruderschaften wurden noch in der Neuzeit gegründet. Im 16. Jahrhundert rief in Rom Philipp Neri eine solche Einrichtung ins Leben, deren Mitglieder für das leibliche, geistige und seelische Wohl der Fremden sorgten. Bis zu 500 000 Pilgern soll sie in einem einzigen Jahr umsonst Unterkunft geschenkt haben: Im Schlafsaal ein frisch bezogenes Bett (bei starkem Andrang gegen eine Bettkarte, um Mißbrauch vorzubeugen), morgens eine Milchsuppe, abends Fleisch, Salat, Brot und Wein. Mitglieder der Bruderschaft zeigten den Pilgern auch die sieben Hauptkirchen, die Gräber der Apostel und das Schweißtuch der Veronika; abends gaben sie ihnen religiöse Unterweisung.[245] Wie man sieht, hatte diese Bruderschaft die Herausforderung angenommen, die mit dem Aufkommen von Bildungsreisen gegeben war.

Gasthäuser

Entgeltliche Beherbergung bei berufsmäßigen Wirten muß man für die Spätantike und das frühe Mittelalter eher erschließen, als daß man sie den Quellen unmittelbar entnehmen könnte.[246] Wollte ein Wirt von entgeltlicher Gastlichkeit seine Familie ernähren, mußten zahlreiche Menschen unterwegs sein. Südlich der Alpen war diese Bedingung vielerorts um die Jahrtausendwende erfüllt, in Mitteleuropa ein, zwei Jahrhunderte später, in dünnbesiedelten Landstrichen Skandinaviens und Osteuropas erst in der Neuzeit.

Viele hatten es gar nicht nötig, in Gasthäusern abzusteigen, in denen man gegen Entgelt übernachten konnte. Könige kehrten in ihren Pfalzen oder Höfen ein, außerhalb ihres Herrschaftsbereiches bei Standesgenossen; so hielten es auch andere Adlige. Reisende Bischöfe suchten Amtsbrüder, Pfarrer oder Äbte auf; außer in Notfällen war ihnen der Besuch von Gasthäusern und Schanklokalen untersagt. Patrizier und reisende Kaufleute fanden – zumindest in größeren Handelsstädten – Aufnahme bei Geschäftsfreunden gleichen Standes; das war zumindest ehrenvoller, als in einem Gasthof zu nächtigen. Europaweit bekannte Persönlichkeiten wie Petrarca, Erasmus, Dürer hätten bei gewerbsmäßigen Wirten einkehren können; doch oft ließen Freunde es sich nicht nehmen, sie in ihr Haus einzuladen.

Waren Begüterte auf ein Gasthaus angewiesen, blieb es oft ungewiß, ob sie Platz fänden. Die Unwägbarkeiten der Reise machten es nämlich schwierig, einem Wirt rechtzeitig den genauen Ankunftstermin zu nennen. Immerhin konnten große Herren, Prälaten, reiche Kaufleute einen Diener als Boten vorausschicken. Kamen Vornehme und waren alle Betten schon belegt, war der Wirt versucht, Gäste geringeren Standes, an denen er weniger verdiente, auszuquartieren. Mächtige geistlichen oder weltlichen Standes, denen Unsicherheit zuwider war, führten deshalb Zelte mit sich, die den Vergleich mit Herbergen – was Komfort und Sicherheit angeht – nicht zu scheuen brauchten. Die Masse der Fußreisenden konnte sich nicht mit Zelten belasten, sondern nahm mit dem vorlieb, was sich ihnen bot.

Seit dem 13. Jahrhundert bahnte sich ein Wandel an; wenn auch weiterhin Könige ihr hohes Amt reisend ausübten, Kleriker zu Konzilien und Äbte jährlich zum Generalkapitel ihres Ordens strebten, so neigten doch Adlige, Bischöfe und Kaufleute zur Seßhaftigkeit. Die einen hatten mittlerweile Residenzen ausgebildet, von denen aus sie regierten; Kaufleute lenkten, gestützt auf Boten und Briefe, vom heimischen Kontor aus die Geschäfte. Gleichzeitig nahm die Zahl der Reisenden insgesamt zu, auch dank des Aufschwungs des Wallfahrts- und Söldnerwesens.

Das hatte nachteilige Folgen für Herbergswirte, die bis weit in die Neuzeit darunter litten, daß Kaufkräftige – wenn eben möglich – anderswo abstiegen. Wer als Wirt schnell verdienen wollte, versuchte es oft genug mit ›krummen Touren‹. Das schadete dem Ruf des Standes mit der Folge, daß ehrliche Leute Gasthäuser mieden; um so eher fand man hier zwielichtige Gestalten. Damit schloß sich ein Kreis, aus dem es lange kein Entrinnen gab. Und selbst wenn nur Redliche einkehrten: Gewerbsmäßige Wirte hatten vorzugsweise mit Gästen zu tun, die jeden Pfennig dreimal umdrehten und keine Ansprüche stellen durften. Daß man auch hier unterscheiden muß, zeigen die *Canterbury Tales:* Eine Gruppe von Pilgern versammelt sich bei einem Wirt, und als Gruppe wollen sie auf ihrem Weg zum hl. Thomas Becket auch bei anderen Wirten einkehren.

In West-, Mittel- und Südeuropa konnte man seit dem Spätmittelalter im Abstand von einer Tagereise oder weniger mit einem Gasthaus rechnen, vorwiegend in Städten, aber auch in ländlichen Siedlungen, an Flußübergängen, unterhalb von Pässen, nicht zuletzt am Fuß von Gebirgen: Vor dem mühsamen Aufstieg wollte man sich nochmals stärken, vielleicht auch (Sänften-)Träger anheuern oder Vorspannpferde ausleihen – etwa in Geislingen an der Steige, das auf dem Weg von Speyer über Ulm nach Venedig liegt.

Gewerbsmäßige Wirte sollten, so verlangte es die Obrigkeit, eine bestimmte Zahl von Gästen (oft zehn) beherbergen können; ferner sollten Wasser, Futter und Stallplätze für Reittiere bereitgehalten werden. Wie knappe Kapazitäten zuweilen genutzt wurden, zeigen Aufzeichnungen aus Arezzo. Hier stellte ein Wirt im Jahre 1385 seinen Gästen vier Betten und eine Matratze zur Verfügung. In 19 Tagen zählte man insgesamt 180 Personen; der Durchschnitt von neun bis zehn verschleiert Extreme: an manchen Tagen nächtigten vier, an anderen 15 Personen.[247]

Zwar verfügten manche Gasthäuser über Räume unterschiedlichen Standards; doch oft mußte man die zugeteilte Kammer, wenn nicht das Bett mit wildfremden Menschen teilen; ein Vorhang bot vielleicht Sichtschutz gegenüber Zimmergenossen in anderen Betten. Begleitende Diener und Mägde suchten sich einen Platz beim Gesinde, im Heu oder unter einer Stiege.[248]

Bei Kälte war man froh, wenn man einen Bettgenossen hatte; man wärmte sich dann gemäß der biblischen Maxime (Kohelet 4, 11) »Wenn man zu zweit schläft, kommt die Wärme; aber allein, wie soll einem da warm werden?« Auch Herrscher hatten nicht immer ein Einzelbett. Werke der bildenden Künste schildern oft recht genau die Wirklichkeit; so zeigt ein Kapitell in Autun, wie die hl. Drei Könige, Prototypen mittelalterlicher Pilger, einträchtig in einem Bett und unter einer Decke schlafen. Es ist nur wahrscheinlich, daß einfache Pilger sich auch zu vier und mehr Personen ein Bett geteilt haben.

Lieblicher Schlummer in einem ruhigen Haus? Flöhe und anderes Ungeziefer waren zu gewöhnlich, als daß die Quellen sie überhaupt erwähnen (eine Ausnahme haben wir kennengelernt). Vielzitierte Worte Ulrichs von Hutten beziehen sich auf eine Burg zu Beginn der Neuzeit; doch dürfte es in mancher Herberge ähnlich zugegangen sein, und zwar nicht nur auf dem Land. »Man hört das Blöken der Schafe, das Brüllen der Rinder, das Bellen der Hunde, das Rufen der auf dem Feld Arbeitenden, das Knarren und Rattern der Fuhrwerke und Karren; ja sogar das Heulen der Wölfe hört man in unserem Haus, weil es nahe am Wald liegt«.[249]

Was Hygiene im weitesten Sinne angeht, setzten sich heute weitverbreitete Standards – wie im Zusammenhang mit dem Jerusalemer Spital ausgeführt – erst in den letzten hundert Jahren durch. Immerhin erhob an der Wende zur Neuzeit Erasmus von Rotterdam, der in Europa weit herumgekommen war, hohe Ansprüche: In Herbergen dürfe kein Gast dieselbe Wäsche bekommen, in der schon ein anderer geschlafen habe. Deutsche Gasthäuser waren ihm besonders zuwider: »Die Bettücher sind vielleicht vor einem halben Jahr zum letzten Mal gewaschen worden«.[250] Bezeichnend für ein in der frühen Neuzeit langsam zunehmendes Hygienebewußtsein ist auch die Sorge eines Gastgebers, Simplicissimus könne ihm Läuse einschleppen.[251]

Sanitäre Anlagen? Im Interesse vorbeugender Seuchenbekämpfung verlangte die Obrigkeit zuweilen ein Minimum an Sauberkeit. Wie weit die Normen eingehalten wurden, sei dahingestellt. Zu jedem Bett ein Nachtgeschirr? Bei jedem Gasthaus ein eigenes ›heimliches Gemach‹? Wo es das gab, war es bis zum Brunnen oft nicht weit, der Kreislauf der Krankheitskeime also geschlossen; das hatte nicht nur Nachteile, wenn die Widerstandskraft gegen Infektionen gestärkt wurde.

Essen und Trinken

Als Herzog Heinrich der Löwe 1172 mit großem Gefolge auf dem Landweg nach Jerusalem zog, führte er auf Wagen Vorräte mit: Mehl, Wein, Fleisch, Fisch.[252] In Zeiten regionaler Hungersnot haben auch ›einfache‹ Pilger Vorräte an Lebensmitteln mitgenommen. Wenn es ging, deponierte man einen Teil davon bei vertrauenswürdigen Leuten, um auch auf dem Rückweg zu essen zu haben.

Es war nicht selbstverständlich, daß die Herberge Verpflegung bot. In manchen Ländern durfte man mit Bett und Tisch rechnen; wer essen wollte, mußte Lebensmittel mitbringen oder im Ort kaufen. ›Pilgerführer‹ und *Veneranda dies* gehen davon aus, daß Herbergen in Südwestfrankreich und Nordspanien auch Speisen anboten. Folgt man dem ›Pilgerführer‹, so wußte ein anspruchsvoller Wallfahrer im 12. Jahrhundert gutes Brot und guten, reichlich eingeschenkten Wein zu schätzen. Darüber hinaus lobt er in manchen Gegenden Fleisch und Fisch, Obst, Milch und Honig sowie andere, nicht weiter spezifizierte Delikatessen.

Wer sich das alles leisten konnte und es im Laufe der Wochen wenigstens gelegentlich auf dem Tisch sah, lebte gesund, auch nach Erkenntnissen moderner Ernährungsphysiologen; der Grundbedarf war gedeckt mit Kohlehydraten, Eiweiß, Fett, Vitaminen und Spurenelementen. Gelegentlich lobt der ›Pilgerführer‹ ausdrücklich das gute Wasser, das man also nicht überall bekam. Ein Grund mehr, den Durst mit Wein oder Apfelmost zu löschen, die ebenfalls erwähnt werden. Wer sich daran hielt, blieb vor mancher Krankheit bewahrt; denn auch ohne das Wissen um Infektionsketten machte man vieles aus Erfahrung richtig: Man schätzte Getränke, in denen Alkohol oder Gerbsäure Krankheitserreger abgetötet hatte.

Besteck? Löffel und Messer hatte man bei sich. Denn es war nicht selbstverständlich, daß der Wirt beides auf den Tisch legte; vielleicht hing an einer Kette ein Messer, für fünf oder sechs Gäste. Nach Auskunft des ›Pilgerführers‹ aß in der Gascogne die ganze Familie aus einer allen gemeinsamen flachen Schale, benutzten in Navarra Herr und Knecht, Herrin und Magd bei Tisch nur eine Schüssel und nur einen Becher.[253] Was hier bei privaten Gastgebern beobachtet wird, könnte auch bei gewerbsmäßigen Wirten der Gegend – sofern es sie schon gab – üblich gewesen sein. Immerhin verraten solche Beobachtungen und die dünkelhafte Art, mit der sie festgehalten werden, daß der Autor bei Tisch individuelles Geschirr erwartete.

Weitere Einzelheiten verdanken wir Erasmus.[254] Seine wenig schmeichelhaften Äußerungen dürfen als Satire verstanden werden, wie andere Schriften in dem Sammelwerk, aus dem schon zitiert wurde. Im Sarkasmus eines empfindsamen Menschen werden Maßstäbe deutlich, die gute Wirte für sich und ihr Personal vielleicht beherzigt haben.

Verschwitzt und ungewaschen drängen sich in der überheizten, ungelüfteten Stube achtzig bis neunzig Personen: Fußgänger, Reiter, Kaufleute, Schiffer, Fuhrknechte, Bauern, Kinder, Frauen, Gesunde und Kranke. Am Ofen trocknet triefnasse Kleidung. »Der eine kämmt sich, der andere wischt sich den Schweiß ab, der dritte putzt seine Schuhe oder Stiefel, und wieder einer rülpst nach Knoblauch.« Von Furzen und eklen Ausdünstungen wolle er nicht reden; aber wie viele gebe es, »die an geheimen Krankheiten leiden, und jede Krankheit ist irgendwie ansteckend«; die Spanische bzw. Französische Seuche (Syphilis) sei unter allen Nationen verbreitet. Zwar könne man sich die Hände waschen; aber danach müsse man anderes Wasser verlangen, um die Dreckbrühe wieder abzuspülen.

Schließlich werde aufgetragen, zunächst dünner und saurer Wein, dann Brei und immer wieder Brei, dazwischen Suppen; erst wenn die Gäste sich den Magen vollgeschlagen hätten, würden Braten oder Forellen vorgesetzt, »die keineswegs zu verachten sind. Aber damit verfahren sie sparsam und tragen schnell wieder ab.« Zum Schluß ein etwas besserer Wein. Das Ganze überlagert von Stimmengewirr, Lärm und Zoten der Gaukler.

Sei der faule und von Würmern wimmelnde Käse abgetragen, werde kassiert. In unappetitlicher Kleidung erscheine ein mürrischer Wirt, der die Gesamtsumme durch die Zahl der Tischgäste teile; ob man viel oder wenig verzehrt und getrunken habe, spiele keine Rolle – jeder bezahle den gleichen Betrag. Wegen dieser Art des Kassierens dürfe sich niemand vorzeitig zur Ruhe begeben. Wer klage, werde barsch abgefertigt: »Wenn's Euch nicht paßt, sucht Euch was anderes.«

Andere Länder, andere Sitten

Seit dem Spätmittelalter bekam man praktische Ratschläge zur Kunst des Reisens zu kaufen. Darin wurde dem Leser eingeschärft, er solle sich gelassen damit abfinden, daß in anderen Ländern andere Sitten herrschen.[255] Von einem unerwarteten Mangel hat schon mancher auf Schikane der Gastleute, wenn nicht auf einen bösartigen Nationalcharakter geschlossen. Derartige Folgerungen flossen sogar Menschen mit weitem Horizont rasch in die Feder.

Besondere, in Gasthäusern lauernde Gefahren sollen im nächsten Abschnitt erörtert werden. Insgesamt hatten Gasthäuser auch in nachmittelalterlicher Zeit keinen guten Ruf. In alt- und neugläubigen Gebieten galten sie lange noch als Stätten des Saufens, Fluchens und schlimmerer Laster.

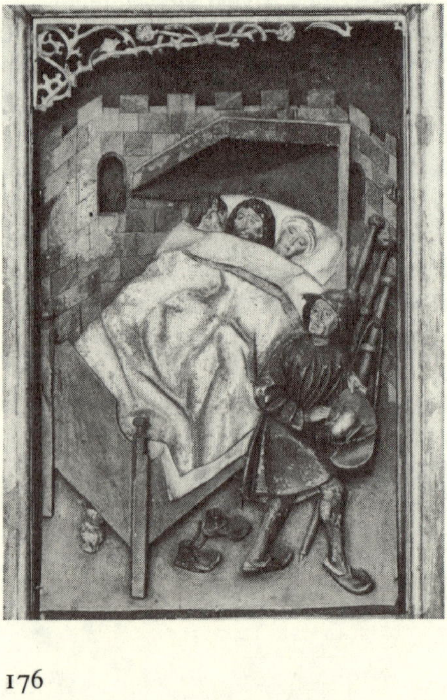

Abb. 31: Pilgerfamilie im Bett eines Gasthofs, eine Darstellung aus der Jakobslegende: im Vordergrund der betrügerische Wirt mit dem gestohlenen Becher (Relief von einem Flügelaltar aus Tiffen/Kärnten, frühes 16. Jh., Klagenfurt, Landesmuseum).

8. BIS ZULETZT: GEFAHREN FÜR HAB UND GUT, LEIB UND SEELE

Aus dem Alltag von Pilgern halten unsere Quellen eine Vielzahl von Untaten und Verbrechen fest.[256] Das hängt zu einem Teil mit der Tendenz solcher Berichte zusammen: Der eine wollte abschrecken, vielleicht gar ein Wallfahrtsverbot vorbereiten oder begründen; der andere sollte erbaulich wirken und zeigen, wie sich Pilger bewährt hatten; und für jede Chronik gilt: Das Außergewöhnliche, das Erschreckende ist allemal interessanter als das unauffällig Alltägliche. Zu einem nicht unerheblichen Teil dürften die Horrorgeschichten allerdings auch Wirklichkeit spiegeln. Denn das schlimmste Unheil ging nicht von Elementargewalten aus. Daher liegt es nahe, den von Menschen drohenden Gefahren einen eigenen Abschnitt zu widmen.

Erinnert sei an nichtsnutzige Fährleute und bösartige Zöllner. Geklagt wird über Diebe und Räuber, über Anschläge auf Freiheit und Leben der Pilger. Gastwirte werden besonders häufig an den Pranger gestellt. Fast sieht es so aus, als hätten sich all die zum Schweigen verschworen, die gute Erfahrungen gemacht hatten. Denn daß es zuverlässige Herbergswirte gab, zeigen Novellensammlungen, die viele Seiten des Alltags spiegeln. In den Gasthäusern, die Boccaccio in seinem *Dekameron* vorstellt, hätte man wohl absteigen können. Der sympathische Wirt im Prolog zu Chaucers *Canterbury Tales* wurde schon erwähnt. Diese Vorbemerkung ist geboten angesichts zahlreicher Warnungen; man darf sie sicher nur zum Teil darauf zurückführen, daß die Chronisten gedankenlos Klischees aufsaßen oder gar bösartige Vorurteile gegen Wirte nährten. Probleme und Versuchungen haben sich wohl in manchen Gasthäusern gehäuft.

Die schon mehrfach zitierte Predigt entwirft von Wirten am Rande der Pilgerstraßen und in Santiago selbst ein Schreckensgemälde;[257] wahrscheinlich war dem Autor nicht bewußt, daß er zwar Fragen der Rechts-, Wirtschafts- und Verkehrsgeschichte veranschaulichte, doch seinem Ziel schadete, für die Fahrt zum hl. Jakobus zu werben.

Nach anstrengendem Marsch ersehne der Pilger einen Ort des Friedens. Dem Wirt begegne er mit einem Vertrauensvorschuß und möchte sich in dessen Haus erquickendem Schlaf hingeben. Dem Arglosen drohten nun jedoch Betrug und Diebstahl, Unterschlagung und Verleumdung, ja sogar Mord. Manche Wirte, so die Predigt, gehen den Pilgern bis zum Rand der Stadt entgegen »und küssen sie, als ob sie ihre von weit angereisten Verwandten wären«. Sie führen die Gutgläubigen in ihre Häuser, versprechen alles Gute und handeln schlecht. Ein anderer schickt einen Gefolgsmann aus, der die Pilger weit vor der Stadt abfängt. Er hüte das kranke Maultier seines in der Stadt wohnenden Herrn; dem möchten die Pilger doch bitte ausrichten, das Tier sei wohlauf. Und dann folgt der Pferdefuß: Wenn sie sich bei seinem Herrn einquartierten, werde der ihnen als Boten der willkommenen Nachricht alles Gute gewähren. Fielen die Pilger auf den Trick eines solchen Schleppers herein, erlebten sie böse Überraschungen.

Betrügereien mit Getränken waren offensichtlich weit verbreitet: Gewisse Wirte lassen den besten Wein kosten und verkaufen dann schlechten; andere geben verdorbenen oder Apfelwein als guten Wein aus. Ein weiterer Trick: Man unterteilt ein Faß und läßt es mit unterschiedlichen Weinen füllen; den Pilgern reicht man zunächst den besseren zur Probe und nach dem Essen den schlechteren aus dem anderen Teil des Fasses. Oder der Pilger sieht sich zu einem ›Gratisessen‹ eingeladen, während dessen ihm Kerzen zu überhöhten Preisen aufgeschwatzt werden; der Wirt kassiert dann mehr als den Wert der Mahlzeit. Immerhin hatte man damit ›nur‹ Geld eingebüßt. Schlimm konnte es bei verdorbenen Speisen werden, erst recht, wenn es sich um tierisches Eiweiß handelte: »Weitere verkaufen zwei oder drei Tage alten Fisch oder gegartes Fleisch, an denen die Pilger erkranken.«

Man weiß nicht, ob man die profunden Kenntnisse des Autors oder sein Interesse an Praktiken der Halbwelt mehr bewundern soll; es wäre zu kurz gegriffen, wollte man die Beschuldigungen abtun als Wiederholung dessen, was seit biblischen Zeiten und auch aus anderen Pilgerorten (nicht zuletzt aus Rom) kolportiert worden ist. Weitere Wirte, so lesen wir, »zeigen ein großes Maß und messen, wenn möglich, mit dem kleinen. Einer hat betrügerische Wein- und Hafermaße: außen riesig, innen jedoch klein und schmal und unzureichend ausgehöhlt«. Solche Gaunereien gab und gibt es, wenn viele Menschen zusammenströmen, nicht zuletzt an Orten, an denen der Fromme am wenigsten damit rechnet. Vielleicht ist das der Grund, weshalb immer wieder so eindringlich gewarnt wird. »Andere versprechen den Pilgern beste Betten und geben schlechte. Manche lassen beim Eintreffen neuer Gäste die alten bezahlen und vertreiben sie dann.«

Auch zum Geldwechsel, den manche Wirte wohl betreiben durften, erfahren wir Einzelheiten. Der eine gebe in ortsüblicher Münze nur die Hälfte des wirklichen Wertes; ein anderer stifte einen berufsmäßigen Wechsler dazu an, für die Silbermark im Wert von dreißig Schilling gerade zwanzig zu geben; in den Gewinn teilten sich dann Wirt und Wechsler. Vom Betrug über den Diebstahl war es manchmal wohl nur ein Schritt zum Mordanschlag: Ein übler Wirt mache seine Gäste trunken mit bestem Wein, um »während ihres Schlafes von ihnen Geldbeutel, Tasche oder etwas anderes zu stehlen«. Ein anderer reiche seinen Gästen einen todbringenden Trank, um sich ihrer Habe zu bemächtigen.

Zu der Zeit, da die Predigt *Veneranda dies* geschrieben wurde, konnten Wirte mit der Habe bei ihnen verstorbener Pilger offensichtlich noch nach Gutdünken verfahren. Die Predigt zeigt, daß sich zu dieser Zeit das Rechtsempfinden wandelte. Wirte, die das Geld von Gästen, die in ihrem Haus verstorben sind, für sich behalten, werden als schlecht bezeichnet; denn sie seien verpflichtet, es Klerikern und Armen als Almosen zu übergeben.

Wirtsleuten wird weiter vorgeworfen, ihr Personal zu schändlichem Tun im Schutze der Dunkelheit anzustiften: Hier gieße eine Dienerin auf Geheiß ihrer Herrin das Wasser im Hause fort; würden die Pilger nachts vom Durst geplagt, müßten sie den Wein des Wirtes kaufen. Dort stehle die Dienerin auf Betreiben ihres Herrn den Reittieren der Gäste Hafer oder Gerste aus der Futterkrippe. Wieder andere hätten es auf die Tugend der Pilger abgesehen. Nach verbreiteter Meinung gefährdete Geschlechtsverkehr den geistlichen Gewinn einer Wallfahrt. Und da gebe es Wirtsmägde, »die sich aus Hurerei und Geldgier auf teuflisches Geheiß nachts den Pilgerbetten« nähern!

Üble Machenschaften konnten Unschuldige schnell an den Galgen bringen: Der Pilger müsse sich vor Wirten hüten, die »ihren Ring oder ihr silbernes Siegel« nachts in Taschen oder Beutel ihrer schlafenden Gäste stecken. Seien die Nichtsahnenden morgens aufgebrochen, setze der Wirt ihnen nach. Es bleibt offen, wie man sich vor solchen Halsabschneidern schützen soll; vielleicht dadurch, daß man Tag um Tag vor dem Aufbruch sein Gepäck genau durchsieht? – Jacobus de Voragine hat sich gerade dieses Stoffes angenommen und ihm zu weiter Verbreitung verholfen. In der *Legenda aurea* spitzt er die Erzählung zu, lokalisiert und datiert sie: In Toulouse, wo sich unterschiedliche Pilgerwege kreuzten, beschuldigt ein Wirt im Jahre 1020 zwei Deutsche des Diebstahls. Im Vertrauen auf ihre Unschuld lassen die Angeklagten ihr Gepäck durchsuchen. Gefunden wird der silberne Becher des Wirtes. In edlem Wettstreit eifern Vater und Sohn um den Platz am Galgen. Schließlich läßt der Richter den Sohn hängen, die Habe beider spricht er dem Wirt zu. Traurig zieht der Vater weiter. Als er nach vielen Tagen zurückkommt, hängt der Sohn immer noch am Strick, doch er lebt! Der Heilige Jakobus habe ihn all die Zeit erquickt. Das Wunder wird bekannt, der Sohn abgenommen und an seiner Stelle der gewissenlose Wirt gehängt.[258]

Im Interesse der Glaubwürdigkeit des Außergewöhnlichen – der Sohn lebt noch nach 36 Tagen – muß der ›Rahmen‹ des Wunders soziale und rechtliche Gegebenheiten wirklichkeitsnah schildern. Nicht ungewöhnlich war zweierlei: Verdächtigen drohte ›kurzer Prozeß‹; lag ein Beweis vor, wie hier der Becher, stand das Urteil fest. Daß das Opfer hängen blieb, bis die Knochen zur Erde fielen, war nicht ungewöhnlich; Galgen und Leichnam sollten abschrecken. Der Autor der Legende wollte für die Wallfahrt nach Santiago werben; und das heißt: Jeder sollte wissen, daß der hl. Jakobus denen hilft, die ihn mit ihrer Pilgerfahrt ehren.

Die von Malern und Bildschnitzern häufig dargestellte Geschichte wurde mit zahlreichen Varianten angereichert; nach einer wollte sich die Tochter des Wirtes dafür rächen, daß der junge Mann ihre Liebe verschmäht hatte. Die Legende will auch belehren, mahnen: Ein Richter soll sich nicht auf den noch so plausiblen Augenschein verlassen, sondern dem Angeklagten eine faire Verteidigungsmöglichkeit geben; ein Mädchen soll einen jungen Mann nicht an den Galgen bringen wegen unerwiderter Zuneigung.

Schutz und Ansehen, derer sich Wallfahrer erfreuten, verlockten zum Mißbrauch; Krieger und Verbrecher haben sich wiederholt als Pilger verkleidet.[259] Daß sie damit Mißtrauen vor allem gegenüber jenen Wallfahrern nährten, die allein unterwegs waren, bekam Simplicissimus in einer Herberge zu spüren: »der eine sagte ich wäre ein Spion oder Kundschafter, der ander sagte ich sei ein Wiedertäufer, der dritte hielt mich für einen Narren, der vierte schätzte mich für einen heiligen Propheten, die allermeisten aber glaubten ich wäre der ewige Jud«. Nur mit Mühe konnte der Wirt seine Gäste daran hindern, durch Augenschein zu überprüfen, ob Simplicissimus beschnitten sei.

In Mißkredit mochte mancher auch dadurch geraten, daß scheinbar arme Wallfahrer große Mengen Geld mit sich führten, versteckt in den Schuhen oder in den Saum des Mantels genäht; im Beutel hatte man dann nur ein paar Münzen für den laufenden Bedarf.[260] Nicht von ungefähr sind Pilger gelegentlich bis auf die Haut ›gefilzt‹ worden.

Unheil im Wald und sogar auf den Wegen der Heiligen

Als ausnehmend gefährlich galt der Wald; Dichter und Theologen sahen in ihm den Ort des Bösen, der Sünde, wo daher Räuber und Mörder, ja sogar Menschenfresser ihr Unwesen trieben.[261] Erinnert sei an die Santiagopilgerin aus Siegburg, die in einem Wald nur knapp der Vergewaltigung entging.

Dem ›Pilgerführer‹ sind Navarrer und Basken unheimlich, sicher auch deshalb, weil sie im waldreichen, unübersichtlichen Gebirge hausen. »Will einer von ihnen einen Raubzug unternehmen, versteckt er sich an geeigneter Stelle. Ohne sich zu verraten, kann er seine Spießgesellen dann dadurch alarmieren, daß er den Ruf des

Uhu oder das Heulen des Wolfes nachahmt«. Mit ähnlichen Worten – »wie ein raben geschrey« – schildert Jahrhunderte später der schon erwähnte Basler Medizinstudent Platter Erfahrungen in Katalonien; den ›Pilgerführer‹ wird er kaum gekannt haben.[262]

Abb. 32: Pilger treffen sich im Wald (Stich um 1500). Nach Ausweis von Mirakeln waren unter den Wallfahrern viele Kinder. Einer der Pilgerstäbe ist mit einer Metallspitze bewehrt, konnte also als Waffe verstanden werden.

»Auf den Wegen der Heiligen: Lug und Trug im Übermaß«, seufzt der Autor von *Veneranda dies;* er sieht sich gezwungen, Betrug sogar in der Seelsorge anzuprangern. »Was soll ich von den falschen Beichtvätern sagen?« Gewisse, von Dämonen beherrschte Heuchler treffe man »als Kleriker oder Laien, jedoch im Priestergewand, äußerlich sanft wie Schafe, innerlich aber wild wie Wölfe«. Auf den Wegen nach Vézelay, Santiago, St. Gilles schleichen sie sich in das Vertrauen der Pilger ein; nach erbaulichen Vorträgen nehmen sie jeden einzeln ins Gebet und forschen ihn nach seinen Sünden aus. Darauf erlegen sie ihm hohe Bußen auf, die man gar nicht leisten könne: Da soll einer mit dreißig seiner besten Münzen dreißig Messen feiern lassen, »allerdings von Priestern, die nie etwas mit Frauen hatten, weder Fleisch gegessen, noch je etwas zu eigen besessen haben«. Da das Verlangte weit über die kirchlichen Gebote hinausgeht, kennt der Angesprochene keinen solchen Priester. Trotzdem gibt er dem ›Seelenführer‹ dreißig Münzen, und der verspricht, einen würdigen Priester zu finden; doch kümmert er sich nicht weiter um das Heil des Sünders, sondern verjubelt dessen Gabe. Solchen Leuten sei die Hölle sicher; man müsse sie meiden wie »hungrige Wölfe«.[263]

Was solle er von denen erzählen, entrüstet der Autor der Predigt sich weiter, die mit Leidensmiene am Rand der Wege zu den großen Wallfahrtsorten sitzen und den Pilgern ein Gebrechen vortäuschen? Beine oder Arme haben sie mit dem Blut eines Hasen bestrichen, um dem Vorbeigehenden ein Almosen zu entlocken. Andere stellen sich krank, taub oder stumm; Lippen oder Wangen sind schwarz gefärbt, Gesicht und Hände mit Beeren aus den Wäldern bemalt. Manchen fehlt wirklich ein Bein; aber eingebüßt haben sie es bei einem Raubüberfall; jetzt färben sie den Stumpf mit dem Blut eines Tieres, als hätten sie dieses Glied infolge einer Krankheit verloren. Andere zeigen sich, obwohl sie aufrecht gehen könnten, den Pilgern mit Kissen in den Händen und zur Erde gebeugt, vorzugsweise an einsamen Orten. In ihrem Stolz schlagen sie Brot oder eine andere bescheidene Gabe aus; nur Geld, Stoffe oder Wachs wollen sie annehmen – ein Hinweis darauf, was Pilger mit sich führten.[264] Hier zeigt der Prediger Anteilnahme; er rät, solche Menschen nicht zu verachten. Wer ihnen um der Liebe zu Gott und seinem Heiligen ein Almosen gebe, werde sicher belohnt werden.

Und weiter: Frauen handeln mit Kerzen, die am Altar nicht recht brennen, weil sie zu wenig Wachs enthalten. Machenschaften von Wechslern und räuberische Erpressung durch Zöllner wurden schon erwähnt. Zu Zeiten des größten Andrangs verlangen Händler überhöhte Preise für Brot, Wein, Obst, Käse, Fleisch und Geflügel, ferner für Riemen, Gürtel, Handschuhe und was Wallfahrer sonst brauchen. Verkauft werden Gewürze, auch wenn sie schon verdorben sind. Als Warenfälscher sehen sich Händler und Ärzte angeprangert: Die einen vermischen Pfeffer mit schwarzem Sand, Weihrauch mit Tannenharz, Farben mit billigen Zutaten, die anderen versetzen Medikamente mit minderwertigen Streckmitteln. Und die Tuchhändler: Der eine feuchte Stoffe an, damit sie mehr wiegen; der andere messe beim Kauf mit großer, beim Verkauf mit kleiner Elle. Man kannte in Gaunerkreisen wohl schon die berufliche Fortbildung. Jedenfalls behauptet die Predigt, daß manche ihre Jungen an die großen Pilgerorte schicken; in St. Gilles, Tours, Rom, Bari könne man sich in jeglichem Betrug ausbilden lassen.

Die Predigt nennt zwar Heilmittel, doch Resignation ist unüberhörbar. Die eher Harmlosen, die mit vorgespielten Gebrechen zu einem Almosen kommen wollen, möchte der Autor »durch das Mittel des göttlichen Wortes« von ihrer verwerflichen Gier abbringen. Den Wirten redet er ins Gewissen, von ihrer Habsucht zu lassen; spätestens beim Jüngsten Gericht würden ihre Betrügereien offenbar. Dann ruft die Predigt die Heiligen um Hilfe an: Aegidius, Martin, Petrus, Nikolaus werden den vor Gott anklagen, der Pilger unterwegs betrogen, bestohlen, beraubt habe; die Hölle sei ihm sicher. Wer sich dagegen auf dem Markt, beim Handel, beim Geldwechsel, bei der Beherbergung rechtschaffen verhalte, werde von Gott belohnt werden.

Verlust der Freiheit, der Unversehrtheit und gar des Lebens

»Hat jemand einen Pilger oder einen Fremden geraubt, verkauft, versklavt?« Mancherorts geübte Praxis scheint in einer Frage auf, die Burchard von Worms um das Jahr 1010 den Bischof stellen läßt, der die ihm anvertrauten Christen zu einer Gerichtsversammlung zusammengerufen hat.[265] Jahrhundertelang wurden Menschen der Freiheit beraubt; Mächtige wollten Lösegeld erpressen, Sklavenhändler unfreie Arbeitskräfte gewinnen. Wenn der Sachsenspiegel dieses Verbrechen dem Totschlag gleichsetzt,[266] zeigt er, daß es noch in der ersten Hälfte des 13. Jahrhunderts verübt wurde.

Gefangene hatten meist ein schweres Los: Unzulänglich ernährt, mußten sie Licht, frische Luft und regelmäßige Bewegung entbehren, sich Tag und Nacht der Ratten und anderen Ungeziefers erwehren, und das alles mit dem Gedanken, möglicherweise nicht mehr lebend aus dem Verlies herauszukommen. Auch solcher Unglücklicher gedenkt der ›Pilgerführer‹ um 1140, wenn er einen im Limousin verehrten Heiligen preist: Dank der Fürbitte des hl. Leonhard seien Tausende aus Kerkern befreit worden. »Mit größter Verblüffung« betrachte man die Balken im Innern und außen an der Basilika des Heiligen, »an denen wie an den Masten eines Schiffes die barbarischen Eisen in großer Zahl befestigt sind«: Hand- und Fußschellen, Halseisen, Ketten, Blöcke und anderes Werkzeug; »von denen hat der mächtige Bekenner Christi die Gefangenen dank seiner einflußreichen Fürbitte befreit«.[267]

Hierzu vier Ergänzungen: Pilger sind oft von christlichen oder muslimischen Piraten geraubt worden, auf dem Seeweg ins Heilige Land oder wenn sie in den Mittelmeerländern in Küstennähe ihres Weges zogen. Außerordentliche Hilfe erfuhren in muslimische Länder verschleppte Christen, die in Gefahr waren, ihren Glauben zu verleugnen. Konnte man sie nicht loskaufen, begaben sich Freie stellvertretend für sie in die Sklaverei. Der Orden der Mercedarier (*Ordo Beatae Mariae Virginis de mercede redemptionis captivorum*, gegründet 1223/1318) hatte zusätzlich zu den drei klassischen Mönchsgelübden ein viertes: »Ich will auch in der Gewalt der Sarazenen als Pfand bleiben, wenn dieses zur Erlösung der Gläubigen notwendig sein sollte«. Mercedarier und Trinitarier (ein 1198 gegründeter Orden mit ähnlichen Zielen) haben nach der Überlieferung, die ein Kenner für glaubwürdig hält, 900 000 bzw. 70 000 Gefangene aus der Haft befreit.[268] Vor diesem Hintergrund wird verständlich, was der ›Pilgerführer‹ im Anschluß an den Bericht von den Großtaten des hl. Leonhard schreibt: Bewundernswert an ihm sei nicht zuletzt, daß er in menschlicher Gestalt auch in Sklavenhäusern jenseits des Meeres Gefesselten erscheine, wie die bezeugten, die er dank der Macht Gottes befreit habe. Wer in der Sklaverei schmachtete, wird einen Stellvertreter begrüßt haben, als sei es der hl. Leonhard persönlich.

Nach Noblat im Limousin sollen gelegentlich auch Muslime gepilgert sein, um dem hl. Leonhard für Befreiung aus Gefangenschaft zu danken. Solche Berichte sind keineswegs unglaubwürdig: Wer erlebt hatte, daß ein Leidensgenosse entgegen aller Wahrscheinlichkeit nach Anrufung dieses Heiligen die Freiheit wiedergewonnen hatte, wird, wenn kein anderes Mittel mehr Rettung verhieß, dem hl. Leonhard eine Dankeswallfahrt zu seinem Grab gelobt haben; im Falle der Befreiung war es selbstverständliche Ehrenpflicht, das Gelübde einzulösen.

Bis in die 1980er Jahren sah man in der Kirche von Noblat Votivtafeln, aus denen hervorging, daß der hl. Leonhard noch im Zweiten Weltkrieg in denselben Anliegen angerufen wurde wie vor achthundert Jahren: *Délivrez Papa, 17 oct. 1941, M. T. A. L.* – Befreie Papa! Im Gespräch mit Gott und den Heiligen bediente man sich im Französischen seinerzeit noch der Höflichkeitsform; M, T, A und L könnten die Initialen der Kinder sein. Auf anderen Tafeln baten Eltern, Ehefrauen, Bräute den hl. Leonard, ihren Sohn, Mann, Verlobten aus deutscher Kriegsgefangenschaft zu befreien.[269]

Eine vierte Ergänzung mag zeigen, wie lebendig ›mittelalterlich‹ anmutende Traditionen noch in unseren Tagen sind; fast jeder Leser könnte wohl ähnliche Erfahrungen aus seinem Umkreis einbringen. 1983 erzählte eine alte Bäuerin aus der Gegend von Rocamadour, jenes altehrwürdigen Wallfahrtsortes im Südwesten Frankreichs, dem Autor eine Begebenheit aus dem Zweiten Weltkrieg. Eine Nachbarin habe eine Wallfahrt für den Fall gelobt, daß ihr Mann heil aus deutscher Kriegsgefangenschaft heimkehre. Der Mann kam gesund zurück, und die Frau pilgerte nach Rocamadour. »Doch nicht den weiten üblichen Weg über Berg und Tal, sondern bequem den Eisenbahnschienen entlang.« Mienenspiel und Stimme drückten Mißbilligung aus – mit dem lieben Gott mogelt man nicht.

Mit zeitweiligem Freiheitsentzug mußte rechnen, wer aus einer Gegend kam, in der eine Seuche grassierte. Glück hatte man, wenn man am Stadttor nur abgewiesen wurde. Denn 1348, dem Jahr der Großen Pest, wurde Verdächtigen in Mailand und Avignon vorübergehend ein Zwangsaufenthalt angewiesen; seit 1377 sonderte man in Ragusa jeden Pestverdächtigen einen Monat lang von der übrigen Bevölkerung ab; im selben Jahr führte man in Venedig die vierzigtägige Isolierung Verdächtiger ein. Diese ›Quarantäne‹ machte Schule.[270] In der Neuzeit flammte die Pest, oder was man dafür hielt, einmal hier auf, dann da; und Fremde galten als potentielle Überträger von Seuchen. Wer in Frankreich aus einem heimgesuchten Gebiet kam, mußte sich durch einen »weißen stecklin« zu erkennen geben.[271] Goethes Vater wurde bei der Einreise in venezianisches Gebiet vier Wochen lang festgehalten; davon hatte er acht Tage der Willkür des Beamten zu verdanken, der in dieser Zeit gut an ihm verdiente.[272]

Abb. 33: Der Jerusalempilger Arnold von Harff, 1498 in Gaza in Gefangenschaft geraten (aus: The Pilgrimage of Arnold von Harff, London 1946). Wer so festgesetzt war, konnte sich kaum rühren, auch nicht, um sich lästiger Insekten oder aggressiver Ratten zu erwehren.

Obwohl man noch nicht wußte, wie Infektionskrankheiten übertragen werden, ergriffen die Behörden – auch aus heutiger Sicht – richtige Maßnahmen, was unerfreuliche Willkür einschließen konnte: Abgesehen von wenigen Krankheiten, zu denen die Lepra gehört, kommen Infektionen innerhalb von vierzig Tagen zum Ausbruch. Es war daher geboten, die Gesunden dadurch vor Ansteckung und Tod zu bewahren, daß man Verdächtige vorübergehend von der übrigen Bevölkerung absonderte.

Der Legende nach wurde der Ire Coloman auf dem Weg ins Heilige Land im Jahre 1012 bei Wien trotz (oder wegen?) seiner fremdartigen Pilgertracht als Spion verdächtigt, verurteilt und kurzerhand am nächsten Baum aufgeknüpft.[273] Fielen Pilgerschiffe Sarazenen in die Hände, wurden oft die Männer erschlagen und ins Meer gewor-

Abb. 34: In türkische Gefangenschaft geratene Pilger im Heiligen Land (1556, Melchior von Seydlitz). Nur wer ein Lösegeld aufbringen konnte, hatte Aussicht, wieder frei zu kommen.

fen oder in die Sklaverei verkauft, die Frauen vergewaltigt und ebenfalls versklavt. Glimpflich war man davongekommen, wenn einem die Seeräuber ›nur‹ Finger abgeschnitten hatten, um sich kostbare Ringe anzueignen.[274] Berichte von Verstümmelung, Mord und Totschlag an Pilgern ließen sich in großer Zahl beibringen. Ein Menschenleben galt nicht viel. Mächtige und Ärmste mißachteten oft in kaum vorstellbarer Weise grundlegende Rechte, wie folgendes Beispiel verdeutlicht: Eine Bettlerin ermordete eine arme Frau, die nicht mehr besaß als fünf Scheiben Brot und Kleidung im Wert von zwei Eiern.[275]

Anschläge auf die Seele

Das Heil der Seele wurde von christlich geprägten Autoren höher eingeschätzt als Hab und Gut, Freiheit und Gesundheit. Deshalb sei abschließend davon die Rede, wie man sogar auf dem Weg zu heiligen Stätten die ewige Seligkeit gefährden konnte.

»Geliebte Brüder! Auf welche Art der Teufel seine unrechten Netze auswirft und den Jakobspilgern die Höhle des Verderbens öffnet, vermag ich nicht zu beschreiben.« Der Seufzer entfährt dem Autor der Predigt *Veneranda dies*, nachdem er in markigen Worten seinen Abscheu über Frauen bekundet hat, die in waldreichen Gegenden Jakobspilger zu betören trachten. Die Predigt schilt nicht die Männer, die der Versuchung erliegen, sondern fordert abschreckende geistliche, Vermögens- und Leibesstrafen für die Frauen: Sie müßten exkommuniziert, ihrer Habe beraubt und »durch Abschneiden der Nase öffentlich geächtet werden«.[276]

Der Teufel wird auffallend oft als Autor sexueller Delikte hingestellt, seltener als Anstifter zu Diebstahl oder Lieblosigkeit, um nur diese Übel zu nennen. Die Schwerpunktsetzung könnte mit dem Stand derer zusammenhängen, die solche Geschichten aufgezeichnet haben: Kleriker waren auf das Gebot der Ehelosigkeit, Mönche sogar auf das der Keuschheit verpflichtet. Wer hier Schwierigkeiten hatte, war versucht, den Bereich der Sexualität zu dämonisieren, wie auch folgende Geschichte zeigt; sie stammt aus dem Kranz von Legenden, die sich um den hl. Jakobus ranken. Legende heißt wörtlich:

Was gelesen bzw. (Analphabeten) vorgelesen werden soll. Überliefert ist die folgende Erzählung von Jacobus de Voragine, Dominikanermönch und Erzbischof von Genua. Auf dem Weg nach Santiago versündigt sich ein junger Mann aus dem Raum Lyon. In einer der folgenden Nächte erscheint ihm eine männliche Gestalt und stellt sich als Jakobus der Apostel vor, zu dem er bisher jedes Jahr (!) gepilgert sei. »Wisse, ich hatte große Freude an deiner Andacht; doch diesmal bist du in Unzucht gefallen«. Da er nicht gebeichtet habe, könne diese Wallfahrt Gott und ihm, dem Apostel, nicht gefallen; er solle seine Sünden also zunächst bekennen und dann durch die Pilgerfahrt büßen. Der junge Mann erschrickt und beschließt, heimzugehen, zu beichten und dann die Wallfahrt noch einmal zu beginnen. Darauf erscheint die Gestalt wieder und erklärt, die Sünde würde ihm nie vergeben, es sei denn, er schneide sich sein Geschlechtsglied ab; noch besser sei es, wenn er sich töte; dann wäre er ein Märtyrer auf seinen, des hl. Jakobus Namen. Der Jüngling befolgt den Rat, entmannt und entleibt sich. Als man ihn begraben will, ist er plötzlich wieder lebendig und erklärt den Hergang: Auf des Teufels Rat habe er sich den Tod gegeben; doch der hl. Jakobus habe ihn aus der Gewalt der bösen Geister befreit, auch dank der Fürsprache der Muttergottes und vieler Heiliger sei ihm das Leben zurückgegeben worden. Nun kann er seine Wallfahrt nach Santiago ausführen.[277] Unmittelbar vorher erzählt Jacobus de Voragine von einem anderen jungen Mann, der sich – ebenfalls auf Anstiften des Teufels, der wieder die Gestalt des hl. Jakobus angenommen hatte – den Tod gegeben hat. Auch diesen befreit der wahre Heilige aus der Macht des Bösen.

Die Beispiele zeigen, was dem Pilger alles drohen mochte. Nicht genug, daß ihm Elementargewalten und Menschen die Reise schwer machten, mußte er gar damit rechnen, daß der Böse die Gestalt des verehrten Heiligen annahm und sogar zum Selbstmord anstiftete, wie Judas der Verräter ihn begangen hatte. Nach herrschender Lehre hatten Selbstmörder ihr Heil verwirkt. Doch Jacobus de Voragine hat selbst für diese eine Botschaft, die man vielleicht als tröstlich deuten kann: Wer sich das Leben nimmt, ist vom Teufel in die Irre geleitet worden; der hl. Jakobus wird für diesen Sünder Fürsprache einlegen – sofern er ihn geehrt hat, etwa mit einer Fahrt nach Santiago. Man kann nun auch umgekehrt argumentieren, und mancher wird so gedacht haben: Wenn ich erst einmal nach Santiago gepilgert bin, habe ich mir einen mächtigen Schützer gewogen gemacht, der mich selbst dann aus den Klauen des Bösen befreien wird, wenn ich eigentlich nur noch die Hölle verdient hätte.

Besser allerdings war es, wenn man über die Gabe der Unterscheidung der Geister verfügte. Die Legenden sind jedenfalls so erzählt, daß dem klugen Zuhörer sogleich klar werden muß, ob wirklich Jakobus sich zeigt oder nicht doch der Teufel. Der erste Pilger hätte gewarnt sein müssen, als die Vision ihm in Aussicht stellte, er werde ein Märtyrer auf seinen, des Jakobus Namen sein; der junge Mann hätte wissen können, daß es nur ein Blutzeugnis für Christus gibt. Dem zweiten wurde die Seligkeit verheißen, wenn er sich zu seiner, des Jakobus Ehre, töte. Auch der hätte spätestens hier den Versucher erkennen müssen.

Das Recht – eine unentbehrliche Stütze im Dienst der Pilger

»Daher soll man wissen, daß die Pilger zum hl. Jakobus, gleich ob reich oder arm, ein Recht auf Herberge und fürsorgliche Betreuung haben«. Hätten alle Menschen diese Forderung beherzigt, mit der der ›Pilgerführer‹ schließt,[278] so hätten Reich und Kirche sich viele Einzelbestimmungen sparen können. Auf Recht und Frieden waren Pilger mehr als andere angewiesen; denn sie mußten unbewaffnet gehen; auch genossen sie in der Fremde nicht den Schutz, den sie daheim als Angehörige einer Familie, Sippe, Stadt beanspruchen durften. An dieser Stelle sei zusammengefaßt, wie die Wege der Pilger sicherer gemacht wurden.

Im frühen Mittelalter hatten asketische Mönche gerade Heimatlosigkeit (*peregrinatio*) gesucht; doch dieses Ideal entsprach nicht den Vorstellungen der Pilger, die seit der Jahrtausendwende die Straßen bevölkerten. Sie nahmen, wie das eingangs gebrachte Zitat zeigt, das Verlangen nach Sicherheit als ein Grundbedürfnis des Menschen für sich in Anspruch. Selbst wer alle Widrigkeiten einer Reise geduldig als Buße ertrug, wollte wenigstens lebendig sein Ziel erreichen, und sei es, um hier in Ehren zu sterben und als Christ begraben zu werden.

Gefahren lauerten überall, wo sich Menschen unterschiedlicher Herkunft begegneten, auf Straßen und Märkten, in Häfen und auf Schiffen. Man denke nur an das Konfliktpotential, das vielfältige Münzen, Maße und Gewichte für den Fremden bargen. Weitere Risiken waren mit Sprache sowie Gebärden und Gesten der Länder gegeben, durch die der Pilger zog.

Die Auflösung des Karolingerreiches sowie Einfälle von Sarazenen, Ungarn und Normannen schwächten im 9. und 10. Jahrhundert die weltliche Gewalt derart, daß sie ihrer vornehmsten Aufgabe nicht mehr nachkommen konnte, das Recht zu wahren. Da der allgemeine Friede sich nicht verwirklichen ließ, wurden einzelne Personen und Personengruppen, Orte und Sachen sowie Zeiten unter einen eigens verkündeten Frieden gestellt. Wer die Friedensgebote übertrat, mußte mit empfindlichen Strafen rechnen.

In den Schutz solcher Sonderfrieden wurden Pilger aufgenommen, ferner der Gast, Frauen und Kinder, Kleriker, Kaufleute, Studierende, Juden, Gesandte, Unterhändler. Ihnen war gemeinsam, daß sie nicht zu den Mächtigen gehörten; da sie keine Waffen trugen oder tragen durften, waren sie Angriffen weitgehend schutzlos ausgeliefert. Sonderfrieden schützten ferner Sonn- und hohe kirchliche Feiertage, das Heilige Jahr sowie Handelsmessen und Jahrmärkte.

Gerade Pilger kamen in den Genuß des Friedens, der bestimmten Orten galt: Kirche und Friedhof, Markt und Gericht, Stadt und Burg, Gasthaus und Schmiede waren in je eigener Weise befriedet; hier durften keine Waffen getragen werden; insofern war der Pilger gegenüber anderen Bewohnern des Landes nicht mehr benachteiligt. Geschützt waren auch öffentliche Land- und Wasserstraßen, da sie als Straßen des Königs galten; wer hier eine Untat beging, brach Königsrecht.

Befriedete Orte waren für den Pilger unentbehrlich: Hatte er sein – wiederholt bekräftigtes – Recht auf Notwehr wahrgenommen, etwa gegenüber einem aggressiven Hund, sah er sich plötzlich von dem Geschädigten, vielleicht auch noch von dessen Verwandten oder Dorfgenossen bedroht. Ein Friedhof, ein Kloster, ein Spital konnte dann vor Lynchjustiz bewahren und eine lebensrettende Asylstätte sein. Grundsätzlich galt dieses Asylrecht nur für kurze Zeit (oft für drei Tage), meist ohne Nahrung, und selbstredend nicht für Verbrecher. Es eröffnete die Möglichkeit, unbemerkt zu fliehen, Sühneverhandlungen einzuleiten oder vor einem ordentlichen Gericht eine milde Strafe zu erbitten.[279] Aus dem Recht ergaben sich Pflichten: Auch Pilger mußten, wollten sie sich nicht verdächtig machen, die öffentliche Straße, Brücke, Fähre benutzen. Wie gefahrenträchtig diese sein konnten, wurde schon gesagt.

Gottesfriede und Landfriede

Seit der Jahrtausendwende reagierten zunächst kirchliche, dann auch weltliche Obrigkeiten empfindlicher auf den Bruch von Recht und Frieden. Um die weitverbreitete Kriminalität einzudämmen, Unrechtstaten der waffentragenden Schichten gegenüber Schwachen zu zügeln und das Fehdeunwesen einzudämmen, ergriffen Ende des 10. Jahrhunderts Bischöfe in Südfrankreich, seit der zweiten Hälfte des 11. Jahrhunderts auch im Deutschen Reich die Initiative: In Verbindung mit weltlichen Herrschaftsträgern setzten sie Sonderfrieden, die in einer oder mehreren Diözesen, d. h. in einem bestimmten Gebiet galten; diese sollten von den Großen eidlich bekräftigt werden und für bestimmte Zeiten auch außerhalb von Sonn- und Feiertagen in Kraft sein.[280]

So verbot der Gottesfriede von Köln 1083 die Fehde in besonderen Zeiten; er schützte Personen – besonders die Reisenden – gegen Mord und Brand, Raub und Überfall. Sozial abgestufte Sanktionen drohten Vornehmen mit Verbannung, Knechten mit Leib- und Lebensstrafen; eine Einzelheit mag zeigen, zu welcher Härte man entschlossen war: Straffällig gewordenen Knaben, die noch unter zwölf Jahre alt waren, sollten nicht, wie sonst vorgesehen, die Hände abgeschlagen werden.[281] Nur zwei Jahre später kannte der Friede für die Bamberger Diözese keine zeitliche Begrenzung mehr. Reisende Kaufleute, arbeitende Bauern, Frauen, Geweihte sollten sich zu jeder Zeit des Friedens erfreuen.[282]

Diese Forderungen griff 1123 das Erste Laterankonzil für die ganze römische Christenheit auf: Wer »die Schwellen der Apostel« in Rom oder die Gebetsstätten anderer Heiliger besuche, sollte sich des besonderen Schutzes der Kirche erfreuen. Auf Ergreifung oder Beraubung von Pilgern stand Exkommunikation; dieselbe höchste kirchliche Strafe wurde denen in Aussicht gestellt, die Kaufleute mit neuen Zöllen belasteten. [283] Die Exkommunikation lief auf den Ausschluß aus der Gemeinschaft der Christen hinaus; wer sein Seelenheil nicht gefährden wollte, mußte alle Verbindungen zu einem Exkommunizierten abbrechen. Die Kirche ließ nur wenige Ausnahmen gelten, so durfte ein Koch weiterhin einem gebannten König Speisen zubereiten. Die Beschlüsse von 1123 deuten an, wie nah nach Meinung der Konzilsväter Wallfahrt und Handel einander waren.

Das Zweite Laterankonzil erweiterte 1139 den Kreis der Geschützten: Zu jeder Zeit sollten Priester und andere Kleriker, Mönche, Pilger, Kaufleute, Bauern sowie deren Vieh sicher sein; von Mittwochabend bis Montagmorgen, in der Advents- und Weihnachts- sowie in der Fasten- und Osterzeit sollten die Waffen grundsätzlich ruhen. »Brandstiftern« und deren Helfern, d. h. solchen Adligen, die trotz dieses Verbotes Fehde führten, drohte wieder die Exkommunikation. Diesmal gab man sich nicht damit zufrieden, in allgemeinen Worten Genugtuung zu fordern; vielmehr heißt es nun, die Schuldigen sollten ein ganzes Jahr lang in Jerusalem oder in Spanien im Dienste Gottes Buße tun, d. h. ihr Leben zur Bekämpfung der Muslime einsetzen.[284]

Im 12. Jahrhundert griff die weltliche Gewalt Forderungen der Gottesfriedensbewegung auf. Könige, Fürsten und Städte suchten in ihren Herrschaftsbereichen das Gewaltmonopol durchzusetzen und verkündeten zu diesem Zweck von den Großen beschworene Landfrieden. Einmal mehr wurden die Personengruppen besonders geschützt, die sich nicht selbst verteidigen konnten.[285] Wohlhabende Täter sollten sich nicht mehr durch Zahlung einer Buße der Bestrafung entziehen können. *Ein* Strafrecht sollte für die gesamte, unter dem Frieden stehende Rechtsgemeinschaft gelten. Damit wurden ständische Unterschiede im Strafrecht eingeebnet; unabhängig vom sozialen Rang des Täters sollten nun Straßenraub und Tötung eines

Menschen, Entführung und Vergewaltigung von Frauen als todeswürdig gelten. Die Strafe sollte auf abschreckende Weise vollstreckt werden, gegebenenfalls sogar durch Rädern, eine als entehrend geltende, außergewöhnlich qualvolle Art der Hinrichtung.

Auswirkungen

In einer Zeit wachsenden Verkehrs haben Gottesfrieden und Landfrieden Konflikte begrenzt und das Recht weiterentwickelt. Bis ins Hochmittelalter galt ein Menschenleben wenig, wie auch Legenden von zu Unrecht Gehenkten (Coloman und der Santiagopilger) gezeigt haben. Die von der Kirche angestoßene, von der weltlichen Macht aufgegriffene Bewegung führte letztlich zu einer Verschärfung des Strafrechts: Die eigentliche Missetat wurde nicht mehr in der Verletzung eines anderen gesehen, die man mit einer (Geld)Buße hätte sühnen können, sondern in dem mit peinlicher Strafe bedrohten Bruch des beschworenen Friedens. Hinter diesem Wandel stand ein lebhafteres Gespür für den Wert des menschlichen Lebens, was nicht zuletzt Pilgern zugute kam.

Reisende, vor allem Kaufleute, erbaten vom jeweiligen Landesherrn im Spätmittelalter Geleit, ein ursprünglich königliches Recht. Geleit konnte Begleitung durch Bewaffnete einschließen; oft meinte es nur den besonderen Rechtsfrieden, der Pilgern mit einem Geleitbrief oder -zettel versprochen wurde. Nicht selten blieb es bei folgenlosen Strafandrohungen. Der Geleitsherr sollte Einnahmen aus dem Geleit zur Ausbesserung von Brücken und Straßen sowie zur Wahrung des Friedens auf öffentlichen Wegen verwenden. Grundsätzlich war er für Schäden aus Überfällen in seinem Gebiet haftbar; doch an wen sollte man sich wenden, wenn man vom Landesherrn selbst oder dessen Leuten geschädigt worden war? Und doch. In dem Maße, wie der Staat sich festigte, verdichtete er die Herrschaft über sein Territorium; Nutznießer waren ›Handel und Wandel‹ im weitesten Sinne. Montaigne beklagt Übervorteilung und ähnliches Ungemach auf seiner langen Reise durch Frankreich, die Schweiz, Süddeutschland, Italien nach Loreto und Rom; doch ist er offensichtlich nicht ausgeraubt worden. Angesichts böser Erfahrungen anderer sollen aus diesem Schweigen keine allzu weit gehenden Schlüsse gezogen werden.

Der Obrigkeit ging es, wenn sie in Erscheinung trat, nicht nur um das Wohl des Fremden. Wer in der frühen Neuzeit an der französisch-spanischen Grenze Zoll zu hinterziehen suchte, riskierte die Beschlagnahme seiner ganzen Habe; zwei Drittel fielen dem Fiskus zu, das letzte Drittel dem aufmerksamen Wächter.[286] Solche Bestimmungen galten auch andernorts und bis in unsere Tage. – Immerhin wußte man um die Wende vom 16. zum 17. Jahrhundert, daß sich die peinliche Leibesvisitation mit einer angemessenen ›Verehrung‹ abwenden ließ; die half zuweilen auch dann, wenn Quarantäne die finanzielle und zeitliche Planung einer Reise über den Haufen zu werfen drohte.[287]

Im Interesse des Pilgers mußten viele Einzelheiten geklärt werden. Eine möglicherweise weitverbreitete Praxis scheint in folgendem Gebot auf: Der Pilger solle ohne Zwang die Herberge wählen dürfen.[288] Offensichtlich waren Pilger zum Besuch eines Quartiers genötigt worden. Manches allen Reisenden nachteilige Gewohnheitsrecht wurde nach und nach eingeschränkt. Im Falle von Schiffbruch konnte der Landesherr Person und Habe der Schiffbrüchigen beanspruchen, soweit sie sich hatten an Land retten bzw. geborgen werden können. Aneignung von Strandgut war, wie Versklavung schiffbrüchiger Seefahrer, noch im 12. Jahrhundert sogar innerhalb der christlichen Welt »allgemein geübtes Gewohnheitsrecht«.[289] Auch dieses ›Recht‹ wurde seit dem 12. Jahrhundert eingeschränkt – und nicht etwa abgeschafft. Schiffbrüchigen drohten noch bis in die Neuzeit allenthalben schwerste Gefahren für Leib und Leben, Freiheit und Vermögen.

Ferner mußten zivilrechtliche Fragen geklärt werden, wie *Veneranda dies* schon gezeigt hat. Nach weitverbreitetem Gewohnheitsrecht durfte der Landesherr den Nachlaß verstorbener Fremder konfiszieren (gleichsam als Gegenleistung für erwiesenen Schutz); dessen bestes Gewand beanspruchte mancherorts der Gastwirt, vielleicht in Anwendung seines Hausrechts gegenüber dem Fremden. Seit dem 12. Jahrhundert zeigte die Obrigkeit sich mehr und mehr bereit, dem Pilger das Recht einzuräumen, in einem Testament frei über seine Habe zu verfügen. Für den Fall, daß er ohne Testament verstorben sei, solle sein Besitz über den jeweiligen Ortsbischof an die Erben weitergeleitet oder, wenn das nicht möglich sei, für fromme Zwecke verwendet werden; auf keinen Fall solle der Wirt sie erhalten, in dessen Haus der Fremde verstorben war.[290]

Jedes Gut – und der Friede auf fremden Straßen war für den Pilger ein unschätzbares Gut – lädt zum Mißbrauch ein. Gauner, Häretiker, Landstreicher, Hausierer, Kaufleute, Spione, Krieger und andere haben sich oft wie Pilger ausstaffiert; echte Wallfahrer mußten das dann mit ihrem Leben bezahlen, wie die Legende Colomans gezeigt hat. Da mancher auf einer Reise mehrere Ziele verfolgte, war es oft nicht leicht, die Grenzen zu bestimmen: Wer ein Gelübde einlösen und an heiliger Stätte Gott ehren wollte, konnte für sich Zollfreiheit in Anspruch nehmen: »Hier sei nochmals nachdrücklich daran erinnert, daß unter gar keinen Umständen von Pilgern ein Zoll erhoben werden darf«.[291] Die Versuchung war groß, unter Berufung auf den Pilgerstatus Abgaben selbst dann zu verweigern, wenn man unterwegs außer heiligen Stätten eine Handelsmesse besuchte oder auf Geschäftsmöglichkeiten im weitesten Sinne achtete. Welcher Gruppe von Reisenden sollte man einen solchen gottesfürchtigen, weltklugen Zeitgenossen zuordnen?

Auch Prälaten scheuten nicht davor zurück, den besonderen Schutz des Pilgers für ihre Zwecke zu mißbrauchen. So soll Bischof Diego Gelmírez von Santiago im Jahre 1118 Boten mit 120 Unzen Gold (etwa 3275 Gramm) nach Rom geschickt haben; als Pilger gekleidet, sollten sie durch feindliches Gebiet reisen, wurden aber entdeckt.[292] Ähnliche Beispiele ließen sich vermehren.

Unterwegs und an den großen Wallfahrtsorten werden Pilger ihren Status und einzelne, ihnen verliehene Privilegien verglichen haben. Wenn man bei nächster Gelegenheit das günstigere Recht beanspruchte, verhielt man sich nicht anders als Städter, Siedler, Bergmänner oder Kaufleute ihren jeweiligen Herren gegenüber. Vom Selbstbewußtsein der Menschen zeugt eine schon erwähnte Szene: Eine Frau drohte damit, das Grab Elisabeths nicht mehr zu besuchen, wenn die Heilige nicht *ihr* eine bestimmt Wohltat erweise. In einer Zeit, in der einfache Menschen so mit der als heilig verehrten

Landgräfin umgingen, dürfte mancher auch weltlichen Machthabern gegenüber auf das gepocht haben, was er für sein Recht hielt.

Viele Fragen mußten im Interesse der Scharen geregelt werden, die aus nahen und fernen Ländern unterwegs waren und an Wallfahrtsorten zusammenströmten. Es ist verständlich, daß ein Kenner der Materie das Recht des Pilgers »eine der Quellen des internationalen Rechts« genannt hat.[293]

Abb. 35: Jerusalempilger mußten, wie diese Miniatur (15. Jh.) zeigt, häufig einen Weg- und Brückenzoll entrichten; dabei waren sie fast schutzlos der Willkür Bewaffneter ausgeliefert.

9. AM ZIEL

Je näher der Pilger dem Heiligtum kam, desto zuverlässiger wurden Angaben zur Entfernung: Noch vier, noch drei, noch zwei Tage. Spätestens jetzt säumten seit dem Spätmittelalter Kruzifixe, Kapellen und Bildstöcke den Weg.

Am letzten Tag stieg die Spannung: Am Rand des Weges gab es den ›Freudenberg‹, von dem aus man zum ersten Mal das Ziel sehen konnte; endlich durfte man in verdienten Jubel ausbrechen. Demütig beugte man aber auch das Knie, sprach ein Gebet oder sang ein Lied. Wer aus der Gruppe als erster einen solchen *Mons gaudii* (bzw. *Monte del Gozo*, *Montjoie*) bestiegen hatte, galt als ›König‹ dieser Schar. Weitverbreitete Familiennamen wie König, King, Leroy könnten auf solche Erlebnisse zurückgehen.

Man zog dann weiter, und nun sollte man dem Körper Pflege angedeihen lassen. Die Überzeugung von einer auch sittlich reinigenden Kraft des Wassers dürfte Gemeinbesitz der Menschheit sein. Man mußte jedoch weiterhin auf der Hut sein. Zwei Meilen von der Stadt Santiago entfernt, so schreibt der ›Pilgerführer‹, fließe ein gewisser Fluß »an einem *Lavamentula* genannten Gehölz« vorbei; der Name erkläre sich folgendermaßen: Die Pilger »waschen sich aus Liebe zum Apostel hier nicht nur ihre Geschlechtsteile, sondern den Schmutz am ganzen Körper ab. Und währenddessen widerfährt ihnen nicht selten das Mißgeschick, daß ihre Kleidung gestohlen wird!«[294]

Darauf eilte man zur Basilika, in der Einzelne und Gruppen die erste Nacht wachend und betend verbrachten; auf diese Weise ließen sich gar Kosten für die Herberge sparen. Die Kirche blieb vielerorts also nachts geöffnet. Wer ein besonderes Anliegen hatte, suchte dem Heiligen so nah wie möglich zu kommen; in der Nähe des Grabes legte man die gelobte Gabe nieder. Hatte man an sich oder Angehörigen ein Wunder erfahren, gab man das Mirakel zu Protokoll. Man beichtete und ließ sich das Bekenntnis gegebenenfalls bestätigen. Am folgenden Tag konnte man sich im Ort umschauen und Einkäufe tätigen; nun durfte man sich der heiteren Atmosphäre hingeben, die hier an hohen Festen heute noch herrscht.

Was knapp zusammengefaßt wurde, soll nun ausführlicher geschildert werden. Die Quellenlage und der zur Verfügung stehende Raum erlauben es nicht, jede Gegebenheit nach Ort und Zeit zu differenzieren. An dieser Wallfahrtsstätte dürften sich ›mittelalterliche‹ Traditionen länger gehalten haben, an jener werden ›barocke‹ Pracht und ein fulminantes Feuerwerk[295] früher zur Geltung gekommen sein. Seit der Antike wurden die großen Feste so prunkvoll in Szene gesetzt, wie es der jeweilige Brauch und die gegebenen materiellen Mittel erlaubten. Im 17. Jahrhundert galt für den Einzug der Pilger oft folgende, von Prozessionen her vertraute Ordnung: Das Kreuz voraus, folgten die Gläubigen, in Zweier-, Dreier- oder Viererreihen, nach Stand, Geschlecht und Lebensalter getrennt; vor der Kirche wurden sie von Priestern begrüßt und in das Gotteshaus geleitet. Fahnen, Stangen und Kerzen dienten als Erkennungszeichen und Statussymbole; man wollte es mit anderen Gruppen aufnehmen können.[296]

Der Einzug in die Kirche war als imposantes Gesamtkunstwerk inszeniert, an dem die Pilger mitwirkten: Das Spiel der Orgel, die man seit dem 17. Jahrhundert in vielen Wallfahrtskirchen hörte, sollte einen Vorgeschmack von himmlischen Klängen geben; Architektur und Malerei von Kirchen, die seit dem 16. oder 17. Jahrhundert fertiggestellt waren, erweckten den Eindruck, als seien die Grenzen des Raumes aufgehoben. Überwältigend dürften viele Gotteshäuser auch deshalb gewirkt haben, und zwar seit mittelalterlichen Zeiten, weil die meisten Pilger aus bescheidenen, wenn nicht erbärmlichen Behausungen kamen oder, wie Simplicissimus, aus einer vom Dreißigjährigen Krieg verwüsteten Welt.[297]

Inbrünstiger Gesang wirkte um so tiefer, als Müdigkeit, betörender Weihrauchduft und eine allgemeine, nur zu berechtigte Euphorie rationale Hemmungen ausgeschaltet hatten; die Lieder[298] stärkten das Gefühl der Zusammengehörigkeit und das Bewußtsein, zur ›wahren‹ Kirche zu gehören. Nicht selten haben Dichter sich über Grenzen hinweggesetzt, die Theologen mit guten Gründen respektierten. Ein Lied wie ›Wunderschön prächtige‹ streift zumindest die Häresie, wenn der Jungfrau Maria das Opfer von »Gut, Blut und Leben« versprochen wird.[299] Während des Festgottesdienstes wurde das *Credo* gesungen; ehemalige Protestanten bekannten sich damit feierlich zur katholischen Kirche. Auch ein solches Bekenntnis stand in alten Traditionen; Jahrhunderte früher hatte man sich allerdings für Christus und gegen heidnische Götter entscheiden müssen. So läßt sich jedenfalls ein Brauch von Wallfahrern deuten, die das Grab des Apostels Matthias bei Trier besuchten: Sie wurden aufgefordert, eine antike Venusstatue mit Steinen zu bewerfen.[300]

Spätestens seit dem 17. Jahrhundert gewann die Predigt an Gewicht. Bewährte Kanzelredner nutzten die Gunst der Stunde, um – je nach Anlaß und Gruppe – die Kampfentschlossenheit gegenüber den ›Ketzern‹ zu stärken oder ganz einfach die Liebe zur eigenen Konfession zu mehren. Ein Abraham a Sancta Clara († 1709) wußte alle Register der Beredsamkeit zu ziehen und Volksweisheiten auf einen einprägsamen Nenner zu bringen. »Dem Menschen sind drei Trünk erlaubt; einer zum Durst, der andere zur Lust, der dritte zur Fröhlichkeit; was darüber, bringet Trunkenheit.« Wo fange der Teufel die meisten Seelen? Auf der »langen Bank«, auf die man die Buße schiebe. Welche Musik sei dem Satan die liebste? Weder die der Harfe noch die der Posaune, sondern die der alten Leier, d. h. die böse Gewohnheit.[301] Oft bildete die Predigt den Höhepunkt der Wallfahrt. Wenn die Kirche die Gläubigen nicht faßte, lagerte die Menge sich im Freien und lauschte ergriffen dem Prediger, der eine besondere Kanzel unter dem vorkragenden Dach an der Außenwand benutzte – wie man sie in Ronchamp sieht: Notre-Dame-du-Haut dürfte die bekannteste nach 1945 gebaute Wallfahrtskirche sein (Architekt Le Corbusier).

Gebet

In Seh- und Hörweite des Schreins mit den Gebeinen des Heiligen wollte und sollte man beten. Oft war es sicher nur ein Stoßgebet, wie sie vielfach überliefert sind: »Heilige Elisabeth, sieh meine Mühe und heile mich!«[302] War man nach Anrufung eines Heiligen großer

Gefahr entronnen, wird man vor Zeugen und mit lauter Stimme einmal mehr den Heiligen gelobt und Gott gedankt haben, in Bari mit Worten wie: ›Heiliger Nikolaus! Sei gepriesen, daß ich dank deiner Fürsprache nicht ertrunken bin!‹ Aus Mirakeln und Testamenten läßt sich erschließen, was ein von Lübeck nach Santiago entsandter Pilger gebetet haben könnte: ›Heiliger Jakobus, sei dem Clawes Wittenborch, an dessen Statt ich hierhin gepilgert bin, ein mächtiger Schützer. Hilf ihm, wenn er des Trostes bedarf. Erinnere Gott beim Jüngsten Gericht an das, was er Gutes getan hat... Und laß mich heil heimkehren.‹ Gelegenheit zu weiterem Gebet bot sich während der durchwachten Nacht sowie beim Besuch der Messe; hier wird im Hochgebet eigens der Verstorbenen und Lebenden gedacht.

Menschliche Hinfälligkeit

Mehr noch als ›normale‹ Pilger wollten Kranke und Unglückliche dem Heiligen so nahe kommen, wie es eben ging. Im überschwenglichen Preis des hl. Aegidius wird deutlich, daß kein noch so inniges Gebet aus der Ferne den unmittelbaren Kontakt ersetzen konnte: »Wer möchte nicht lange Zeit den Sarkophag umfassen, der seinen Leib birgt! Wer möchte nicht den ihm geweihten Altar ehrfürchtig küssen, wer nicht seinen überaus frommen Lebenslauf weitererzählen! Legt ein Kranker das Gewand des Heiligen an, so wird er geheilt«.[303] Umfassen und küssen heißt: Besitz ergreifen. Kranke, Behinderte, Gebrechliche verhielten sich nicht anders als Heilungsuchende, von denen die Evangelien erzählen. So wie jene den unmittelbaren Kontakt zu Jesus gesucht hatten, wollten nun viele, zumal Menschen aus dem einfachen Volk, die Reliquien oder deren Schreine mit eigenen Händen berühren. Der Glaube von der Heilkraft eines Verstorbenen findet sich schon im Alten Testament (2 Kön 13). Dem Verfasser der Annomirakel »erscheint es als Zeichen höheren Verdienstes, daß durch die Berührung des toten Eliseus sich ein Toter aufrichtete, als daß der Lebende (d. h. Jesus) den Sohn der Witwe erweckte«.[304]

Akten aus dem Heiligsprechungsprozeß Elisabeths von Thüringen und Mirakel, die die Heiligkeit des verstorbenen Erzbischof Anno bringen anschauliche Einzelheiten zum Leben in der unmittelbaren Umgebung des Grabes derer, die bei Gott als einflußreich galten und ihre Macht bekundet hatten. Am Todestag der Heiligen, d. h. ihres Geburtstags zum ewigen Leben, und an hohen kirchlichen Feiertagen – vor allen an dem jahreszeitlich günstig liegenden Pfingstfest, aber auch noch am Fest des hl. Michael Ende September – konnte sich wahrscheinlich niemand der Atmosphäre freudiger Erregtheit entziehen. In der Kirche erlebten die Besucher menschliche Gebrechlichkeit; Augen, Ohren und Nase waren in unerträglicher Weise belastet.

Eine Flut von Eindrücken stürmte auf den ein, der sich langsam dem Grab des Heiligen näherte: das Gedränge erwartungsvoller Menschen; mystisch flackernde Kerzen und Öllampen, die sich in Edelsteinen des Reliquienschreins spiegelten; Erzählungen von wunderbaren Heilungen; Blinde, Verwachsene, Verkrüppelte; an der Wand Krücken derer, die ohne Stütze hatten heimgehen können; vorne der Korb, in dem ein gelähmtes Kind herangetragen worden war, das hier ebenfalls Heilung erfahren hatte.[305] Viele Kranke litten an mehreren Gebrechen; manche waren kaum noch als Menschen zu erkennen. Gelegentlich wird in den Protokollen offen eingeräumt, ein Mädchen mit einem gräßlich verunstalteten Kopf habe einen »grausigen Anblick« geboten; in den Elisabethmirakeln ist einmal von einem »Scheusal« *(monstrum)* die Rede.[306] Abstoßend wirkten offene, schwärende Wunden, ekelerregend der Gestank von Urin und Kot, trocknendem Eiter und Blut.

Die vielen Menschen und Lichter hatten den Sauerstoff bald aufgebraucht, erst recht, wenn der Heilige in einer niedrigen Krypta beigesetzt war. Es ist durchaus glaubwürdig, daß mancher hier ohnmächtig wurde, wie Abt Suger von St. Denis bezeugt. »Wegen der Beschränktheit des Raumes und der wachsenden Zahl der vielen Gläubigen, die um der Fürbitte der Heiligen willen zusammenströmten, pflegte die Basilika viele Unbilden auszuhalten; häufig und vor allem an Feiertagen mußte sie, schon überfüllt, die durch alle Pforten drängenden zahlreichen Scharen abweisen und hinderte nicht nur die Einlaß Heischenden am Eintritt, sondern auch die Menge derer, die hineingelangt waren, am Ausgang.« Manchmal sei es ein sonderbarer Anblick gewesen, wie denen, die hineinströmten, um »die Nägel und die Dornenkrone unseres Herrn zu verehren und zu küssen«, die nach Tausenden zählende, dicht zusammengeballte Menge solchen Widerstand geleistet habe, daß keiner auch nur den Fuß habe bewegen können. Wie zu Stein gebannt, hätte man sich gewundert, noch schreien zu können. Für die Frauen sei dieses Gedränge ausgesprochen qualvoll gewesen: »Eingekeilt zwischen starken Männern, wie in einer Presse, wurden sie in Todesangst ohnmächtig oder schrien schrecklich wie Gebärende. Mehrere von ihnen, die elend niedergetreten waren, wurden dank der rechtschaffenen Entschlossenheit einiger Männer über die Köpfe der Leute emporgehoben und schritten nun wie auf einem Fußboden, viele aber gaben auch im Hofe der Brüder nur noch röchelnd zu aller Verzweiflung ihren Geist auf.« Sogar die Mönche, die der Menge die Zeichen der Passion des Herrn zeigten, seien dem Drängen und Stoßen erlegen und mit den Reliquien durch die Fenster entflohen, wenn sie keinen anderen Ausweg fanden.[307]

Mit seinem wohlkomponierten Bericht wollte Suger einen kostspieligen Neubau rechtfertigen. Doch sind die dramatischen Kindheitserinnerungen des Abtes von St. Denis deshalb nicht unglaubwürdig, wie Berichte aus anderen Wallfahrtsorten zeigen. So sollen am Mont St. Michel im Jahre 1318 dreizehn Pilger in der Menge erstickt, weitere achtzehn in der Bucht ertrunken und etwa zwölf in Wanderdünen umgekommen sein. In den Jahren 1345 und 1358 sind im Vierwaldstätter See und im Rhein 40 bzw. 250 Einsiedler-Pilger ertrunken. Im Heiligen Jahr 1450 sollen in Rom bei einem Gedränge 172 Menschen, vier Pferde und ein Maulesel erdrückt worden sein.[308] Die Beispiele ließen sich vermehren. Sie zeigen, wie unentbehrlich ein gut eingespielter Ordnungsdienst war, der – etwa bei der Weisung der Heiltümer in Aachen 1846 – auch dafür sorgen mußte, daß die Pilger »sich ohne Stillstand, auf dem ihnen angewiesenen Wege, unaufhaltsam fortbewegen«.[309]

Nicht überall konnte man Unfälle als Herausforderung verstehen und eine Antwort geben, wie Suger es in St. Denis tat. Doch mußte man unter den auf engstem Raum zusammengepferchten Frauen und Männern, in dem Gewusele von Kindern und Erwachsenen, Gesunden und Kranken ein Mindestmaß an Disziplin gewährleisten. In erster Linie sollte niemand zu Schaden kommen. Dann mußte der Diebstahl der wertvollen Reliquien verhindert werden; sofern ein Schrein sie barg, mußte dafür gesorgt sein, daß sich niemand an edlen Steinen und Metallen vergriff. Wie Zaun oder Mauer den heiligen Bezirk gegen die Außenwelt abschirmte, hielt oft ein Gitter die Pilgerscharen in sicherem Abstand vom Schrein. Wächter bezeugten Heilungen; sie tadelten Pilger, die ohne Gebet ihre Gaben niederlegen wollten; sie nötigten eine Frau, ihre Bitten mit Tränen zu unterstreichen; an ruhigeren Tagen beschäftigten sie sich wohl auch einmal mit einem kranken Kind. Wahrscheinlich haben sie zugepackt, wenn ein Gelähmter vom Wagen zum Grab zu tragen war.

Flehen und Jubel

Im allgemeinen wissen Kranke und Gesunde, was sie zu tun haben. Sie stöhnen, flehen, weinen, schluchzen. Heilungsuchende lassen sich auf das Grab legen, wenn nötig wiederholt; mit der Hand, die sie unter den Grabstein gezwängt haben, fahren sie über die kranken Glieder, die daraufhin heilen; sie scharren aus der Umgebung des Grabes Erde, der man besondere Kraft zutraut, so daß sich unter dem Grabstein Elisabeths eine Höhlung bildete. Solche Erde wurde auf das kranke Glied gestrichen, in Wasser gelöst und getrunken oder in einem Säckchen um den Hals getragen. Als heilkräftig galten auch Staub vom Grabe Annos und Wassertropfen, die sich an den kühlen Wänden der Grabkammern anderer Heiliger niederschlugen.

Ein erst in der Neuzeit gedichtetes Lied fordert »alle« auf, »Gott mit Herzen, Mund und Händen« zu danken.[310] Ob die Gemeinde im 17. Jahrhundert noch mit Händen im Gottesdienst dankte, sei dahingestellt. Doch beschreibt das Lied das Verhalten an mittelalterlichen Wallfahrtsorten: Der Pilger hatte, wie beim Gelübde, nicht nur mit Worten um Heilung zu bitten oder für Rettung zu danken. Verglichen mit den Ausdrucksmöglichkeiten von Menschen des Hochmittelalters ist unsere Gebärdensprache arg verkümmert.

Wer die Formen nicht kannte, wurde belehrt. So gaben Umstehende einem Taubstummen mit Gesten zu verstehen, er solle niederfallen und um Gnade flehen.[311] Bittende und Dankende sollten sich vor den Reliquien Annos im wahrsten Sinne des Wortes erniedrigen: sie sollten mehrfach die Knie beugen oder sich zu inbrünstigem Gebet auf dem Boden ausstrecken, möglicherweise in Form des Kreuzes. Das Streben nach unmittelbar körperlichem Kontakt mit der heiligen Stätte wird auch daran deutlich, daß manche Pilger den Boden mit nackten Knien berühren wollten. Seufzen und Tränen sollten die Gesten begleiten, gegebenenfalls waren sie an mehreren Tagen zu wiederholen. Am Grab Elisabeths von Thüringen flehte eine Frau elf Wochen lang um Heilung ihres dreizehnjährigen, buckligen und schrecklich verwachsenen Sohnes.[312]

Spontan Geheilte zeigten sich in großem Überschwang erkenntlich. Frohlockend erhoben sie die Hände zum Himmel, breiteten unter Jubelgesang die Arme aus, übersäten den Reliquienschrein mit Küssen, vergossen Freudentränen. Ältere Geheilte liefen hierhin und dorthin, jüngere sprangen um das Grab herum. Im Volk mochte sich dann »ein ungeheurer Lärm« erheben, und Rufe wurden laut: »Wahrlich, Anno ist ein großer Heiliger; Ehre und Ruhm gebühren Christus!«[313] Wer kein Wunder erfuhr, fand vielleicht Trost in dem Gedanken, wenigstens einmal im Mittelpunkt von Bittgebeten gestanden zu haben. Mancher dürfte an heiliger Stätte die Kraft gewonnen haben, mit einem schweren Los zurechtzukommen.

Nicht mit leeren Händen

Der Pilger legte seine Gabe oder – wie es oft heißt: sein Opfer – an einer vom Ordnungsdienst bestimmten und bewachten Stelle nieder, möglichst nah am Grabe, gleichsam in Sichtweite des Heiligen. Damit blieb er auch nach seiner Abreise gegenwärtig; der Heilige sah sich ständig an den Spender und dessen Anliegen erinnert.[314] Mächtige glaubten, zudringlich sein zu dürfen. So hatte »irgendein berühmter Mann« sein in Gold getriebenes Bild »aus Liebe zu dem hl. Bekenner und zur Ehre Gottes« am Fuße des Aegidius-Schreins anbringen lassen, und zwar an der dem Altar zugewandten Seite.[315]

Nicht anders verfuhr Montaigne ein halbes Jahrtausend später, als er im April 1581 Loreto aufsuchte. Nur mit großer Mühe und als Zeichen besonderen Entgegenkommens habe er die Erlaubnis erhalten, an einer günstig zum Gnadenbild der Muttergottes gelegenen Wand eine Tafel anbringen zu lassen, auf der in Silber vier Gestalten befestigt waren: seine eigene, die seiner Frau und die seiner Tochter, in einer Reihe kniend, Unsere Liebe Frau (*Nostre Dame*) vorn über ihnen. Der Stifter hatte die Namen in das Silber gravieren und sich selber hervorheben lassen: *Michael Montanus, Gallus Vasco, Eques Regii Ordinis, 1581.*[316] Selbstbewußtsein spricht aus dem Wunsch, in Loreto mit Bild und Namen präsent zu sein. Tag um Tag sollte die Gottesmutter an Michel de Montaigne – einen Franzosen aus der Gascogne, Ritter des Königlichen Ordens –, an dessen *Frau Francisca Cassaniana* und an ihre einzige Tochter *Leonora Montana filia unica* erinnert werden; spätere Pilger sollten wissen, wer diese Stätte vor ihnen aufgesucht hatte. Mittelalterliche Herrscher waren demütiger gewesen, wenn sie eine Stiftung für ihr Seelenheil machten; im allgemeinen sollte ihr Name nur jeweils an ihrem Todestag der Barmherzigkeit Gottes empfohlen werden.

Viele Wallfahrer wollten – wie Pilger in vorchristlicher Zeit und in anderen Kulturräumen – eine persönliche Gabe in unmittelbarer Nähe des Altares niederlegen. Damit sollte gewährleistet sein, daß Christus sich des Stifters erinnerte, und zwar in jeder Messe, wenn er in Gestalt von Brot und Wein gegenwärtig war. Dieselbe Absicht verfolgten Menschen, wenn sie Zeichen in den Fels ritzten, die – anders als die meisten kostbaren Gaben – die Jahrhunderte überdauert haben; so sieht man in der Grabeskirche zu Jerusalem Hunderte von Kreuzen, in der Grotte S. Michele am Monte Gargano außer Kreuzen die Umrißzeichnungen von Händen.[317]

Oft sollte nicht nur an die eigene Person erinnert werden; vielmehr wollte man sich ganz einfach dankbar zeigen. Viele Gaben bezogen sich unmittelbar auf die Rettung (z. B. Ketten) oder den vorher kranken Körperteil (z. B. Krücken). In der Pfarrkirche Sainte Radegonde bei Rodez ist ein Fresko aus der Mitte des 13. Jahrhunderts erhalten. Man sieht, wie Votivgaben zum Altar gebracht werden und in dessen Nähe an der Wand hängen, u. a. Krücken und

(Holz)Beine.[318] Gaben waren oft aus Bienenwachs geformt, einem kostbaren, leicht zu modellierenden und lange Zeit haltbaren Material; da es fast geruchlos verbrennt, war es in Kirchen für Beleuchtungszwecke immer willkommen. Die am Grab Annos niedergelegten Wachsbilder stellten Menschen, Organe und Körperteile sowie Gegenstände dar: ein Kind (Hilfe in Geburtsnöten, Rettung eines Kindes), Hirn oder Kopf (Befreiung von Kopfschmerzen, Fieber oder Taubheit), Kinn oder Zunge (Heilung von Zahnschmerzen bzw. Taubheit), Bauch oder Kröte (Heilung von einem Bruch- bzw. einem Frauenleiden; die Kröte stand für die Gebärmutter).[319] Mit der Nachbildung eines Hauses dankte man für Schutz in einer Feuersbrunst, mit einem wächsernen oder silbernen Schiff für Rettung aus Seenot. ›Spiegelnde‹ Votivgaben sind nicht weiter verwunderlich in einer Zeit, deren Recht den Verlust der rechten Hand nach einem Meineid und andere ›spiegelnde Strafen‹ kannte.

Im 12. und 13. Jahrhundert wird wiederholt betont, die Mutter habe das Bild von Händen, Bein oder Fuß, Herz oder Augen geformt; es gab wohl noch keine ›Spezialisten‹ für die Herstellung von Votivgaben. Wichtiger als die Masse war offensichtlich die Gestalt, denn unmodelliertes Wachs galt weniger als ein Bild. Eine Mutter wird dafür gelobt, daß sie eine Kerze nach der Größe ihres Kindes versprochen hatte, dann aber ein schönes Wachsbild brachte. Auch die Länge der Gabe konnte auf den Spender verweisen; eine Kerze war so groß wie der Gerettete, ein Wachsdocht so lang wie der Bauchumfang eines von der Wassersucht Genesenen.

Gelegentlich vermerken die Quellen, höhergestellte Personen hätten eine »Gabe« gebracht, zum Grabe sei ein Vornehmer mit einer »angemessenen Gabe« gekommen, ohne daß Art und Menge genau angegeben würden. Diskretion bei Überreichung und Verzeichnung konnte sich schon deshalb empfehlen, weil ein Pilger, der ein wertvolles Opfer gebracht hatte, als reich galt und in der Herberge wie auf dem Heimweg größeren Gefahren ausgesetzt war. Die schon erwähnten Eltern des Bischofs Benno II. von Osnabrück wollten in Rom, an den Schwellen der Apostel, ihr inniges Anliegen durch ein äußeres Zeichen der Frömmigkeit kundtun. Aus »lauterem Silber« ließen sie von Künstlerhand das Bildnis eines Knäblein anfertigen.[320]

»Reichlich angemessene Opfergaben« waren möglicherweise kostbarer als ein Silberreifen vom Umfang des Kopfes (für Heilung von Kopfschmerzen) oder eine Stange Silber von der Größe des Sohnes, die eine Mutter gelobt hatte.[321] Die zuletzt genannten Beispiele zeigen, daß sich auch Votivgaben aus Edelmetall unmittelbar auf den Geheilten bezogen; sie machen zudem deutlich, daß der Wert der Opfergaben nach oben nicht begrenzt war.

Von ›spiegelnden‹ Votivgaben kann man auch dann sprechen, wenn Geheilte oder Gerettete ›aufgewogen‹ wurden. Daheim oder am Grab stellte man sie auf eine Lastwaage und gab an Geld, was man für Korn oder Brot vom Gewicht der betreffenden Person hätte bezahlen müssen. Dieser Brauch, bei dem der Votant sich selbst opferte, soll bis in die Zeit Martins von Tours zurückreichen und im Rheinland noch im 19. Jahrhundert geübt worden sein.[322] Anders als die Gewohnheit, wächserne Votivgaben zu spenden, war den Siegburger Mönchen das ›Aufwiegen‹ anfangs nicht bekannt. Als eine Pilgergruppe aus Wipperfürth einen Knaben aufwiegen wollte, den Anno von der Fallsucht befreit hatte, mußten die Ordner erst über Zweck und Hintergrund der erbetenen Lastwaage belehrt werden. Das ist deshalb bemerkenswert, weil Siegburg an der bedeutendsten europäischen Verkehrsachse liegt und Gerhard, ein Abt des Klosters, auf Reisen Rocamadour und St. Gilles, überregionale Wallfahrtsstätten also, kennengelernt hatte. Doch offensichtlich mußten die Mönche von Laien und Pilgern auf diese Möglichkeit verwiesen werden, Abwechslung in die Art des Spendens zu bringen.

Den geringen Grad der Alphabetisierung im Hochmittelalter spiegeln die Annomirakel insofern, als keine Schriftzeichen auf den Gaben erwähnt werden. Vor allem seit der Barockzeit verbreitete sich der weit in die vorchristliche Zeit zurückreichende Brauch, die Hilfe des Heiligen nicht nur durch die Stiftung von Votivgaben zu rühmen; in Wallfahrtsorten mit weitem Einzugsgebiet, aber auch in kleineren Pilgerstätten wie Frauenwörth (im Chiemsee) halten Votivtafeln in Wort und Bild dramatische Ereignisse fest, mindestens mit einem ›Danke‹ oder ›Maria hat geholfen‹, vielleicht zusätzlich mit den Initialen des Spenders.[323] Vielerorts sieht man allerdings auch eine Folge von Bildern, ergänzt um oft lange Texte. Eine sei hier gebracht:

Alß schon der härbe tot / den pfeill wolt loßtruckhen,
und durch geburtsnotth / haißhungerig mich verschluckhen:
dreyer tagen war die zeit, / doch mutter nit khunt werden,
daß grab war schon breitt, / kein hilff alhier auf erden.
So lenckhte sich mein herz / zu dieser gnaden-sonnen,
weichen muß aller schmerz, / Ihr hilff tetts mir vergonnen;
demnach so lang in mir / der lebenßgeist wirt schweben,
in adern blut verspühr, / Ihr pflegkhint bleib ergeben.[324]

Als Folge des größeren Wohlstandes weiter Kreise wurden seit dem Spätmittelalter häufiger Votivgaben aus Edelmetall geopfert, etwa ein Herz aus Silber, ein Bild des Spenders aus Gold. Dazu kam zu allen Zeiten gemünztes und ungemünztes Edelmetall. Jemand hatte in der Gefangenschaft dem hl. Theobald 150 Mark gelobt, sich damit aber wohl übernommen; in Thann einigte man sich dann auf eine Gabe von 20 Mark. Gelegentlich brachten Pilger auch ein Pferd oder wertvolle Kleidungsstücke. Eine Frau hatte Anno ein Huhn gelobt, wie es ihr in einer Not gerade unter die Augen gelaufen war. Nur mühsam seinen Unwillen verhehlend, spricht der Chronist verächtlich von einer »schäbigen Votivgabe« *(vile votum)*. Andernorts sah man gerade im Tier ein besonderes Geschenk, galt dessen lebendes Herz doch als Stellvertreter des gesunden Menschen.[325]

Votivgaben: Erinnerung und Versuchung

Die Gaben sollten dem Vermögen des Spenders entsprechen.[326] Es wäre zu kurz gegriffen, wollte man die Gaben nur oder in erster Linie nach ihrem materiellen Wert messen. Die Spender blieben in der am Altar brennenden Kerze oder der nun überflüssigen Krücke in unmittelbarer Nähe des Heiligen präsent, Tag und Nacht, oft über ihren Tod hinaus. Wer die Gabe selber geformt hatte, blieb in doppelter Weise am Grab gegenwärtig, mit dem Material *und* dem Werk der eigenen Hände. Die Votivgabe schaffte also Erinnerung, die Zeit überdauernde *memoria*, nicht anders als die Nennung des Namens während der Messe, im Gebet für die Lebenden bzw. Verstorbenen.

Die Gaben wurden in Santiago nach einem komplizierten Schlüssel verteilt. Bestimmte Anteile kamen den Kanonikern der Kirche zu, andere dem Bau der Basilika, wieder andere armen Pilgern sowie Aussätzigen. Offensichtlich war im 12. Jahrhundert ein Teil zweckentfremdet worden. Denn der ›Pilgerführer‹ rügt: Der zehnte Teil dessen, was am Altar des hl. Jakobus niedergelegt werde, müsse »zu aller Zeit den Armen gereicht werden, die im Hospiz Hilfe suchen«. Die Liebe zu Gott und zum hl. Jakobus wolle es nämlich, daß arme Pilger für eine Nacht volle Beköstigung und Beherbergung beanspruchen dürften. Dem Hospiz gebühre auch deshalb ein Anteil an den Gaben, weil in ihm kranke Pilger »bis zu ihrem Tod oder bis zur vollständigen Genesung liebevoll gepflegt werden müßten«.[327]

Wertvolle Votivgaben wurden dem ›Schatz‹ des Heiligen einverleibt, an einem gesicherten Ort aufbewahrt und bei Bedarf eingeschmolzen; wie man aus Wachsbildern Kerzen formte, wurde Edelmetall ausgemünzt und so in den Kreislauf der Wirtschaft zurückgeschleust – etwa nach einem Brand, wenn der Neubau finanziert werden mußte. Votivgaben führten nicht nur kleine Gauner in Versuchung, wie schon im Zusammenhang mit der Kritik des Erasmus an Reliquienkult und Wallfahrtswesen erwähnt wurde. Pilgerorte bildeten ein bevorzugtes Ziel der ›Völker‹, die seit dem Frühmittelalter in das Römische Reich einbrachen; später wußten Normannen, Ungarn und Sarazenen, aber auch innere Feinde, wo mit lohnender Beute zu rechnen war. Manches schöne Stück frühmittelalterlichen Kunsthandwerks in den Museen skandinavischer Staaten dürfte aus Gold gearbeitet sein, das Wikinger in südlichen Ländern geraubt hatten.

Auch die christliche Obrigkeit hat mit den in Wallfahrtsstätten angesammelten Schätzen gewöhnliche und außerordentliche Ausgaben bestritten. Gerechtfertigt wurden solche Eingriffe, wenn überhaupt, mit den Kosten des Schutzes; von räuberischer Erpressung unterschieden sie sich meist nur der Form nach. Gestützt auf das Recht des Siegers haben Kreuzfahrer 1204 die Kirchen in Byzanz geplündert; viele von ihnen geraubte Kunstwerke schmücken noch heute europäische Kirchen und Museen, vor allem in Venedig.[328] Die Verwaltung der Altöttinger Kapelle konnte schon wenige Jahre nach dem Beginn der Wallfahrt Georg dem Reichen von Landshut im Jahre 1498 die gewaltige Summe von 57 000 Gulden zur Finanzierung eines Krieges leihen![329] Zu Beginn der Neuzeit hat ein skrupelloser Machtmensch gar nicht mehr versucht, sich den Schein des Rechtes umzuhängen: Im September 1538 ließ König Heinrich VIII. von England auf sechsundzwanzig Karren Gold und Silber aus Canterbury abtransportieren; zu Ehren des hl. Thomas Becket hatten Pilger jahrhundertelang den größten Schatz zusammengetragen, den es jemals im mittelalterlichen England gegeben hat.[330]

Vom Mirakel zur Wirtschaftsförderung

Wer geheilt oder gerettet worden war, wußte sich verpflichtet, die Macht des Verehrten weiterzuerzählen – gleich nachdem das Wunder offenkundig geworden war, aber auch nach einer weiten Reise; so begegnen unter den Zeugen, die die päpstliche Kommission im Zuge der Heiligsprechung Elisabeths von Thüringen verhörte, Frauen und Männer, die aus dem heutigen Niedersachsen und dem heutigen Belgien eigens zur Aussage nach Marburg gekommen waren. Wunder Annos wurden an seinem Grabe aufgezeichnet in der Absicht, vorgelesen und bekanntgemacht zu werden; der Ruhm des Heiligen wurde gemehrt, die Menschen sahen sich eingeladen, ihn im Kloster Siegburg zu besuchen.

Von vielen Wallfahrtsorten liegen Mirakelsammlungen vor, die oft erst ansatzweise ausgewertet sind. Die Berichte zeugen von dem Glauben, daß Heilige dank ihrer Nähe zu Gott übernatürliche Kräfte besitzen; Heil und Schutz gewähren sie dem demütig Bittenden vor allem dort, wo ihre sterbliche Hülle ruht oder wo sie in besonderer Weise verehrt werden, der Erzengel Michael etwa am Monte Gargano und am Mont-Saint-Michel in der Normandie. Die Kommission, die die Wunder Elisabeths von Thüringen überprüfte, zeigte sich überzeugt, daß Gott »zur Widerlegung der Verworfenheit der in dieser Zeit sich mehrenden Häretiker« durch Elisabeth habe Zeichen setzen wollen, auf daß die Menschen nicht über ihre Kräfte in Versuchung geführt würden.[331]

Wunderberichte bieten aufschlußreiches Material zum Alltag der Menschen, sie spiegeln Hoffen und Fürchten von Reichen und Armen, Adligen und Unfreien, Kranken und Gesunden; sie bilden eine unerschöpfliche Quelle für die Geschichte von Wirtschaft und Verkehr sowie für Bereiche, die mit Stichworten wie ›Kindheit‹, ›Nachbarschaft‹, ›Solidarität‹, ›Sterben‹ umschrieben seien. Konkreter und anschaulicher als Chroniken oder Urkunden zeigen sie, wie sehr der Mensch von Unfall, Krankheit und Tod umfangen war; in den Erzählungen von Befreiung aus Gefangenschaft spiegelt sich die oft erschreckend große Rechtsunsicherheit. Aus den Berichten geht aber auch hervor, wie freizügig Menschen durch Länder und über Meere reisten.

Beispiele aus dem frühen 13. und der Mitte des 15. Jahrhunderts mögen Gehalt und Weite solcher Berichte veranschaulichen. Eines der Elisabethmirakel verdeutlicht Gefahren, denen gerade kleine Kinder ausgesetzt waren. Darüber hinaus fällt auf, wie nüchtern die Kommission das Geschehen festhält; genau läßt sie sich den Hergang sowie Symptome des Verunglückten schildern.

»Von einem Knaben, der in einem Brunnen ertrunken war und zum Leben wiedererweckt wurde.

Wighard aus Medebach (Diözese Köln) wurde vernommen über den Tod des vierjährigen Knaben Gotfrid. Unter Eid sagte er aus: Zufällig sei er zum Brunnen gekommen, um Wasser zu schöpfen. Er fand einen unter der Wasseroberfläche liegenden Jungen. Erschreckt stieg er schnell in den Brunnen hinab, zog den Knaben aus dem Wasser und reichte ihn seinem Begleiter, Rudeger, der mit ihm zusammen gekommen war, um Wasser zu schöpfen. Auf ihr Geschrei hin kamen Leute aus jenem Dorf. Sie alle hielten den Knaben für tot. Er lag nämlich da mit offenem Mund und schrecklich geöffneten Augen; die Haut hatte sich auf dem ganzen Körper schwarz verfärbt, sofern sie nicht rötlich aussah, wie in kochendem Wasser verbrüht; der Leib war stark geschwollen. Arme, Beine, alle Gliedmaßen waren starr. Man trug den Knaben in das Haus des Wighard; von dem Unfall sagte man den Eltern aber nichts, denn sie lagen darnieder, der Vater krank, die Mutter im Kindbett. Darauf fingen die Umstehenden an, die Hilfe der heiligen Elisabeth zu erflehen, und sie baten zwei fromme Frauen um ein Gelübde für den Knaben: Er würde mit Gaben zu ihrem Grabe geschickt werden. Kaum hatten sie in dieser Weise die Heilige angerufen, da sahen sie, wie die natürliche Farbe in den Knaben zurückkehrte, ganz schwach spürte man auch wieder seinen Puls.

Jetzt erst wurde der Knabe in das Haus seiner Eltern getragen. Rudeger, der mit dem oben genannten Wighard gekommen war, um Wasser zu schöpfen, sagte unter Eid aus, daß er selbst den Knaben aus den Händen des Wighard übernommen habe; im Brunnen stehend, habe dieser den Knaben aus dem Wasser gezogen. Er, Rudeger, habe dann den Knaben auf die Erde gelegt und laut zu klagen angefangen – habe er ihn doch für seinen eigenen Sohn gehalten. So gut wie er diesen nämlich lebend kannte, so schlecht konnte er den Verunglückten, verfärbt und aufgedunsen, erkennen. In allen anderen Punkten stimmt seine Aussage mit der des oben genannten Wighard überein.

Wipert, der Vater des Knaben, und Gertrud, seine Mutter, sagten unter Eid aus, daß am Fest Johannes des Täufers im gegenwärtigen Jahr Gotfrid um die Abendstunde herum mit anderen Knaben aus dem Haus gegangen sei, um zu spielen. Sie wissen nicht, zu welcher Stunde der Knabe in den Brunnen gefallen sein mag, indessen sei er in ihr Haus etwa zur Zeit des Sonnenuntergangs gebracht worden.

Adelheid aus dem selben Dorf sagte unter Eid aus, sie selbst habe mit eigenen Augen den Knaben entseelt liegen sehen, von den Leuten herzerweichend beklagt. Und wir, die wir das Verhör leiten, haben ihn lebend und gesund gesehen.«[332]

Gotfrid fand Hilfe, wie die Kranken, die Jesus geheilt hatte. Lassen sich solche Übereinstimmungen erklären? Im ersten wie im 13. Jahrhundert galten viele Krankheiten als unheilbar; Evangelien und Elisabethmirakel verweisen auf Leid, dem die zeitgenössische Medizin nicht gewachsen war. Den Unglücklichen blieb nur noch die Hoffnung auf ein Wunder.

Einem Wunder glaubte auch ein Spanier sein Leben zu verdanken, der sich am Schrein der Heiligen Drei Könige in Köln einfand. ›Eigentlich‹ wäre der hl. Jakobus ›zuständig‹ gewesen; doch hatte ja schon ein früher erwähntes Annomirakel gezeigt, daß man Heilige von jedem Punkt der Erde aus anrufen konnte, so daß sich deren Einflußbereiche überlagerten; niemand vermochte zu sagen, warum hier

Abb. 36: Der Dreikönigenschrein im Kölner Dom: eines der großen Pilgerziele des Mittelalters. Die Weisen waren weit gereist, um das Jesuskind zu ehren; deshalb galten sie als Prototypen und Schutzpatrone der Wallfahrer. Nach seiner Wahl in Aachen ehrte mancher deutsche König die hl. Drei Könige in Köln.

dieser Heilige half und jener nicht. Der Bericht verdeutlicht die Haftungspflicht und das geringe gesellschaftliche Ansehen eines Wirtes. Das Mirakel ergänzt ein schon erzähltes ›Wunder‹ insofern, als diesmal einer der Gäste der Betrüger ist. Das Motiv, daß Gott oder der Heilige sich nachdrücklich in Erinnerung ruft, wenn das Gelübde vernachlässigt wird, findet sich in vielen Mirakeln. Der Spanier stellt sich also vor als Wirt, der Pilger beherberge, die den hl. Jakobus besuchen; vor dem Galgen hätten ihn die hl. Drei Könige bewahrt. Auf Nachfragen ergänzt er, eines Tages sei unter seinen Gästen ein ›falscher Bruder‹ gewesen, der nachts einem seiner Gefährten alles Geld gestohlen habe. Als der den Schaden bemerkte, habe er ihn, den Wirt, des Diebstahls bezichtigt. »Ich leugnete, und um so mehr insistierten der Pilger und seine Genossen, besonders jener, der den Diebstahl begangen hatte. Ihnen glaubte der Richter und verurteilte mich zum Tode. Ich hatte nun keine Hoffnung mehr auf menschliche Hilfe«. Im Bewußtsein seiner Unschuld habe er sich an die hl. Drei Könige gewandt und ihnen ein Gelübde gemacht. »Auf göttliche Weisung« habe er dann seine Gäste einzeln gemustert und einen von ihnen mit beiden Händen gepackt. »Laut rief ich aus: ›Das ist der Dieb. Sucht, und ihr werdet finden‹. Man suchte und fand. Nun wurde er sofort gehängt, er erlitt, was er für mich vorgesehen hatte. Als ich nach meiner Erlösung vergaß, das Gelübde einzulösen, berührte mich wieder die Hand Gottes, und mein Vergehen erkennend, konnte ich es kaum noch erwarten, meine Pilgerfahrt vorzubereiten«.[333]

Mirakel zeigen, daß mit Wunderberichten auch Mißbrauch getrieben wurde. Vielfach wird nämlich betont, die Aussage stamme von einer ›vertrauenswürdigen‹ Frau, der Pilger habe sie ›bei seinem christlichen Glauben‹ gemacht. Der eine bekräftigte den Bericht ›bei seiner Treue an Eides statt und bei seiner Pilgerfahrt‹, der andere leistete einen wirklichen Eid in der Kirche oder gar auf den Altar. Begleiter – nach Geburtsnöten nicht selten die Hebamme – bestätigten die Wahrheit der Aussage, wie es vor Gericht Eideshelfer taten. Oft läßt man sich Beweise zeigen: Ein Mann verweist auf die von einem Sensenstoß herrührende Narbe; ein anderer, der in die Brust getroffen worden und dank der Hilfe des hl. Theobald genesen war, bringt den verhängnisvollen Pfeil und das durchschossene Hemd mit. In der Kirche aufgehängte Arm- und Fußschellen wurden schon erwähnt. Briefe, von der heimischen weltlichen oder geistlichen Obrigkeit bereitwillig ausgestellt und besiegelt, sollten die Aussage erhärten.[334]

Man tut den Autoren und den Protokollanten der Berichte nicht Unrecht, wenn man ihre Bestrebungen als Propaganda deutet. Wer für den Besuch einer heiligen Stätte warb, förderte auch die Wirtschaft dieses Ortes. Eine weitverbreitete Legende des 14. Jahrhunderts räumt ganz nüchtern solche Zusammenhänge ein: In Bethlehem und Umgebung seien alle Herbergen voll Fremder gewesen, die »viel Geld einbrachten«.[335]

Gewißheit, Heilung und das Heil zu finden

Die Zuversicht, daß Heilige ansprechbar sind und den Mühseligen helfen, konnte sich mit einer geradezu modern anmutenden Experimentierfreudigkeit paaren. Der Pfarrer von Winningen (Kreis Koblenz) erprobte zusammen mit anderen Priestern, ob es wahr sei, was man sich allenthalben erzähle. Er mischte also Reliquien Annos, die er sich im Vorjahr erbeten hatte, mit Wasser; kaum hatte er einem an Kiefernstarre Leidenden diesen Trank eingeflößt, war der Mann geheilt. Mit ihm stimmte die zu dem Versuch zusammengeströmte Menge das Lob Gottes an. Wenige Tage später erstattete der Pfarrer in Siegburg Bericht über den Vorgang; er erbat und erhielt weitere Reliquien Annos. Auch solche Pilger besuchten also Wallfahrtsorte.[336]

Wer Mirakel protokollierte, hatte im allgemeinen weder Zeit noch Bildung, sich zur grundsätzlichen Möglichkeit von Wundern Gedanken zu machen. Das war Sache der Theologen. In der zweiten Hälfte des 13. Jahrhunderts zitiert Thomas von Aquin ein Wort des Augustinus: Wunder heiße »etwas Schwieriges und Ungewohntes, was sich über die Fähigkeit der Natur und über die Erwartung des Bewundernden hinaus ereignet«. Thomas bringt Beispiele aus Naturbeobachtung und Heilsgeschichte: Manches geschehe an der Naturordnung vorbei, was doch nicht schwierig sei, denn es ereigne sich in winzigen Gebilden, so bei der Neubildung von Perlen oder der Heilung von Kranken. Anderes sei nicht ungewohnt, da es häufig vorgekommen sei, etwa wenn Kranke auf öffentliche Plätze gebracht wurden, um vom Schatten des Petrus geheilt zu werden (Apg 5, 15). Was schließlich die Erwartungen angehe, »so erwarten wir alle die Auferstehung der Toten, die doch vorbei an der Naturordnung geschieht«. Also sei nicht alles, was an der Naturordnung vorbei geschehe, als Wunder einzustufen. Nach weiteren Ausführungen faßt Thomas zusammen: »Darum heißt das, was mit Übergehung der uns bekannten Ursache von Gott geschieht, Wunder.«[337]

Thomas von Aquin hätte vieles, was Mirakel festhalten, nicht als Wunder gelten lassen, wahrscheinlich auch nicht das oben erwähnte ›Wunder‹ an dem Knaben Gotfrid. Gemäß dem Grundsatz ›nach dem Ereignis, also wegen des Ereignisses‹ *(post hoc, ergo propter hoc)* stand für die Dorfgenossen dagegen fest, daß der Junge wiederbelebt worden war, *weil* man die als heilig verehrte Elisabeth um Hilfe angerufen und eine Pilgerfahrt an ihr Grab gelobt hatte. Geheilt hatte auch im Falle des an Kiefernstarre Leidenden der Glaube. Die moderne Medizin hält Spontanheilungen für möglich, etwa die Lösung von Verkrampfungen infolge intensiven Erlebens. Sie schließt nicht aus, daß der Glaube starke Widerstandskräfte weckt, die selbst schwere körperliche Leiden überwinden.

In Mirakeln ist häufig von Vergehen die Rede, selten von persönlicher Schuld. Davon redet nicht einmal, wer am Grab Elisabeths keine Heilung gefunden hat. Eher bekunden die Einvernommenen ein so gutes Gewissen, daß sie – wie die im Eingangskapitel erwähnten Mütter und der Gelähmte – unbekümmert Elisabeth Vorwürfe machen. Die Heilige läßt sich durch Drohungen offensichtlich weder kränken noch davon abhalten, Unglücklichen zu helfen. Und die päpstliche Untersuchungskommission enthält sich jeder Stellungnahme zu Bekundungen der Frömmigkeit, aus denen Nähe und Vertrauen zu der als heilig Verehrten sprechen.

Nachtwache am Grab: Frieden und Streit

Viele Pilger blieben längere Zeit in der Nähe des Heiligen. Sofern die Örtlichkeiten das erlaubten, hatten sie ständig Zugang zur Kirche, wenn schon nicht zum Grab. Der Autor der Predigt *Veneranda dies* bewundert die Scharen derer, die am Altar des hl. Jakobus einträchtig wachen. Nach ihrer Sprache unterscheidet er Deutsche *(Theutonici)* auf der einen Seite, Franzosen *(Franci)* auf der anderen, Italiener *(Itali)* auf der dritten; »sie halten Kerzen in den Händen, so daß die ganze Kirche wie durch die Sonne an einem hellen Tag erstrahlt.« Zum Klang von Fiedel und Harfe, Flöte und Posaune, Pauke und anderen Instrumenten singen die einen Lieder, jeweils in ihrer Sprache; andere erforschen ihr Gewissen, beten Psalmen oder spenden Almosen. Der Autor berauscht sich am friedlichen Nebeneinander von Angehörigen aller Völker und Zungen. Offensichtlich hatte der hl. Jakobus die babylonische Sprachenverwirrung aufgehoben und ein neues Pfingstwunder gewirkt. Mehr noch, an seinem Grabe ist eine alte Sehnsucht der Menschheit in Erfüllung gegangen: Der Reiche und der Räuber leben friedlich miteinander.[338] Daß auch ›Griechen‹, d. h. Pilger aus der orthodoxen Christenheit, zum fernen Santiago zogen, ist naheliegend; denn die Apostel wurden in den Kirchen des Morgen- und des Abendlandes verehrt.

Nicht anders als heute dürfte sich dem einen Pilger dieser Augenblick, dem anderen jenes Ereignis unvergeßlich eingeprägt haben: Der erstmalige Blick vom ›Berg der Freude‹, die Lossprechung von den Sünden, das friedliche Miteinander von Menschen unterschiedlicher Herkunft, die abendliche Lichterprozession, vielleicht auch das Feuerwerk, das man im neuzeitlichen Einsiedeln zum Abschluß des großen vierzehntägigen Engelsfestes abbrannte.[339] Einmal mehr wurden die Sinne der Wallfahrer angesprochen.

Abb. 37: Jakobus im Kampf gegen die Mauren (15. Jh., Kupferstich von Martin Schongauer). Der Legende nach war der hl. Jakobus in der Schlacht bei Clavijo (844) leibhaftig erschienen und hatte die Christen zum Sieg über die Muslime geführt; deshalb verehrten ihn christliche Streiter während der Reconquista, der Zurückdrängung des islamischen Herrschaftsbereiches auf der Iberischen Halbinsel, als Matamoros (Maurenschlächter). Noch im 16. Jahrhundert zogen Spanier in Amerika gegen Indios in den Kampf mit dem Schlachtruf ›Santiago!‹. Im 20. Jahrhundert hat Francisco Franco, Staatschef Spaniens (1939–1975), den hl. Jakobus zum Patron Spaniens erhoben und als militanten Schützer gegen ›Bolschewisten‹, ›Anarchisten‹ und andere Feinde seines Regimes ehren lassen.

An heiliger Stätte konnte es auch zu Orgien der Gewalt kommen, erst recht, wenn die Wachenden übermüdet waren und unter Einfluß von Alkohol standen. So sollen einmal in St. Gilles, am Grab des hl. Aegidius, Franken und Basken mit Schlägen, Stöcken und Steinen um die besten Plätze gestritten haben. Einer sei so schwer verwundet worden, daß er »niedersank und starb«; am Kopf verletzt, sei ein anderer geflohen und später ebenfalls tot zusammengebrochen. Die Moral der Geschichte: »Pilger müssen Streit und Trunksucht von Grund auf meiden.«[340] Da die Predigt für den Besuch von Santiago werben wollte, mußte diese Kirche ohne Makel bleiben. Doch auch am Altar des hl. Jakobus haben Pilger verschiedener ›Nationen‹ miteinander gestritten, wiederholt mit tödlichem Ausgang. Die Basilika mußte dann jedesmal neu geweiht werden. Es lag daher nahe, daß der Erzbischof von Santiago sich bei Papst Innozenz III. nach einer weniger aufwendigen Art erkundigte, die Kirche zu reinigen.[341]

Noch in unseren Tagen vergiften Animositäten zwischen Angehörigen christlicher Konfessionen das Klima im Heiligen Land. An hohen Feiertagen ist es in der Grabeskirche zu Jerusalem und in der Geburtsgrotte zu Betlehem wiederholt zu Auseinandersetzungen gekommen, die mit Worten und Fäusten ausgetragen wurden.

Auf weitere Schattenseiten machen Beschlüsse kirchlicher Versammlungen aufmerksam: Die Synode von Avignon untersagte im Jahre 1209 die Übernachtung in Kirchen mit folgender Begründung: Statt zu beten und zu wachen, geben sich die Menschen unpassenden Freudenbekundungen hin mit Singen von Liebesliedern und obszönen Tänzen.[342] Schon erwähnt wurden Mißstände, die sich aus dem dichten Beieinander von Frauen und Männern ergaben. Die häufige Wiederholung solcher Klagen weist darauf hin, daß sich an den Verhältnissen lange Zeit wenig geändert hat; insgesamt sind Verbote wohl wirkungslos geblieben. Wenn die Reformatoren Pilgerfahrten als Ausdruck der Frömmigkeit ablehnten, wenn noch das Konzil von Trient (1545–1563) zur Bekämpfung von Übelständen aufrief, wenn kirchliche wie weltliche Obrigkeiten bis weit ins 18. Jahrhundert Wallfahrten sogar grundsätzlich verboten, dann auch wegen eines vergnüglichen oder gar lasterhaften ›Rahmenprogramms‹; nach Meinung der einen bildete es einen Teil der Wallfahrt, anderen war es ein Greuel.

Bei Kälte und Dauerregen konnte den Pilgern eine Übernachtung im Freien nicht zugemutet werden; die Kirche mußte also nachts geöffnet bleiben. In solchen Fällen wurden wohl auch Strohlager eingerichtet; Galerien wie die in der Basilika zu Santiago eigneten sich als Notlager. Allerdings wuchs damit die Brandgefahr. Die Quellen äußern sich nicht zu sanitären Einrichtungen, die – zumindest in rudimentärer Form – gegeben sein mußten. In Santiago kennt man seit dem 15., vielleicht auch schon seit dem 14. Jahrhundert einen gewaltigen Weihrauchkessel.[343] Der Brauch, diesen ›Botafumeiro‹ an hohen Feiertagen durch das Querschiff der Basilika zu schwenken, könnte aus Zeiten stammen, in denen man den Geruch ungepflegter, übernächtigter, ungewaschener Menschen, sowie den Gestank von Kranken mit ekelhaften Ausscheidungen übertünchen wollte – so gut es ging.

Aufgaben für die lokale Verwaltung

An Festen mußten logistische Probleme gemeistert werden: Tausende wollten zusätzlich verpflegt, beherbergt und geschützt werden, auch vor überhöhten Preisen, verdorbenen Lebensmitteln und nicht verkehrssicheren Booten. Da die Termine der großen Wallfahrten bekannt waren, konnten sich Fachleute von nah und fern auf die Herausforderungen einstellen. Massen zu beköstigen bereitete offensichtlich keine nennenswerten Schwierigkeiten, kannte man doch zumindest im Spätmittelalter schon auf Karren montierte Backöfen.

Von Notquartieren in Kirche und Kreuzgang, auf freiem Feld und in improvisierten Unterkünften war schon die Rede. Im Kampf gegen Diebe und andere Gauner setzte man in Einsiedeln – wohl nicht nur im Jahr 1561 – schon verdeckte Ermittler ein.[344] Die Pilger mußten auch vor ansteckenden Krankheiten und anderen Katastrophen bewahrt werden. Auf den Himmel allein durfte man sich nicht verlassen, wenn der auch gelegentlich ein Einsehen hatte. Aus dem 7. Jahrhundert wird von Folgen großer Menschenansammlungen berichtet: In Jerusalem hinterließen Kamele, Pferde, Esel, Ochsen, die man als Trag- und Zugtiere brauchte, »abscheulichen Kot«, der das Umhergehen erschwert und unerträglichen Gestank verursacht habe; zu menschlichen Ausscheidungen äußert sich die Quelle nicht. »Wunderbarerweise« falle in der Nacht, die auf den Abzug all des Viehs folge, wolkenbruchartig Regen, »der allen abscheulichen Dreck von den Straßen beseitigt und die Stadt vom Schmutze sauber macht«.[345]

Wiederholt sind bei großen Menschenansammlungen Seuchen ausgebrochen, zumal im Sommer. Zu den Opfern zählen Landgraf Ludwig, der Ehemann der hl. Elisabeth; er starb 1227 in Brindisi, auf dem Weg ins Heilige Land. Einer Seuche erlag auch König Ludwig der Heilige 1270 auf einem Kreuzzug bei der Belagerung von Tunis. Wie kleine Gemeinden, die in wenigen Tagen ein Vielfaches der eigenen Einwohnerzahl aufzunehmen hatten, mit dem Problem der Beseitigung menschlicher Ausscheidungen fertig wurden, warum nicht häufiger Seuchen von Wallfahrtsorten überliefert sind, ist eine noch ungeklärte Frage. Vielleicht hatte man Abfälle aller Art umsichtig entsorgt. Doch ist es unwahrscheinlich, daß man in mittelalterlichen Wallfahrtsorten mehr auf Sauberkeit geachtet hat als in großen Städten; und dort haben unzulängliche hygienische Verhältnisse noch in der Neuzeit zum Ausbruch von Cholera und Ruhr geführt.

Zwei Beispiele aus unterschiedlichen Bereichen mögen zeigen, daß man an großen Wallfahrtsorten zum Schutz der Pilger sinnvolle Maßnahmen ergriffen hat. Unschätzbar war sauberes Trinkwasser. In unmittelbarer Nähe der Basilika soll es in Santiago einen Brunnen gegeben haben, einzigartig schön, dabei ein Meisterwerk der Technik; man habe weder gesehen, woher das Wasser komme, noch wohin es fließe. »An diesem süßen, erfrischenden, gesunden, klaren, vorzüglichen, winters warmen, sommers frischen Quell erquicken sich die Jakobspilger nicht weniger als die Bürger der Stadt.« Einmal mehr wird jemand namentlich genannt, der sich um die Pilger verdient gemacht habe: Eine Inschrift am Brunnen rühme einen gewissen Bernhard, Schatzmeister des hl. Jakobus, der im Jahre 1122 das Wasser hierhin geleitet und das Werk gestaltet habe, »zum Heil seiner und seiner Eltern Seelen«.[346] – Panik droht, wo Massen zusammenströmen; daher war angemessen, was Dante aus

Rom überliefert. Im Heiligen Jahr 1300 habe man die Scharen so über eine Tiberbrücke geleitet, daß die Pilger auf der einen Seite hin- und auf der anderen zurückgingen.[347]

Nicht immer blieben Wallfahrer vor Katastrophen bewahrt. In Vézelay, wohin zu Ostern und zum Fest der hl. Maria Magdalena Kaufleute und Pilger zogen, sollen im Jahre 1120 bei einem Brand der Basilika am Vorabend des Festes der Heiligen weit mehr als tausend Menschen umgekommen sein.[348] Die Feuersbrunst lenkt den Blick auf eine weitere Einrichtung: In vielen Wallfahrtsorten hatte man für hier verstorbene Fremde einen eigenen Friedhof angelegt. Dieser Brauch hatte eine lange Tradition; erinnert sei an den mit dem ›Judaslohn‹ in Jerusalem gekauften ›Blutacker‹ (Mt 27, 6-8) und an den seit dem Frühmittelalter ununterbrochen belegten *Campo Santo Teutonico* gleich neben der Peterskirche in Rom.[349] Mancher wird es als glückliche Fügung verstanden haben, wenn er in unmittelbarer Nähe des verehrten Heiligen seine Tage beschließen durfte. Wer die Beschwernisse der Reise ertragen, gebeichtet und Buße getan hatte, ging gut vorbereitet und im Bewußtsein in die Ewigkeit, daß der Heilige ihm auch im Jenseits beistehen werde; ihm blieb erspart, was mittelalterliche Autoren als größtes Unglück ansahen, das einem Menschen widerfahren könne: Unvorbereitet vor den göttlichen Richter treten zu müssen.

Erwerb eines Pilgerzeichens

Hatte man gebetet, gewacht, seine Gabe geopfert, das Wunder erzählt, die Lossprechung von den Sünden erhalten, ließ mancher sich – gegen eine angemessene Spende – in die örtliche Bruderschaft aufnehmen und blieb damit am Ziel gegenwärtig: Die ›Brüder‹ würden das neue Mitglied von nun an in ihr Gebet einschließen und der Aufmerksamkeit des hier verehrten Heiligen empfehlen.

Nun war auch die Zeit gekommen, ein bleibendes Erinnerungszeichen zu erwerben. An den ältesten christlichen Wallfahrtsstätten nahm man etwas Erde oder einen Stein vom Berg Golgatha mit, die Jesus mit seinem Blut geheiligt hatte, den charakteristischen Palmzweig, Wasser aus dem Jordan, in dem Johannes den Erlöser getauft hatte, Wasser auch aus einem Brunnen in Nazareth, aus dem der Legende nach Maria geschöpft hatte.[350] In Santiago erwarb man die Muschel, die der ›Pilgerführer‹ erstmals als das Abzeichen erwähnt, an dem man den Pilger erkannte, der fast bis ans Ende der Erde gewallt war; der Ort Finisterre, der letzte Zipfel festen Landes am Atlantik, liegt zwei Tagereisen weiter westlich. Die Muschel diente als Beweis dafür, daß man beim hl. Jakobus gewesen war und sollte Gefahren aller Art bannen. Wie vieles andere wurde auch die Muschel symbolisch gedeutet. Ihre Schalen bezeichneten »die zwei Vorschriften der Nächstenliebe, mit denen der Träger sein Leben festigen muß; d. h. Gott über alles und den Nächsten wie sich selbst zu lieben«.[351]

Abb. 38: Pilgerzeichen aus Rom. Die Apostelfürsten sind dargestellt in Wort (S[anctus] P[etrus] + S[anctus] Pa[ulus[), Bild und dem Schlüssel als Attribut des Petrus. Das örtliche Gewerbe stellte solche Metallgüsse zu Tausenden her; dank der Ösen ließ das Zeichen sich leicht am Hut befestigen.

Seit dem Spätmittelalter fertigte man an großen und kleinen Wallfahrtsorten je eigene Pilgerzeichen an, oft aus Metall gegossen, in Rom mit den Bildern der Apostelfürsten Petrus und Paulus.[352] In Einsiedeln sollen im September 1466 während des vierzehntägigen Festes der Engelweihe 130 000 metallene Pilgerzeichen verkauft worden sein[353] – eine gewaltige Zahl, selbst wenn mancher mehr als eins erworben haben sollte; dafür werden andere ohne Zeichen heimgezogen sein. Die Zahl verweist auch auf die Bedeutung, die die Wallfahrt für das metallverarbeitende Gewerbe eines Ortes, für den Bergbau, für das Hütten- sowie für das Transportwesen gewinnen konnte. Gutenberg soll mit der Herstellung von Pilgerzeichen Erfahrungen gesammelt haben, die ihm bei der Entwicklung beweglicher Lettern zugute gekommen seien.[354]

Das Pilgerzeichen, zunächst an der Tasche oder am Mantel getragen, wurde später am Hut befestigt; möglicherweise rührt daher die (heute abfällige) Redensart, man könne sich dies oder jenes ›an den Hut stecken‹. Zusammen mit dem Pilgerzeichen konnte man sich, in Santiago in der Nähe der Basilika, mit allem versorgen, was man für den Heimweg brauchte: Wein in Schläuchen, Schuhe und Riemen, lederne Taschen, Beutel und Gürtel, ferner Gewürze und Heilkräuter.[355] In späteren Jahrhunderten kaufte man zusätzlich wohl auch einen Rosenkranz oder eine Medaille. Gebets- und Segenzettel mit Echtheitszertifikat wurden, da auch in ihnen nach Meinung von Käufern und Verkäufern die dem jeweiligen Heiligen zugeschriebene Kraft ruhte, zu Abertausenden abgesetzt.[356] Da es bekannt war, daß sie mit der Entfernung vom Ausgabeort im Wert stiegen, dienten sie manchem als Geldersatz. So begegnete Johann Wolfgang Goethe im Jahre 1786 auf der Fahrt von Padua nach Venedig deutschen Pilgern, die den Schiffern als Dank für die kostenlose Beförderung »kleine geweihte Zettel« mit dem »Bild der heiligen drei Könige nebst lateinischen Gebeten« verehrten.[357] In Marienwallfahrtsorten belebte die massenweise Herstellung von Drucken oder – oft verkleinerten – Kopien des Gnadenbildes das heimische Gewerbe. In Loreto ließ man sich Staub von der *Santa Casa* mitgeben.[358]

In der Neuzeit war es sinnvoll, vor dem Aufbruch um ein weiteres Dokument zu bitten. So bestätigte die Kanzlei des fürstlichen Stifts dem Benedict Joseph Labre aus Burgund, der mit französischem Paß gekommen sei und beabsichtige, nach Frankreich zu reisen, am 3. April 1775 auf einem Vordruck mit »aufgedrucktem Signet«: »Heut Dato von der gnadenreichen Waldstatt Einsiedlen, als von einem (GOTT sey darum gedankt) von aller bösen Luft, und Seuche befreyten, und ohnargwöhnischen Ort abgereiset«. Die persönlichen Daten waren handschriftlich eingefügt.[359]

Wer traurig kommt, zieht froh zurück

So steht es in der Predigt *Veneranda dies* inmitten des Abschnittes, der der Basilika gewidmet ist.[360] Waren alle Vorbereitungen für den Heimweg getroffen, nahm man Abschied von dem Heiligen, dem die Reise gegolten hatte. Man empfahl sich aber auch dem Schutz anderer Heiliger, denen in der Basilika Altäre geweiht waren, in Santiago den Heiligen Andreas, Fides (Ste. Foy), Johannes, Maria Magdalena, Martin, Michael und Nikolaus. Einander ergänzende Überlegungen könnten die Förderer der Verehrung des hl. Jakobus bewogen haben, konkurrierende Heilige, zu denen es eigene überregionale Wallfahrten gab, in Santiago zu ehren. Wer die hl. Fides oder den hl. Martin besuchen wollte, konnte das auch hier tun; man förderte dann allerdings nicht Conques und Tours, sondern die Apostelstadt am Ende der Welt. Die Vielzahl der in der Jakobus-Basilika verehrten Heiligen war auch für den Pilger vorteilhaft; beim Abschied von dem einen Heiligen empfahl er sich schon dem Schutz dessen, den er bald aufsuchen wollte.

Abb. 39: Die über und über mit Edelsteinen besetzte Figur der hl. Fides von Conques (Foto: N. Ohler). Das vielleicht um das Jahr 1000 geschaffene Werk zeigt die Heilige nicht als junge Märtyrerin, sondern als Personifikation des Glaubens: Mit weit geöffneten Augen schaut Fides durch die Nebel des Zweifels das Heil.

Ein letztes Mal suchte man die Basilika auf. Der ›Pilgerführer‹ zeigt, wie ein romanischer Dom auf Menschen im 12. Jahrhundert wirken konnte. Verglichen mit großen, aus Stein gefügten Kirchen haben die meisten Menschen bestenfalls in Hütten gehaust. Auch vor diesem Hintergrund wird verständlich, daß der Autor ins Schwärmen gerät. Die Kirche sei groß, geräumig, hell, makellos, wohlproportioniert – Wunderbares habe man hier ins Werk gesetzt. »Sollte jemand traurigen Sinnes zur Empore aufsteigen, so wird er – wenn er oben durch die Schiffe schreitet – fröhlich, freudig erregt beim Anblick dieses ungemein schönen Gotteshauses«.[361]

Dieselbe Quelle macht auch auf den Memoria-Charakter des Baues sowie seiner Teile aufmerksam. Die hier namentlich genannten Förderer des Werkes, unter ihnen Steinmetzen, blieben im Gedächtnis der Menschen, hatten also eine Seite des Todes überwunden: das Vergessensein. Man konnte sogar in unmittelbarer Nähe des Heiligen gegenwärtig bleiben, ohne persönlich oder durch einen Stellvertreter die Wallfahrt gemacht zu haben: Nach dem Lobpreis des Altares, den er mit eigener Hand vermessen habe, fährt der ›Pilgerführer‹ fort: Sollte jemand den Apostel ehren und zum Schmuck seines Altares beitragen wollen, so müßte »das Altartuch neun auf einundzwanzig Handspannen messen.« Aus Liebe zu Gott und zum Apostel könne man aber auch ein sieben mal dreizehn Spannen großes Tuch für die Stirnseite des Altares senden.[362]

Abschied

Manchen wird Wehmut beschlichen haben, wenn er die festliche Atmosphäre und den Überfluß auf sich wirken ließ, wie der Roman vom Mont-Saint-Michel sie im 12. Jahrhundert rühmt: »Der Tag war klar und windstill. Mädchen und junge Männer sagten Verse auf oder sangen. Selbst die Alten versuchten sich in Liedern, und auf allen Gesichtern leuchtete die Freude.« Minnesänger hatten ihre Violen mitgebracht, sangen Lieder und spielten, zum Gesang großer und kleiner Vögel in den Wäldern. Händler hatten ihre Zelte aufgeschlagen und Pfade in Straßen verwandelt. Viele verschiedene Weine habe es gegeben, Brot und Gebäck, Obst und Fisch, Geflügel,

Kuchen und Wild; »überall war genug für jeden, der das alles bezahlen konnte«.[363]

Abb. 40: Die Figur des hl. Jakobus auf dem Mittelpfeiler des Pórtico de la Gloria (Kathedrale von Santiago de Compostela). Der Heilige bewacht sein Haus und heißt den Pilger willkommen; noch heute suchen Pilger den leiblichen Kontakt mit dem Heiligen (vgl. Abb. 1). Jesus hatte gesagt, woran das weit geöffnete Portal den Gläubigen erinnerte: »Ich bin die Tür; wer durch mich hineingeht, wird gerettet werden« (Joh 10, 9).

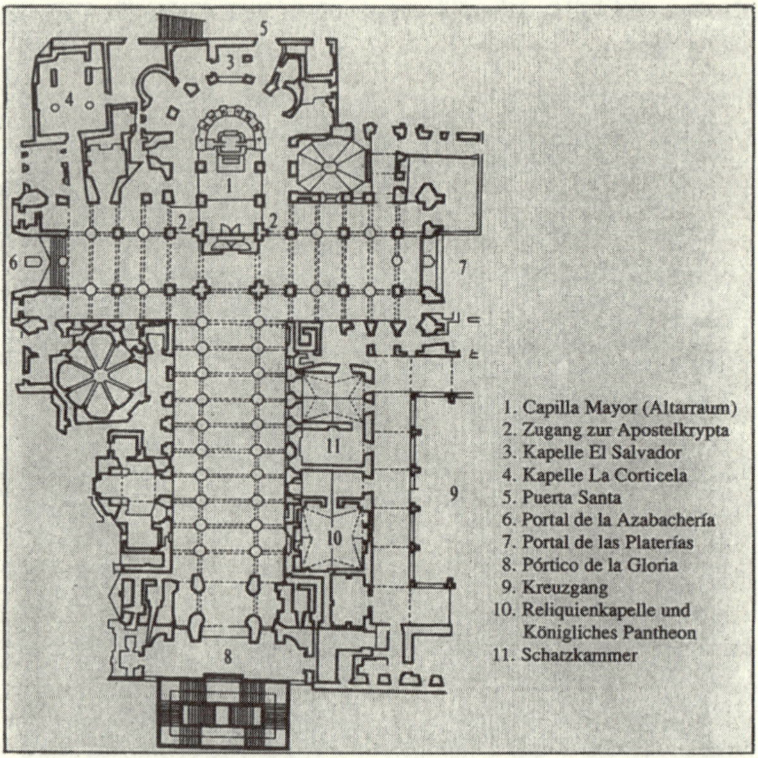

Abb. 41: Grundriß der Kathedrale von Santiago de Compostela. Die Anlage mit Chorumgang und dreischiffigem Längs- sowie Querschiff erleichterte es, die Pilgerströme in einer Art ›Einbahnstraße‹ zu kanalisieren.

Zwar gießt der letzte Satz einen Wermutstropfen in den Wein der Freude, doch wird sich mancher angesichts solchen Schlaraffenlandes gefragt haben, ob er nicht bleiben, sich an Ort und Stelle niederlassen solle. Hatte man sich endgültig losgerissen, begann der Heimweg. Wie man den Ort begrüßt hatte, sollte man nach dem Aufbruch auf dem ›Freudenberg‹ mit Kniebeuge, Gebet und Blick ein letztes Mal von der heiligen Stätte Abschied nehmen und den Segen des Heiligen erbitten.

Vor vielen Pilgern lagen nun wieder wochen-, wenn nicht monatelange Strapazen. Die waren leichter zu ertragen, wenn man sich von der Euphorie über die geglückte Wallfahrt immer wieder anspornen ließ; vielleicht wirkten Mühen auch deshalb nicht so niederdrückend, weil man nun trainiert und abgehärtet war. Andererseits dürfte mancher erschöpft gewesen sein, so daß jeder Schritt, jeder Berg, jede Trockenzone den müden Gliedern abgerungen werden mußten. Viele Pilger zogen über einen anderen Weg heim; so hatten es ja auch die Weisen aus dem Morgenland auf Anweisung eines Engels getan. Der eine wollte weitere Heilige ehren, ein anderer eine Handelsmesse besuchen, ein dritter Gefahren ausweichen, die von Natur oder Mensch drohten. Einzelpilger taten gut daran, sich anderen Reisenden zuzugesellen.

Freude über die glückliche Heimkehr

›Große‹ sandten Boten voraus, die ihre Heimkehr meldeten. Je nach Rang und Würde zogen die Daheimgebliebenen ihnen dann unterschiedlich weit entgegen. Aus dem ersten Drittel des 11. Jahrhunderts berichtet ein uns schon bekannter Chronist: Als die Nachricht von der glücklichen Heimkehr Wilhelms, des Grafen von Angoulême, sich herumgesprochen hatte, »zogen ihm alle Herren nicht nur aus der Gegend von Angoulême, sondern auch aus dem Umland von Poitiers und Saintes, darüber hinaus Leute aller Altersstufen und beider Geschlechter mit überschäumender Freude entgegen, um ihn zu sehen. In weißen Gewändern und mit verschiedenartigem Schmuck kamen ihm die Mönche von Saint-Cybard freudig eine Meile vor die Mauern der Stadt entgegen, begleitet von einer großen Volksmenge, von Klerikern und Kanonikern, Litaneien und andere Wechselgebete singend. Mit lauter Stimme intonierten sie das ›Großer Gott, wir loben Dich‹ und gaben dem Grafen das Geleit, wie es Brauch ist«.[364]

Die Feierlichkeiten zur Begrüßung heimkehrender Pilger unterschieden sich zuweilen nicht von denen, mit denen ein König eingeholt wurde; auch diesen ehrte man mit litaneiartigen Gesängen *(laudes)*. Nach Aussage des Chronisten gab Graf Wilhelm vielen Menschen aller Stände ein gutes Beispiel. Schon bald nämlich seien Bischöfe, Grafen, Vornehme, Arme und Reiche, insgesamt eine unüberschaubare Menge, nach Jerusalem aufgebrochen.

Unsäglicher Schmerz über den Tod eines geliebten Menschen

Auf dem Weg ins Heilige Land war Landgraf Ludwig von Thüringen, wie schon erwähnt, verstorben. Tausenden ist dieses Schicksal widerfahren; viele mögen es nicht einmal als Verhängnis betrachtet haben, wenn sie auf dem Weg nach Aachen, Canterbury, Einsiedeln, Jerusalem, Köln, Rom, Santiago, Trier aus einer Welt abberufen wurden, die sie zeitlebens vielleicht nur als Jammertal erfahren hatten. Doch wie nahmen die Angehörigen einen solchen Verlust auf? Stellvertretend für viele sei hier der Frau des Landgrafen gedacht. Damit sie die Unglücksbotschaft nicht aus unberufenem Munde erführe, suchte ihre Schwiegermutter sie auf. In dem folgenden Dialog ist von ›Bruder‹ die Rede; seit den Tagen der gemeinsam verlebten Kindheit hatten Ludwig und Elisabeth sich wechselseitig als Partner geachtet. Elisabeth müsse, so bat ihre Schwiegermutter, guten Mutes sein, um nicht erschüttert zu werden von dem, »was deinem Mann, meinem Sohn, durch göttliche Fügung widerfahren ist. – Wenn mein Bruder in Gefangenschaft geraten ist, kann er dank Gottes und unserer Getreuen Hilfe befreit werden. – Er ist tot.« Elisabeths Finger verkrampften sich. »Tot? Erstorben ist mir die Welt und all ihr Glanz.« Ungestüm, wie von Sinnen durcheilt sie den Raum, stürzt sich gegen die Wand, trostlos weinend.[365]

Die Schilderung der glücklichen Ankunft des Grafen von Angoulême sei ergänzt durch einen Bericht von der Heimkehr des toten Landgrafen Ludwig; beide Berichte weisen bemerkenswerte Übereinstimmungen auf. In Süditalien beschlossen Ludwigs Begleiter, ihren verstorbenen Herrn in die Heimat zu überführen. Nach einem feierlichen Totenamt hüllten sie den Leichnam in kostbare feste Tücher und setzten ihn einstweilen am Sterbeort bei. Dann brachen sie zum Kreuzzug ins Heilige Land auf. Nach ihrer Rückkehr verfuhren sie, wie es in solchen Fällen üblich war. Der Leichnam wurde zerlegt und so lange gekocht, bis das Fleisch sich von den Knochen gelöst hatte. Dann wurden die Weichteile an Ort und Stelle beigesetzt, das Herz gelegentlich an vornehmer Stätte, in einer Kirche etwa. Die Gebeine Ludwigs wurden in einen kostbaren Schrein gelegt, von einem Packtier getragen und nachts in einer Kirche unter Gebeten bewacht; morgens feierte man eine Messe und spendete Opfergaben; dann zog der Trupp weiter der Heimat zu. Bischof Ekbert von Bamberg, ein Onkel der Witwe, wurde benachrichtigt, daß das Trauergeleit durch seine Stadt komme. In feierlicher Prozession zogen daraufhin Bischof, Priester, Mönche, Nonnen dem Zug entgegen. Unter Gebeten und Trauergesängen, begleitet vom düsteren Dröhnen der Glocken, wurde der Schrein in den Dom überführt und vor der Witwe geöffnet. Angesichts der bleichen Gebeine bekennt Elisabeth sich zu ihrer Liebe und zur Kreuzzugsfrömmigkeit ihrer Zeit. Sie neide Gott nicht den, der mit eigenem und ihrem Willen zum Schutz des Heiligen Landes aufgebrochen sei. »Gott weiß, daß ich sein Leben allen Wonnen und Freuden der Welt vorgezogen hätte, wenn Gottes Güte ihn mir gelassen hätte.« Könnte sie ihn wiederhaben – liebend gern würde sie die ganze Welt für ihn hingeben und mit ihm zusammen in äußerster Armut betteln gehen. Doch wolle sie Ludwigs und ihr Geschick Gottes Willen unterordnen. Von Bamberg wurde der Verstorbene weiter nach Reinhardsbrunn geleitet, dem Hauskloster der Familie, wo inzwischen eine große Volksmenge zusammengeströmt war. Auch hier gingen Mönche und Kleriker in feierlicher Prozession unter Gebeten und Trauergesängen dem Zug entgegen. Die Beisetzungsfeierlichkeiten standen in uralten christlichen Traditionen, wenn sie die Sorge um das Seelenheil des Verstorbenen mit der Sorge für das leibliche Wohl Bedürftiger verbanden: Meßfeiern, Gebete, nächtliche Psalmengesänge, Gaben an das Kloster, Almosen an die Armen.

Auch ›kleine Leute‹ feierlich eingeholt

Nicht nur Große wurden nach einer langen Pilgerfahrt geehrt. Kehrte ein Handwerker heim, meldete vielleicht ein Reiter die baldige Ankunft; Mitglieder seiner Gilde, die sich an der Finanzierung der Wallfahrt beteiligt haben mochten, zogen ihm mit Freunden entgegen und geleiteten den Heimkehrer in die Kirche. Hier legte der

Pilger Stab und Sack auf den Altar und war froh, »ablaß seiner sind« (Sünde) erlangt zu haben; »so siczt er denn zuo ruo«.[366] Anschließend überließ man sich der Freude des Wiedersehens, erzählte von Höhen und Tiefen der Reise, gab Interessierten Hinweise und Unentschlossenen vielleicht ein Beispiel; nicht anders hatte es Graf Wilhelm von Angoulême gehalten. Je nach Gelübde und Brauch wiederholte man die Pilgerfahrt; nach Walldürn sind manche zwanzig-, dreißigmal und öfter gewallt. Heranwachsende Kinder gingen mit; so wuchsen sie in eine Familientradition hinein, zu der es gehörte, Jahr um Jahr das Heilige Blut zu ehren.

Wer eine testamentarisch verfügte Stellvertreter-Wallfahrt unternommen hatte, mußte nach der Heimkehr die Nachlaßverwalter aufsuchen; die überzeugten sich, ob er »vullenkomelike« seine Pilgerfahrt gemacht habe.[367] Gegebenenfalls ließen die Testamentsvollstrecker sich nicht nur ein Pilgerzeichen, sondern auch eine Bestätigung aus dem jeweiligen Wallfahrtsort vorlegen.

Im Laufe des kommenden Lebensabschnittes mußte sich zeigen, ob die Pilgerfahrt den Beginn einer Umkehr markiert hatte. Aber auch dann, wenn man wieder in den alten Trott und die früheren Laster zurückfiel, hob man Stab, Mantel, Tasche und Pilgerzeichen sorgfältig auf. Man trug sie an hohen Festen; im Sterben rief man Gott und den in der Ferne aufgesuchten Heiligen um Hilfe an. Viele Pilgerzeichen wurden in Gräbern gefunden, in denen die Palme der Jerusalempilger natürlich keine Spuren hinterlassen hat. Wer sich mit der charakteristischen Muschel der Santiagopilger bestatten ließ, vertraute darauf, daß der hl. Jakobus sich seiner auf der letzten Reise und beim Jüngsten Gericht erinnern werde.[368]

Einmal mehr sei Geiler von Kaysersberg zitiert, für den die Teile der Ausrüstung sowie die ganze Fahrt auf die jenseitige Welt verweisen: Die Freunde, die dem Pilger zum Stadttor entgegengehen, das sind »die lieben heiligen in dem himmel«; sie finden sich an der Pforte ein, durch die wir alle gehen müssen, »das ist der tod«; sie empfangen den Pilger mit Freuden, und die lieben heiligen Engel nehmen seine Seele und führen sie in die ewige Seligkeit. Geiler schließt mit einem auf das Jahr 1494 datierten Gebet: »dar zuo helf unß got der vatter sun und der heilig geist AMEN«.[369]

AUSBLICK

Millionen von Pilgern waren seit der Antike unterwegs; manche sind mehrmals im Jahr auf Wallfahrt gegangen, andere sogar wiederholt zu fernen Wallfahrtsstätten wie Jerusalem, Rom oder Santiago gezogen.

Gemessen an ihrer Zahl haben Pilger sich eher selten zu dem geäußert, was sie unterwegs im wörtlichen Sinn ›erfahren‹ hatten. Das hängt mit dem geringen Interesse an Aussagen zur eigenen Person zusammen; zudem galten Beschwernisse als so selbstverständlich, daß man sie nicht für mitteilenswert hielt. Geht es uns nicht ähnlich? Auch der emsige Tagebuchschreiber wird kaum der Nachwelt überliefern wollen, wie oft er unter Verkehrsbehinderungen zu leiden hatte.

Freizügigkeit und Chauvinismus

Wallfahrten lassen sich als Zeichen der Freizügigkeit verstehen, hatten sich doch sogar Angehörige der Unterschicht Freiheitsräume und eine Mobilität erkämpft, die noch und gerade im 20. Jahrhundert alles andere als selbstverständlich waren. Wallfahrt als Ausdruck von Frömmigkeit und Freiheit mußte noch in unseren Tagen gegen den Willen der weltlichen Obrigkeit verteidigt werden. Jahrzehntelang konnten Menschen im kommunistischen Herrschaftsbereich allenfalls davon träumen, so wie ihre Vorväter nach Santiago, Rom oder Jerusalem zu pilgern.

Im Spätmittelalter ging der Anteil der Fernwallfahrer unter den Reisenden zurück. Dem entsprach das Verhalten vieler Studenten: Sie zogen nun ebenfalls seltener in die Ferne, zu den großen internationalen Bildungsstätten wie Paris und Bologna. Seit dem 14. Jahrhundert waren Universitäten nördlich der Alpen gegründet worden; wer studieren wollte, ließ sich nun in der Hochschule seines Heimatlandes einschreiben.

Im Laufe der Jahrhunderte und verstärkt in der frühen Neuzeit haben vielfältige Einschränkungen die Freude an Pilgerfahrten zeitweilig dämpfen, aber nicht ersticken können. Denn es war gar nicht so leicht, Wallfahrten auf Dauer zu verbieten. Begüterte säkularisierten, so möchte man sagen, diese Form des Reisens, wenn sie nun zu Kavalierstouren oder Bildungsreisen aufbrachen. Und das sogenannte einfache Volk? Eine Überlegung dürfte nicht nur für das 19., sondern auch für das 18. und 20. Jahrhundert den entscheidenden Punkt getroffen haben. So schrieb der Bürgermeister von Neuß 1838 in einem Bericht über die Pilgerzüge nach Kevelaer: »Fast scheint es, daß die Neigung zu den gleichen Wallfahrten in dem Maße zunimmt, als man ihnen äußere Hindernisse in den Weg legt.«[370]

Reisen weitet den Horizont, kann aber auch das Entstehen oder die Verfestigung schwer ausrottbarer Vorurteile begünstigen. Wie wir gesehen haben, wurde Andersartigkeit eher als Angriff auf eigene Normen denn als Bereicherung der Gesamtkultur verstanden. Ein sensibler Intellektueller wie Erasmus wußte sich an der Wende vom Mittelalter zur Neuzeit für echte oder vermeintliche Unbill zu rächen; mit spitzer Feder hielt er fest, was nicht selten als Stereotype in das kollektive Gedächtnis der Völker eingegangen ist.

Klammern für das Reich und das Abendland

In einer Zeit, da zentrifugale Kräfte die Einheit des Reiches lockerten, sorgten auch Wallfahrer für ein Gegengewicht; wer von Stettin nach Thann zog, entwickelte möglicherweise ein Wir-Gefühl, das die Menschen in Nordost- und Südwestdeutschland miteinander verband.[371]

Völker- und sprachenübergreifende Gemeinschaften verklammerten das Abendland: die des Adels, der Kirche im allgemeinen, der Mönchsorden im besonderen, der Kaufleute, der Gebildeten, der Rechtsgelehrten, der Juden, der Künstler, der Handwerker, der Spielleute – und eben die ›Internationale‹ der Wallfahrer. Allein aus Lübeck sollten kraft testamentarischer Verfügungen Pilger zweiundvierzig verschiedene Wallfahrtsstätten in Deutschland, Skandinavien, England, den Niederlanden, in Belgien, Frankreich, Spanien, der Eidgenossenschaft, in Italien und im Heiligen Land aufsuchen. Wallfahrten zu heiligen Stätten an der Peripherie der lateinischen Christenheit – man denke an Bari, Santiago de Compostela und Tschenstochau – haben dazu beigetragen, die Bindungen Süditaliens, Spaniens und Polens an das übrige Europa zu stärken. Die Wallfahrt nach Canterbury sowie Pilger aus den skandinavischen Ländern förderten die Integration der Britischen Inseln und Nordeuropas in die gesamteuropäische Kultur. In einer Zeit, da es schon zu massiven ›nationalen‹ Regungen kam, hielten auch Wallfahrten die Christenheit zusammen.

Mit Missionaren und Künstlern, Kriegern und Gebildeten haben Pilger dazu beigetragen, daß das Abendland Gemeinsamkeiten ausbildete, die die Länder zwischen Island und Sizilien, Dublin und Krakau bis heute prägen. Es lassen sich sogar Ansätze zu einem gemeineuropäischen Bewußtsein erkennen; dieses konnte zur arroganten Abschottung gegen ›die anderen‹ führen, seit dem Spätmittelalter vor allem gegen ›die Türken‹; positive Auswirkungen hatte es, wenn es dem Reisenden erlaubte, sich unterwegs ein wenig wie zu Hause zu fühlen. Wie der Humanist sich an Orten daheim wußte, an denen er den Gedankenaustausch mit seinesgleichen pflegen konnte, so der Pilger, der mit anderen zu einem gemeinsamen Ziel strebte. Denn wer von Skandinavien ins Heilige Land, vom Baltikum nach Spanien wallte, kam über Grenzen von Herrschaften und Kulturen hinweg ins Gespräch mit Menschen, die ähnliche Ziele verfolgten. Unterwegs lernte er abendländische Gemeinsamkeiten kennen und schätzen, zu denen Latein als Sprache der Liturgie gehörte. Aber auch Ungebildete werden ein Stück Heimat erfahren haben, wenn sie in der Messe vertraute Gebete hörten, wenn sie – bei allen regionalen Unterschieden – in Kirchen, Bildstöcken und Kapellen derselben Sprache der Bilder begegneten, wenn sie in einem Kloster Gastfreundschaft erfuhren.

Mit anderen Reisenden haben Pilger dazu beigetragen, daß das Abendland Gemeinsamkeiten ausbildete, die langfristig stärker waren als die Konfessionsgrenzen im 16. und 17., solider als die Grenzen der Nationen im 19. und 20. Jahrhundert, fester als der ›Eiserne Vorhang‹, dessen Fall wir erleben durften.

Was Wallfahrer nachgefragt, was Handwerker und Künstler in mehr als tausend Jahren geschaffen haben, erlaubt Europa im ausgehenden 20. Jahrhundert, sich seines Erbes, und damit auch seiner Identität, bewußt zu werden. Der ›Camino Francés‹, der mehr als 700 Kilometer lange, von ehrwürdigen Denkmälern gesäumte Pilgerweg durch Nordspanien nach Santiago, wurde im Jahre 1987 vom Europarat zur ersten europäischen Kulturstraße erhoben und im Jahre 1993 als Weltkulturerbe unter den besonderen Schutz der UNESCO gestellt.[372]

Auswirkungen auf Siedlungen und Verkehr, Wirtschaft und Handel

Im Laufe des Mittelalters überzog sich ganz Europa mit einem Netz von Wegen; sie dienten auch Pilgern und haben ihren Namen gelegentlich bis heute behalten, so etwa die *rue Saint Jacques* in Paris.

Vorher isolierte Siedlungen und die abendländischen Länder wurden miteinander verbunden, auch dank der vielen Pilger. Denn Wallfahrten bilden einen gewichtigen Aspekt der großen Reisefreudigkeit, die die vergangenen anderthalb Jahrtausende auszeichnet.

Die Summe der Reisen hat bis in die Gegenwart spürbare Folgen für Europa gehabt. Der Strom der Pilger hat einen Ort wie Vézelay in Burgund aufblühen lassen. Eigens für Pilger wurden in Frankreich Siedlungen gegründet *(salvitates, sauvetés)*, die dann – wie Brücken und Spitäler – auch anderen Reisenden zugute kamen. In Nordspanien begünstigte das Kommen und Bleiben von Santiagopilgern die Wiederbesiedlung von Landstrichen, die während der Kriege zwischen Muslimen und Christen entvölkert worden waren. Die Ansiedlung von Franzosen und Westeuropäern hat entscheidend zum Aufschwung des Städtewesens in Spanien beigetragen.

Wallfahrer haben Klöster und Städte, die verehrte Reliquien bargen, gefördert; unterwegs und während ihres Aufenthaltes haben sie zusammen mit anderen Reisenden Dienstleistungen nachgefragt, so daß sich ein eigenes Beherbergungsgewerbe entwickeln, Fährmänner, Schiffer und Fuhrleute sich und ihre Familie mit ihrer Arbeit ernähren konnten. Andererseits bildete ein gewisser Wohlstand (bei aller unbestreitbaren Armut) die Voraussetzung für vielfältige Hilfe, die Pilger unterwegs erfuhren. Auch die selbstlose Unterstützung wildfremder Menschen zählt zu den ›Elementen langer Dauer‹ in der europäischen Geschichte. Nicht anders als in früheren Jahrhunderten bilden Pilger heute für viele Orte einen ernstzunehmenden Wirtschaftsfaktor; das gilt in besonderer Weise für Städte wie Rom und Santiago, wohin aus Anlaß eines Heiligen Jahres Millionen von Menschen strömen. ›Alternative‹ Touristen teilen die Mühen einer langen Radfahrt mit Jungen und Alten, die Hunderte von Kilometern zu Fuß zurücklegen wollen, wie die Apostel.

In Mittelalter und Neuzeit hielten Autoren, auf deren Aussagen der Historiker sich stützt, viele Auswirkungen der Wallfahrten nicht für überlieferungswürdig; zu wichtigen Zusammenhängen bringen die Quellen keine Beweise, so daß man allenfalls Vermutungen vortragen kann. Voraussetzung für die zahlenmäßige Ausbreitung von Gold- und Silberarbeiten im 12. Jahrhundert war, wirtschaftsgeschichtlich gesehen, auch die Erschließung weiterer Edelmetallvorkommen. Daß die Herstellung von Pilgerzeichen mehrere Gewerbe belebte und Auswirkungen auf den Buchdruck gehabt haben dürfte, wurde erwähnt.

Pilger haben nicht selten Handel und Wallfahrt miteinander verbunden. Sie brachten eine besondere Offenheit für geistliche Erlebnisse mit. Nur für diese? Zwar war allzu große Neugier unter Christen verpönt.[373] Doch spricht vieles dafür, daß manche Pilger mit offenen Augen fremde Länder durchzogen haben, aufgeschlossen für Vorstellungen aus dem ›profanen‹ Bereich. Es ist nur naheliegend, daß Pilger Anregungen, die sie unterwegs erhielten, gesiebt und verglichen, aufeinander bezogen und auf ihre Anwendbarkeit hin durchdacht haben; es ist wahrscheinlich, daß sie nach ihrer Heimkehr auch von dem erzählt haben, was sie unterwegs Neues gesehen hatten, etwa hinsichtlich der Nutzung von Wasser- und Windenergie, der Herstellung von Papier und Druckerzeugnissen; vieles spricht dafür, daß wenigstens der eine oder andere Wallfahrer einen Handwerker veranlaßt hat, ähnliche Werke herzustellen oder sich in der Fremde kundig zu machen. Deshalb dürfte es erlaubt sein anzunehmen, daß auch Pilgerfahrten zu dem beigetragen haben, was sich im Abendland seit dem 12. Jahrhundert beobachten läßt: Zahllose kleine Verbesserungen wurden hier hervorgebracht, die die Voraussetzung für den Modernisierungsschub seit dem ausgehenden 15. Jahrhundert bildeten.

Die Steigerung landwirtschaftlicher Erträge in Europa seit dem Hochmittelalter könnte auch damit zusammenhängen, daß Pilger Getreidekörner aus auffallend reichen Ähren mit in ihre Heimat genommen und dort ausgesät, daß sie unterwegs gekaufte Pferde nach der Heimkehr genutzt haben, um kräftigere, gegen Krankheiten widerstandsfähigere Zug- und Reittiere zu züchten.

Folgen für die Ausbreitung von Ideen, für Architektur und Kunst

Für die Ausbreitung von Ideen und der höfischen Literatur spielten Handelsmessen eine kaum zu überschätzende Rolle, erst recht, wenn sie an Wallfahrtsorten stattfanden. Wurde der Jahrmarkt an einem hohen kirchlichen Feiertag veranstaltet, konnte man sicher sein, daß Händler, Käufer und Pilger zusammenströmten und den regen Austausch von Nachrichten förderten.

Trotz solcher Vorzüge haben kirchliche und weltliche Obrigkeiten die Wallfahrtsfreude – wie wir gesehen haben: nicht ohne Grund – wiederholt gezügelt, dann gebremst. Gänzlich untersagt wurden Wallfahrten in den von der Reformation gewonnenen Gebieten. Das hat in späterer Zeit Protestanten nicht daran gehindert, Wallfahrten nostalgisch zu verklären. Auch in katholisch gebliebenen Gebieten wurden Pilgerfahrten oft behindert, Fernwallfahrten verboten. Daraufhin wurden Fahrten zu ›nationalen‹ Wallfahrtsstätten organisiert, trugen sie doch zur Konsolidierung von Territorialstaaten bei. In Vielvölkerreichen gewannen sie ähnliche Bedeutung wie mittelalterliche Pilgerfahrten für die Christenheit. So wurde im österreichischen Mariazell die Gnadenmutter verehrt als *Magna Mater Austriae, Magna Hungarorum Domina, Mater Gentium Slavorum*, als Große Mutter Österreichs, Große Herrin der Ungarn, Mutter der slawischen Völker.[374]

Kleriker und Laien, namentlich genannte Vornehme und namenlos bleibende Angehörige der Unterschicht haben mit ihren Spenden den Bau von Kirchen gefördert. In Conques, Santiago, Toulouse, Tours, Vézelay entstand eine Form der Basilika, die sich zur Aufnahme großer Scharen besonders eignete; mit ihren drei, wenn nicht fünf Längsschiffen und einem einfachen oder doppelten Chorumgang erleichterte sie das Kommen und Gehen der Gläubigen.[375] Das lebensgefährliche Gedränge, das der 1151 verstorbene Suger als Kind beobachtet hatte, bewog ihn, als Abt die Kirche des Klosters St. Denis so umzubauen, daß sie dem Pilger›betrieb‹ gewachsen war. Der Neubau hat Maßstäbe gesetzt für die später als ›gotisch‹ bezeichnete Stilrichtung.

Wohlhabende Pilger, die in Jerusalem die Grabeskirche kennengelernt hatten, ließen daheim ähnliche Kirchen bauen. Zahlreiche runde oder achteckige Zentralbauten haben die Zeiten überdauert; man denke an – um nur drei Beispiele zu nennen – Bologna (San Sepolcro), Dijon (St. Bénigne) und Konstanz (Münster).[376] Daß mit solchen Bauten eine Anregung aus dem Heiligen Land aufgegriffen wurde, war dem Autor des ›Pilgerführers‹ sehr wohl bewußt.[377] Pilger, vor allem solche aus Nord- und Ostdeutschland, trugen dazu bei, daß noch vor Beginn der Reformation das St. Theobalds-Münster in Thann, die nach dem Straßburger Münster größte und schönste gotische Kirche im Elsaß, fertiggestellt werden konnte; das Geld reichte sogar für einen reichen Fenster- und Figurenschmuck.

Mit den großen und kleinen Gaben der Pilger hat man auch kostbare Schreine gefertigt, von denen erstaunlich viele erhalten sind. Sie zeigen uns das handwerkliche und künstlerische Können von Gold- und Silberschmieden sowie Edelsteinschleifern. Es soll offen bleiben, wie hochmittelalterliche Votivbilder von Menschen, Organen und Sachen, die Wallfahrer in ihrer Heimat hatten anfertigen lassen, auf andernorts hergestellte Kleinplastiken eingewirkt haben.

Vitalität, Wissen um eigene Grenzen, Individualismus

Wie die Reisen der Handwerker, Kaufleute, Könige, Krieger, Mönche, Seefahrer, Studierenden haben Wallfahrten dazu beigetragen, einen Menschenschlag auszubilden und lebendig zu halten, der sich von Widrigkeiten nicht schrecken ließ; er vereinigte in sich Belastbarkeit und Phantasie, Risikofreude und Weltoffenheit. Menschen mit diesen Eigenschaften sind gegen Ende des Mittelalters in unbekannte Fernen aufgebrochen; Columbus, einem von ihnen, und seinen Leuten sind wir begegnet.

Bald nach ›Entdeckung‹ der Neuen Welt stellte sich heraus, daß die Europäer weniger anfällig für Infektionen waren. Diphtherie, Scharlach, Keuchhusten forderten unter den Indios mehr Opfer als Feuerwaffen und Alkohol, Versklavung und andere Ausprägungen europäischer Bösartigkeit. Die natürliche Resistenz der Europäer dürfte sich auch mit der Offenheit ihrer Länder gegenüber zwei großen Kontinenten erklären: Aus Asien und Afrika eingeschleppte Krankheiten hatten verheerende Folgen, wenn man an die Große Pest denkt, die seit Mitte des 14. Jahrhunderts Europa heimsuchte. Langfristig trugen solche Übel dazu bei, die Widerstandskraft der Bevölkerung gegen Infektionen zu stärken – eine Voraussetzung unter anderen dafür, daß Europa den Abstand zu den anderen Hochkulturen aufholen und auf allen Kontinenten Herrschaft begründen konnte.

An dieser Stelle darf man vielleicht noch folgende Überlegung anstellen: Pilger erfuhren unterwegs und am Ziel, daß es andernorts schöner war, daß Wirtschaft und Verkehr, Recht und Verfassung dort vielleicht weiter entwickelt, die Städte größer und Reiche mächtiger waren als das, was ihnen aus der Heimat vertraut war. Daraus konnte sich ein Wissen um eigene Grenzen und Beschränktheiten ergeben, das bei Auseinandersetzungen mit fremden Staaten und Kulturen kaum zu überschätzende Vorteile bot – sofern es sich mit Selbstbewußtsein paarte. Und daran hat es den Europäern nicht gefehlt, wie auch der Umgangston einfacher Menschen mit ›ihren‹ Heiligen gezeigt hat.

Notleidende werden, auch wenn sie aus dem einfachen Volk stammen, in den Mirakeln oft namentlich genannt; damit zeugen diese Aufzeichnungen vom zunehmenden Gewicht des Individuums seit dem Hochmittelalter. Darüber hinaus weisen die Quellen auf Entfaltungsmöglichkeiten des Einzelnen hin: Je nach persönlicher Vorliebe hatte man die Wahl zwischen verschiedenartigen Formen der

Frömmigkeit: Man konnte sich für eine Pilgerfahrt oder für soziales Engagement entscheiden, etwa in einem Spital; man konnte mit seinem Nachlaß Stellvertreter-Wallfahrer entsenden, Straßen und Brücken bauen, daheim Messen feiern und Psalmen singen, monastische Gemeinschaften oder Arme unterstützen lassen. Man konnte zu diesem oder jener Heiligen ein inniges Vertrauensverhältnis entwickeln. All das waren gesellschaftlich anerkannte Bekundungen der Eigenwilligkeit, Ausdruck eines in die Neuzeit weisenden Individualismus.

Entscheidend: der Glaube

Bewußt wurde das Umfeld von Wallfahrten beleuchtet. Das Schlußwort soll wieder den Pilgern gelten. Mit Wallfahrten wollten sie Gott loben und seine Heiligen ehren, Dank sagen, eine Bitte vortragen oder Sühne leisten.

In einer Zeit, da Gott als mächtiger Richtergott unnahbar dargestellt wurde, waren die Menschen geneigt, sich an einen Vermittler zu wenden. In ihren Erdentagen hatten Anno, Elisabeth und Jakobus – um in diesem Buch häufig genannte Heilige stellvertretend für die vielen zu nennen – menschliche Schwächen gekannt; doch jetzt lebten sie in der Nähe Gottes, als Freunde Gottes und der Menschen, als Fürsprecher der Sünder bei Gott. Heilige haben teil an der universalen Macht Christi, wenn sie Kranke heilen und aus anderer Not retten. Nicht anders als Gott sind sie den Menschen an gewissen Orten näher als anderswo. Man muß dieses Denken ernstnehmen, da die Menschen es so erlebt, so auch ihre Heiligen erfahren haben. Grundsätzlich wird weder die Macht, Wunder zu wirken, noch die Fähigkeit, Menschen aller Stände und beider Geschlechter in einem Traum zu erscheinen, in Zweifel gezogen.

Entscheidendes Motiv für viele Wallfahrer war der Glaube, in der Ferne Heilung zu finden, auch stellvertretend für andere. Der Glaube an die Möglichkeit des Wunders und die Kraft dieses Glaubens sind Erscheinungen, die sich dem prüfenden Zugriff des Historikers entziehen. Doch ist der in Quellen aufscheinende Glaube eine Tatsache, die der Forscher wie andere Fakten zur Kenntnis nehmen muß, eine Tatsache wie die, daß die Menschen im 12. Jahrhundert an Hunger, Durst, Kälte, Eifersucht, Besitz- und Machtstreben litten. Diese anthropologischen Konstanten sind unbestritten. Dürfen wir unsere Begrenzungen auf Menschen anderer Zeiten und Kulturen übertragen? Konkret: Dürfen wir erklären: Da uns der Gesundheit oder Rettung bringende Glaube fehlt, können ihn auch andere nicht gehabt haben? Könnte die Kraft des Glaubens nicht auch die gesellschaftliche Wirklichkeit in einer Weise geprägt haben, von der wir uns gar keine Vorstellung zu machen vermögen?

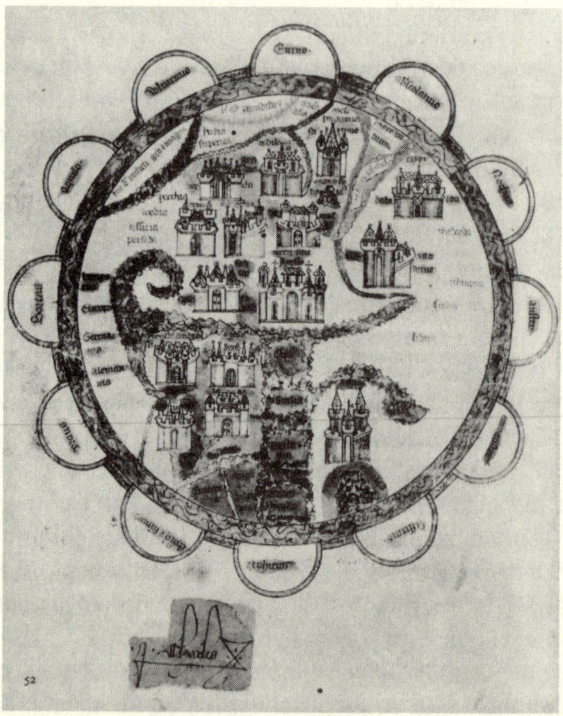

Abb. 42: Weltkarte des 13. Jh. (aus der Chronique de Saint-Denis des Primat, um 1270, Bibl. Ste.-Geneviève, Paris, ms. 782, fol. 374 v.). Die nach dem im Mittelalter beliebten VT-O-Schema gestaltete Karte zeigt die drei Erdteile mit ihren großen Städten, im Zentrum Jerusalem.

ZEITTAFEL

Ende 4. Jh.	Hieronymus lehnt Wallfahrten nach Jerusalem ab 32
ca. 530	Benedikt von Nursia: Mönchsregel 147 ff.
718	Erste Romreise Bonifatius' 93
747	Bonifatius kritisch zu Romwallfahrerinnen 33
786	Karl der Große nach Rom »um des Gebetes willen« 66
816	Die Benediktinerregel verbindlich für alle Klöster des Karolingerreiches 147
825	Ein Hospital am Mont Cenis erwähnt 161
859	Erste Erwähnung des St. Bernhard-Hospizes 161
948	Engelweihe in Einsiedeln 25
972	Überfall auf Abt Majolus von Cluny in den Alpen 138
1000	Kaiser Otto III. pilgert nach Guesen 106
ca. 1010	Coloman als Spion hingerichtet 188
1026/27	Graf Guillaume Taillefer II. pilgert ins Heilige Land 77, 231 f.
1087	Entführung der Gebeine des Hl. Nikolaus von Myra nach Bari 64
1095	Gründung der Bruderschaft der Antoniter, des späteren Hospitalordens 162
1095	Kreuzzugsaufruf Urbans II. in Clermont 52
1099	Eroberung von Jerusalem durch die Kreuzfahrer 53
1102 u. 1103	Heinrich IV. kündigt Bußwallfahrt nach Jerusalem an 76
1118	Bischof Diego sendet als Pilger verkleidete Geldboten nach Rom 197
1120	Brandkatastrophe in Vézelay 224
1123 u. 1139	Erstes und Zweites Laterankonzil: Schutzbestimmungen für Pilger, Bußwallfahrten als Strafe für Verbrecher 76, 194

ca. 1140	›Pilgerführer‹ nach Santiago 10 u. ö.
1170	Ermordung von Thomas Becket, kurz danach Einsetzen der Wallfahrten nach Canterbury 78
ca. 1181	Beginn der Arbeit am Kölner Dreikönigenschrein (unter Mitwirkung des Nikolaus von Verdun) 215
1182	Ordnung des Johanniterspitals in Jerusalem 163 ff.
1198/1223/ 1318	Religiöse Orden zur Befreiung Gefangener gegründet 185
1204	Eroberung von Byzanz auf dem 4. Kreuzzug, Plünderung der Reliquienschätze 64 f., 211
1209	Synode von Avignon untersagt Übernachtung in Kirchen 221
1227	Landgraf Ludwig von Thüringen bricht zum Kreuzzug auf und stirbt unterwegs 96, 133, 223, 232 f.
1229	Kaiser Friedrich II. sichert Christen freien Zugang nach Jerusalem 53
1231	Elisabeth von Thüringen heiliggesprochen, Wallfahrten zu ihrem Grab (Marburg) 67, 135
1263–67	Jacobus de Voragine: Legenda aurea 78, 137
vor 1270	Thomas von Aquin über das Wunderverständnis (»Summa theologiae«) 217
1291	Fall von Akkon 53
1300	Erstes Heiliges Jahr 24, 224
ca. 1300	Gesta Romanorum 108
1348–1350	Große Pest im Abendland 187
1377	Quarantäne in Venedig eingeführt 187
ca. 1387	Chaucer: Canterbury Tales 48, 54, 80, 93, 103 f., 172
1389	Schneidergilde von Lincoln: wechselseitige Beihilfen für Wallfahrten 95
nach 1400	Thomas von Kempen: Die Nachfolge Christi 34
1406/13	Testamente Lübecker Bürger: Entsendung von Pilgern 31, 72
1440–1489	Bau des Ritterhospitals auf Rhodos 166
1450	Rom: 172 Tote bei Unfall im Gedränge des Heiligen Jahres 204
1455	Kinderwallfahrt zum Mont Saint Michel 50

1466	Etwa 130 000 Pilger in Einsiedeln 31, 225
1476	Spontane, als „Ketzerei“ verurteilte Wallfahrt nach Niklashausen (Taubertal) 35
1480 u. 1483	Felix Faber pilgert ins Hl. Land 131
1483	Bernhard Breydenbach pilgert ins Hl. Land 111, 129
1493	Auf der Rückfahrt von der ›Neuen Welt‹ gelobt Columbus Wallfahrten 22, 70
1494	Geiler von Kaysersberg: Der Bilger mit seinen Eygenschafften 80
1498	Der Kirchenschatz von Altötting dient zur Finanzierung eines Krieges 212
um 1500	Romwegekarte E. Etzlaubs 17, 21 f.
nach 1500	Spitalordnung in Bruchsal 166
1518	Erasmus: Kritik an Wallfahrten 173
1521	Reise Dürers in die Niederlande 19, 21
1535	Wallfahrtsverbot der Reiter von Bern
1538	Heinrich VIII. konfisziert englische Kirchenschätze (u. a. in Canterbury) 212
1539	Fergenordnung in Wimpfen 114
1545–1563	Trienter Konzil 38, 45, 221
1571	Wiederaufschwung von Altötting, Förderung durch Wittelsbacher 39
1573	Erste (?) ›Seegfrörne‹ 45
1580–81	Montaigne verbindet Bäderreise mit Wallfahrt (Loreto) 17, 56, 207
1599	Thomas Platter im Kloster Montserrat 160, 182
1642	Beginn der Marienwallfahrten nach Kevelaer (Niederrhein) 40
1654	Neubau der Wallfahrtskirche Mariazell (Steiermark) 40
1783	Wallfahrtsverbot Kaiser Josefs II. 44
1786	Begegnung Goethes mit (damals seltenen) deutschen Pilgern auf dem „Burchiello“ bei Padua 226
1858/62	Lourdes: Marienerscheinungen der Bernadette Soubirous, massenhafte Wallfahrt 26, 136
1917/30	Fatima (Portugal): internationale Marienwallfahrt 26, 136

1937	Aachener Heiltumsweisung: katholischer Protest gegen nationalsozialistische Kirchenfeindlichkeit 47
1939	Franco ordnet Verehrung des hl. Jakobus als Schutzpatron der Spanier an 220
1950–54	Bau der Wallfahrtskirche Notre-Dame-du-Haut in Ostfrankreich (Le Corbusier) 201
ab ca. 1980	Wallfahrten nach Tschenstochau erschüttern das kommunistische Regime in Polen 47
1993	UNESCO erklärt Pilgerweg nach Santiago zum Weltkulturerbe 238
2000	Heiliges Jahr (700. Jubiläum) 11

ANMERKUNGEN

ABKÜRZUNGEN

AQ	Ausgewählte Quellen zur deutschen Geschichte des Mittelalters (Freiherr-vom-Stein-Gedächtnisausgabe), Darmstadt
CdS	Die Chroniken der deutschen Städte vom 14. bis ins 16. Jahrhundert
DDC	Dictionnaire de Droit Canonique
Hg.	Herausgeber, herausgegeben von; editor, edited by; édition par u. ä.
HRG	Handwörterbuch zur deutschen Rechtsgeschichte
LexMA	Lexikon des Mittelalters
LThK	Lexikon für Theologie und Kirche 2. Auflage
MGH	Monumenta Germaniae Historica
ND	Nach-, Neudruck
PuG	Persönlichkeit und Geschichte
S., Sp.	Seite, Spalte
Tb	Taschenbuch, -bücher
WkkG Ka	Wallfahrt kennt keine Grenzen, Katalog; s. Anm. 1
WkkG TA	Wallfahrt kennt keine Grenzen, Themen zu einer Ausstellung; s. Anm. 1

1 In den letzten Jahrzehnten ist die Literatur zum Wallfahrtswesen ins Uferlose angeschwollen. In den folgenden Anmerkungen werden vor allem Quellen nachgewiesen, auf die der Autor sich stützt. Wer sich in das Thema weiter einarbeiten will, sei auf folgende Titel verwiesen: Yves Bottineau: Der Weg der Jakobspilger. Geschichte, Kunst und Kultur der Wallfahrt nach Santiago de Compostela. Mit einer Einleitung und einem Kapitel zur Jakobsverehrung in Deutschland von Klaus Herbers. Aus dem Französischen von Sybille A. Rottillfeld (Bastei-Lübbe Tb, 64.111). Bergisch-Gladbach 1992. S. 344 ff. Bibliographie. Die deutsche Ausgabe hat Klaus Herbers S. 339–343 und S. 351–356 um wertvolle Literaturangaben ergänzt. – Eine Art ›Summe‹ zum Wallfahrtswesen wurde für eine Ausstellung in München 1984 erarbeitet: Wallfahrt kennt keine Grenzen. Katalog der Ausstellung im Bayerischen Nationalmuseum München. München 1984. 290 S. (WkkG Kat); Wallfahrt kennt keine Grenzen, Themen zu einer Ausstellung des Bayerischen Nationalmuseums und des Adalbert Stifter Vereins, München. Hg. Lenz Kriss-Rettenbeck und Gerda Möhler, Bayerisches Nationalmuseum. München, Zürich 1984 (WkkG TA). S. 543–568 Ausgewählte Literatur zum Thema Wallfahrt, zusammengestellt von Edith Chorherr. Beide Bände sind reich illustriert mit gut reproduzierten Abbildungen und Karten; willkommen sind die Quellenzitate und die Literaturnachweise zu

den einzelnen Nummern des Katalogs. – Eine kommentierte Quellensammlung legten vor Klaus Herbers und Robert Plötz: Nach Santiago zogen sie. Berichte von Pilgerfahrten ans ›Ende der Welt‹. München: dtv 1996, S. 347–380 Bibliographien, Quellen und Literatur zum Wallfahrtswesen insgesamt. – Pilger bildeten einen gewichtigen Teil der Scharen, die die Straßen bevölkerten und auf Unterkunft angewiesen waren; daher sei an dieser Stelle verwiesen auf Norbert Ohler: Reisen im Mittelalter. 1986, Neuausgabe Düsseldorf, Zürich 1999. – Hans Conrad Peyer: Von der Gastfreundschaft zum Gasthaus. Studien zur Gastlichkeit im Mittelalter (Schriften der MGH, 31). Hannover 1987.

2 Nach Frankfurter Allgemeine Zeitung, 25. 5. 1981.

3 Michel de Montaigne: Journal de voyage en Italie par la Suisse et l'Allemagne en 1580 et 1581. Hg. Maurice Rat (Classiques Garnier), S. 56.

4 Grimmelshausen: Der abenteuerliche Simplicissimus. Hg. Alfred Kelletat. Darmstadt 1956, S. 560: Continuatio, 17. Kapitel.

5 Albrecht Dürer: Tagebuch der Reise in die Niederlande, in: Derselbe: Schriften und Briefe (eurobuch, 5) Berlin 1984. S. 55–101, hier S. 57.

6 Wörtliche Übersetzungen aus dieser Quelle nach einer unveröffentlichten Übertragung des Autors; ergänzend jeweils die Seitenangabe in: Der Jakobsweg. Mit einem mittelalterlichen Pilgerführer unterwegs nach Santiago de Compostela. Ausgewählt, eingeleitet, übersetzt und kommentiert von Klaus Herbers. Tübingen 1986, S. 90 f. Zur Entstehungsgeschichte vgl. André von Mandach: Neues zum ›Pilgerführer der Jakobswege‹, in: Europäische Wege der Santiago-Pilgerfahrt. Hg. Robert Plötz (Jakobus-Studien, 2). Tübingen 1990, S. 41–57.

7 Hermann Kellenbenz: Deutsche Wirtschaftsgeschichte. Bd. 1, München 1977, S. 175.

8 Dürer: Tagebuch (wie Anm. 5) S. 58.

9 Johannes Cochlaeus: Brevis Germaniae Descriptio (1512) mit der Deutschlandkarte des Erhard Etzlaub von 1501. Hg., übersetzt und kommentiert von Karl Langosch (Ausgewählte Quellen zur deutschen Geschichte der Neuzeit, 1). Darmstadt 1976, Kapitel IV, 33 S. 90 und Anm. 149.

10 Christoph Columbus: Schiffstagebuch. Übersetzt von Roland Erb. Leipzig 1980, S. 7 f.

11 P. Dinzelbacher: Niklaus von Flüe, in: LexMA 6 (1993) Sp. 1179.

12 Bernhard Schimmelpfennig: Heiliges Jahr, in: LexMA 4 (1989) Sp. 2024 f. Ders.: Die Regelmäßigkeit mittelalterlicher Wallfahrt, in: Wallfahrt und Alltag in Mittelalter und früher Neuzeit. Internationales Round-Table-Gespräch, Krems an der Donau 1990 (Veröffentlichungen des Instituts für Realienkunde des Mittelalters und der frühen Neuzeit, 14). Wien 1992, S. 81–94, hier S. 89–91.

13 Erich Stephany: Zur Geschichte der Verehrung Mariens zu Aachen, in: Unsere Liebe Frau. Ausstellungskatalog. Düsseldorf 1958, S. 139–152.

14 Walter Pötzl: Santa-Casa-Kult in Loreto und in Bayern, in: WkkG TA (wie Anm. 1), S. 368–382, hier S. 372.

15 G. Schreiber: Nothelfer, in: LThK 7 (1962) Sp. 1050 f.

16 Vgl. Pierre Delooz: Sociologie et canonisations (Collection Scientifique de la

Faculté de Droit de l'Université de Liège, 30). Liège, La Haye 1969, S. 255–276, Tabelle S. 275: Unter den Heiliggesprochenen waren im Mittelalter maximal 26,1 % Frauen (14. Jahrhundert), im 11. und 12. Jahrhundert 5,7 bzw. 10,4 %.

17 Norbert Ohler: Zur Seligkeit und zum Troste meiner Seele. Lübecker unterwegs zu mittelalterlichen Wallfahrtsstätten, in: Zeitschrift des Vereins für Lübeckische Geschichte und Altertumskunde 63 (1983) S. 83–103, hier S. 94 ff.

18 Pötzl (wie Anm. 14) S. 370, 373.

19 R. Ernst: Fatima, in: LThK 4 (1960) Sp. 40f.; G. Siegmund: Lourdes, in: LThK 6 (1961) Sp. 1159. Die erste Jahreszahl bezieht sich auf das Jahr der ›Erscheinung‹, die zweite auf das der kirchlichen Bestätigung.

20 Christian Krötzl: Pilger, Mirakel und Alltag. Formen des Verhaltens im skandinavischen Mittelalter (12.–15. Jahrhundert) (Studia Historica, 46). Helsinki 1994, S. 149; S. 150 zur sozialen Dimension dieser Verfügung. – Gurgand Barret: Priez pour nous à Compostelle. Paris 1978, S. 18, 242.

21 E. Gilomen-Schenkel: Einsiedeln, in: LexMA 3 (1986) Sp. 1743–1745, hier Sp. 1745.

22 Odilo Ringholz: Wallfahrtsgeschichte Unserer Lieben Frau von Einsiedeln. Ein Beitrag zur Culturgeschichte. Freiburg 1896, S. 81 f. – Christof Dipper: Volksreligiosität und Obrigkeit im 18. Jahrhundert, in: Volksreligiosität in der modernen Sozialgeschichte. Hg. Wolfgang Schieder (Geschichte und Gesellschaft, Sonderheft 11). Göttingen 1986, S. 73–96, hier S. 85: In den 1780er Jahren 184 000 Pilger nach Walldürn, ähnliche Zahlen für Mariazell.

23 Maurice Druon: Vézelay, colline éternelle, suivi d'une anthologie réalisée avec la collaboration de Jacques Suffel. Paris 1968, S. 116–119, bes. S. 117 f. – V. Saxer: Maria Magdalena, in: LexMA 6 (1993) Sp. 282 f. – J. Richard: Vézelay, in: LexMA 8 (1997) Sp. 1609 f.

24 Lübecker Ratschronik zum Jahr 1446, in: CdS, 30. Bd. (Die Chroniken der niedersächsischen Städte. Lübeck, 4). Leipzig 1910, ND Göttingen 1968, S. 55. Vgl. F. Escher: Wilsnack, in: LexMA 9 (1998) Sp. 219.

25 Vgl. Klaus Schreiner: ›Peregrinatio laudabilis‹ und ›peregrinatio vituperabilis‹. Zur religiösen Ambivalenz des Wallens und Laufens in der Frömmigkeitstheologie des späten Mittelalters, in: Wallfahrt und Alltag (wie Anm. 12) S. 133–163, S. 136–143 zu Konstanten seit der Spätantike. – WkkG TA (wie Anm. 1) S. 13, 17, 19, 27, 29, 70, 310 u. ö.

26 Hieronymus in einem Brief (um 395) an den hl. Paulinus von Nola, nach Herbert Donner: Pilgerfahrt ins Heilige Land. Die ältesten Berichte christlicher Palästinapilger (4.–7. Jahrhundert). Stuttgart 1979, S. 13 f. – Vgl. Josef Engemann: Deutung und Bedeutung frühchristlicher Bildwerke. Darmstadt 1997, S. 158 f.

27 Brief 38, in: Briefe des Bonifatius, Willibalds Leben des Bonifatius, nebst einigen zeitgenössischen Dokumenten. Unter Benützung der Übersetzungen von M. Tangl und Ph. H. Külb neu bearbeitet von Reinhold Rau (AQ, 4b). 1968, S. 253. Ähnliche Klagen begegnen wie Topoi in späteren Jahrhunderten; vgl. Jan van Herwaarden: Pilgrimages and Social Prestige. Some reflections on a theme, in: Wallfahrt und Alltag (wie Anm. 12), S. 27–79, hier S. 77. – Seit spätestens 372

sind Nonnen sogar nach Jerusalem gepilgert; vgl. Donner (wie Anm. 26) S. 69 und S. 82–137: Bericht der Nonne Etheria.

[28] Norbert Ohler: Zuflucht der Armen. Zu den Mirakeln des Heiligen Anno, in: Rheinische Vierteljahrsblätter 48 (1984) S. 1–33, hier S. 10 mit Anm. 34.

[29] Predigt am Jakobstage 25. 7. 1522, in: Martin Luthers Werke (Weimarer Ausgabe, 10/3). Weimar 1905, S. 235: »man waißt nit ob sant Jacob oder ain todter hund oder ain todts roß da ligt... laß raisen wer da will, bleib du dahaim«. Zur Kritik an der Wallfahrt zum Heiligen Grab vgl. Wochenpredigten über Joh 16–20 ebd. Bd. 28 (1903) S. 418–422 zu Joh 19, 38.

[30] Norbert Ohler: Alltag im Marburger Raum zur Zeit der heiligen Elisabeth, in: Archiv für Kulturgeschichte 67 (1985) S. 1–40, hier S. 22.

[31] Thomas von Kempen: Nachfolge Christi. Übersetzt von Hermann Endrös (Fischer Bücherei, 168). Frankfurt/M., Hamburg 1957. Viertes Buch. Vereinigung, I, 9; S. 197.

[32] Reinke de Vos, in: Der Fuchs und die Trauben. Deutsche Tierdichtung des Mittelalters. Hg. und übertragen von Wolfgang Spiewok. 3. Auflage, Berlin 1986, S. 271–436, hier S. 336–352, Zitat S. 338.

[33] Vgl. K. Arnold: Hans Böhm, in: LexMA 2 (1983) Sp. 335.

[34] Erasmus von Rotterdam: Vertraute Gespräche (Colloquia Familiaria). Übertragen und eingeleitet von Hubert Schiel. Köln 1947, ND Magnus Verlag, ohne Ort und Jahr, S. 84–88 »Von leichtfertigen Gelübden«, S. 88–127 »Das Wallfahren«.

[35] Vgl. Ohler: Zur Seligkeit (wie Anm. 17) S. 93 mit Anm. 20.

[36] Louis Carlen, in: WkkG TA (wie Anm. 1) S. 89.

[37] Sessio XXV, 3–4 dec. 1563, in: Conciliorum Oecumenicorum Decreta, curantibus Josepho Alberigo (u.a.), editio tertia, Bologna 1973 (im folgenden kurz: Alberigo), S. 774–776, auch zum Folgenden.

[38] Oliva Wiebel-Fanderl, in: WkkG TA (wie Anm. 1) S. 504.

[39] D. Coenen: Kevelaer, in: LThK 6 (1961) Sp. 136.

[40] Johanna von Herzogenberg, in: WkkG TA (wie Anm. 1) S. 492.

[41] Franz Matsche, in: WkkG TA (wie Anm. 1) S. 356. Daß solches Denken zum gemeinsamen Erbe von Alt- und Neugläubigen gehörte, zeigt das Lied ›Ein feste Burg ist unser Gott‹; die Art, wie es eingesetzt wurde, kann hier nicht erörtert werden.

[42] Ilja Mieck: Kontinuität im Wandel. Politische und soziale Aspekte der Santiago-Wallfahrt vom 18. Jahrhundert bis zur Gegenwart, in: Geschichte und Gesellschaft 3 (1977) S. 299–328, hier S. 307–317, 319.

[43] Josef Wicki: Das neunzehnte Heilige Jahr, 1775, in: Archivum Historiae Pontificiae 18 (1980) S. 297–352, hier S. 323: etwa 300000 Pilger.

[44] Pötzl (wie Anm. 14) S. 377.

[45] Zitiert nach Georg Schreiber, in: Wallfahrt und Volkstum in Geschichte und Leben. Hg. Georg Schreiber (Forschungen zur Volkskunde, 16/17). Düsseldorf 1934, S. 73.

[46] Rudolf Reinhardt: Die Kritik der Aufklärung am Wallfahrtswesen, in: Bausteine zur geschichtliche Landeskunde von Baden-Württemberg. Hg. Kommission für Geschichtliche Landeskunde in Baden-Württemberg. Stuttgart 1979,

S. 319–345, hier S. 330, 327 (Zitat). Vgl. Arnold Angenendt: Heilige und Reliquien. München 1994, S. 260–270.

47 Andrea Löther: Prozessionen in spätmittelalterlichen Städten. Politische Partizipation, obrigkeitliche Inszenierung, städtische Einheit (Norm und Struktur, 12). Köln, Weimar, Wien 1999, S. 223–231. – Dipper (wie Anm. 22) S. 85.

48 Zitiert nach Walter Hartinger, in: WkkG TA (wie Anm. 1) S. 408.

49 Vgl. J. Schneider: Luxusordnungen, in: LexMA 6 (1993) Sp. 35 f. – Reinhard Haller: »... und unser Geld bliebe im eigenen Lande!« Wallfahrtsantipropaganda – Formen, Wirkungen, Erfahrungen. Aufgezeigt am Beispiel der bayerischen Pfingstprozessionen zum Heiligen Berg bei Příbram in Böhmen (1795–1939), in: WkkG TA (wie Anm. 1) S. 155–167.

50 Louis Carlen, in: WkkG TA (wie Anm. 1) S. 89; Reinhard Haller ebd. S. 155; Schreiber, in: Wallfahrt und Volkstum (wie Anm. 45) S. 73 f. – Dipper (wie Anm. 22) S. 82–85 mit Anm. 70, 86, 93.

51 Mieck (wie Anm. 42) S. 317 f. – R. Naz: Pèlerinage, in: DDC 6 (1957) Sp. 1317.

52 Vgl. Löther (wie Anm. 47) S. 27 Bittprozessionen in Rom seit 590 nachweisbar. – Rebekka Habermas: Wallfahrt und Aufruhr. Zur Geschichte des Wunderglaubens in der frühen Neuzeit (Historische Studien, 5). Frankfurt, New York 1991, S. 76–101.

53 Christof Spuler: Bodensee Kunstführer. Kirchen, Klöster und Städte am See (Bodensee-Tb-Reihe, Bd. 7). Konstanz 2. Auflage1985, S. 68.

54 Zu der von den Freiburger Bürgern in höchsten Nöten des Dreißigjährigen Krieges gelobten und 1649 ausgeführten Wallfahrt nach Einsiedeln vgl. Geschichte der Stadt Freiburg im Breisgau, Bd. 2 Hg. Heiko Haumann und Hans Schadek, Stuttgart 1994, S. 150 mit Anm. 335.

55 Vgl. Gisela Goldberg: *Peregrinatio, quam vocant Romana*. Miscellanea zu Stellvertreterstätten römischer Hauptkirchen, in: WkkG TA (wie Anm. 1) S. 346–351.

56 Vgl. Pötzl (wie Anm. 14) und besonders die Karte S. 379: Loreto-Kapellen in Bayern und in den angrenzenden Regionen.

57 Franz Matsche: Wallfahrtsarchitektur – die Ambitenanlagen böhmischer Wallfahrtsstätten im Barock, in: WkkG TA (wie Anm. 1) S. 352–367, hier besonders S. 356.

58 Ringholz (wie Anm. 22) S. 167.

59 Vgl. La »Gerusalemme« di San Vivaldo e i Sacri Monti in Europa (Firenze-San Vivaldo, 11–13 settembre 1986). Hg. Sergio Gensini. Comune di Montaione 1989. – Riccardo Pacciani: La »Gerusalemme« di S. Vivaldo in Valdelsa. San Miniato 1998.

60 Vgl. W. Forster: Kreuzweg, I. als Andachtsform, in: LThK 6 (1961) Sp. 627 f.

61 Mit der Einrichtung von Lourdesgrotten, wie sie zumal in Süddeutschland verbreitet sind, dürfte beabsichtigt gewesen sein, eine Fahrt in die fernen Pyrenäen überflüssig zu machen.

62 Walter Hartinger, in: WkkG TA (wie Anm. 1) S. 412 ff.

63 Georg Black, in: WkkG TA (wie Anm. 1) S. 169.

64 Ulrich von Hehl: Das Kirchenvolk im Dritten Reich, in: Kirche, Katholiken und

Nationalsozialismus. Hg. Klaus Gotto und Konrad Repgen (Topos–Tb, 96). Mainz 1980, S. 63–82, hier S. 75.

65 Beate Heidrich: »Die Heimat nicht vergessen…«. Zu Geschichte und Funktion der Vertriebenenwallfahrt nach Altötting, in: WkkG TA (wie Anm. 1) S. 513–526.

66 So wurde in der Mitte unseres Jahrhunderts zuweilen eine Sühnewallfahrt Frauen auferlegt, die in der Beichte eine Abtreibung bekannt hatten.

67 E. Wimmer: Ursula, in: LexMA 8 (1997) Sp. 1332 f.

68 Geoffrey Chaucer: Die Canterbury Tales. Übertragen und hg. von Martin Lehnert. München 1985, S. 41.

69 Ohler: Alltag (wie Anm. 30) S. 30.

70 Ludwig Schmugge: Zu den Anfängen des organisierten Pilgerverkehrs und zur Unterbringung und Verpflegung von Pilgern im Mittelalter, in: Gastfreundschaft, Taverne und Gasthaus im Mittelalter. Hg. Hans Conrad Peyer unter Mitarbeit von Elisabeth Müller-Luckner (Schriften des Historischen Kollegs. Kolloquien, 3). München, Wien 1983, S. 37–60, hier S. 38.

71 Ohler: Zuflucht (wie Anm. 28) S. 9. – Zum hohen Anteil von Kindern unter den Pilgern in der Neuzeit vgl. Habermas (wie Anm. 52) S. 49–54; ferner Arnold Lassotta: Pilger in Köln. Das Hospital zum Ipperwald und seine Passantenlisten aus den Jahren 1770–1790. Ein Beitrag zum Wallfahrtswesen am Ende des alten Reiches, in: Die Heiligen Drei Könige. Darstellung und Verehrung. Katalog zur Ausstellung des Wallraf-Richartz-Museums in der Josef-Haubrich-Kunsthalle Köln 1982/83. Köln 1982, S. 81–96, hier S. 87 (Figur) sowie 94 und 96 (Tabellen).

72 Ohler: Alltag (wie Anm. 30) S. 10.

73 Philippe Ariès: Geschichte der Kindheit. 4. Auflage München 1981, S. 92 ff.

74 Norbert Ohler: Nord- und Ostdeutsche im Südwesten des Reiches. Ein Beitrag zu den Mirakeln des hl. Theobald, in: Zeitschrift des Breisgau-Geschichtsvereins (»Schau-ins-Land«) 101 (1982) S. 151–167, hier S. 159 f.

75 Nach: Kohlhoffsche Chronik zum Jahr 1455, in: CdS, Bd. 14 (Köln, 3). Leipzig 1877, S. 799 f.

76 K. Arnold: Kinderkreuzzug, in: LexMA 5 (1991) Sp. 1150 f.

77 8. Kapitel; Jakobsweg (wie Anm. 6) S. 123. – Vgl. Maria Wittmer-Butsch: Pilgern zu himmlischen Ärzten: Historische und psychologische Aspekte früh- und hochmittelalterlicher Mirakelberichte, in: Wallfahrt und Alltag (wie Anm. 12) S. 237–254.

78 Norbert Ohler: Krieg und Frieden im Mittelalter (Beck'sche Reihe, 1226). München 1997, S. 208–219.

79 Hans Eberhard Mayer: Geschichte der Kreuzzüge. 5. Auflage. Stuttgart (u.a.) 1980, S. 66 f. sowie 90 (Zitat Fulchers von Chartres).

80 Ebd. S. 133; zum Folgenden S. 212 f. und 255.

81 Ebd. S. 184: Eine Art Kavalierstour nach Morea (Griechenland) in Frankreich schon in den 1230/40er Jahren in Mode. – Zu Badekur vgl. Hedwig Röckelein und Gottfried Wendling: Wege und Spuren der Santiago-Pilger im Oberrheintal, in: Europäische Wege (wie Anm. 6) S. 92.

[82] Ursula Ganz-Blättler: Andacht und Abenteuer. Berichte europäischer Jerusalem- und Santiagopilger (1320–1520) (Jakobus-Studien, 4). Tübingen 1990, S. 192 f., vgl. S. 214.

[83] Thomas Platter d. J.: Beschreibung der Reisen durch Frankreich, Spanien, England und die Niederlande 1595–1600. Hg. Rut Keiser. Teile 1–2. Basel, Stuttgart 1968, S. 268.

[84] Dictionnaire du Grand Siècle. Hg. François Bluche. Paris 1990, S. 1179 f.

[85] Johann Caspar Goethe: Reise durch Italien im Jahre 1740 (Viaggio per l'Italia). Hg. Deutsch-Italienische Vereinigung Frankfurt am Main. Übersetzt und kommentiert von Albert Meier. München 1986, S. 132.

[86] Novalis (= Friedrich von Hardenberg): Die Christenheit oder Europa (1799), in: Novalis: Monolog (und andere Schriften) (Rowohlts Klassiker, 130/131). Reinbek 1968, S. 35–52, hier S. 37 f.

[87] ›Pilgerführer‹, 8. Kapitel; Der Jakobsweg (wie Anm. 6) S. 117.

[88] Ebd. S. 107. Vgl. Fernand Benoit: Les cimetières suburbains d'Arles dans l'antiquité chrétienne et au Moyen Age (Studi di antichità cristiana, 11). Rom, Paris 1935, S. 32–61.

[89] Ohler: Nord- und Ostdeutsche (wie Anm. 74) S. 161.

[90] Ohler: Sterben und Tod im Mittelalter, München 1990, S. 135.

[91] Atlas zur Kirchengeschichte. Die christlichen Kirchen in Geschichte und Gegenwart. Aktualisierte Neuausgabe bearbeitet von Jochen Martin. Freiburg (u.a.) 1987, Karte 28.

[92] Otto von Simson: Die gotische Kathedrale. Beiträge zu ihrer Entstehung und Bedeutung. Darmstadt 1968, S. 225, 229 f., 241, 251. – J. Creusen, S.J.: Commutation de voeu, in: DDC 3 (1942) Sp. 1183–1186; Mayer (wie Anm. 79) S. 194; Krötzl (wie Anm. 20) S. 155.

[93] J. Fleckenstein: Einhard, in: LexMA 3 (1986) Sp. 1737–1739. – G. M. Lechner: Markus, ebd. 6 (1993) Sp. 314. – M. Restle: Nikolaus von Myra, ebd. 6 (1993) Sp. 1173–1175.

[94] Ohler: Krieg und Frieden (wie Anm. 78) S. 165.

[95] Patrick Geary: Furta Sacra. Thefts of Relics in the Central Middle Ages. Princeton, N.J. 1978, überarbeitete Auflage 1990.

[96] 8. und 9. Kapitel; Jakobsweg (wie Anm. 6) S. 113, 118, 150.

[97] Die Reichsannalen, in: Quellen zur karolingischen Reichsgeschichte. Neubearbeitet von Reinhold Rau, 1. Teil (AQ, 5) 1955, S. 50 f.

[98] Ohler: Alltag (wie Anm. 30) S. 21 f., 32.

[99] Zitiert nach WkkG Kat (wie Anm. 1) S. 15. – Zu ›Ohnmacht‹ und ›Versagen‹ großer Heiliger vgl. Constanze Hofmann-Rendtel: Wallfahrt und Konkurrenz im Spiegel hochmittelalterlicher Mirakelberichte, in: Wallfahrt und Alltag (wie Anm. 12) S. 114–131, hier S. 116–118.

[100] Arnold Angenendt: Monachi Peregrini. Studien zu Pirmin und den monastischen Vorstellungen des frühen Mittelalters (Münstersche Mittelalter-Schriften, 6). München 1972, S. 124 ff., 144 ff. Zusammenfassend: Ders.: Peregrinatio, in: LexMA 6 (1993) Sp. 1882 f.

[101] Dieter P. J. Wynands: Geschichte der Wallfahrten im Bistum Aachen (Veröf-

fentlichungen des Bischöflichen Diözesanarchivs Aachen, 41). Aachen 1986, Dokument 2, hier S. 449 f.

102 Columbus: Schiffstagebuch (wie Anm. 10) S. 150 f.

103 R. Naz: Voeu, in: DDC 7 (1965) Sp. 1619–1623.

104 Das Leben Bischof Bennos II. von Osnabrück, verfaßt von Abt Norbert, Kapitel 1, in: Lebensbeschreibungen einiger Bischöfe des 10.–12. Jahrhunderts, übersetzt von Hatto Kallfelz (AQ, 22) 1973, S. 365–441, hier S. 374–377.

105 Aus einem Mirakelbuch (1668), nach Elfriede Grabner, in: WkkG TA (wie Anm. 1) S. 418.

106 Louis Carlen, in: WkkG TA (wie Anm. 1) S. 92.

107 Ohler: Zur Seligkeit (wie Anm. 17) S. 83. – Stellvertretende Wallfahrten durch (fast) berufsmäßig reisende Frauen, »voyageuses«, gab es in Frankreich noch im 19. Jahrhundert; vgl. Michael R. Marrus: Pilger auf dem Weg. Wallfahrten im Frankreich des 19. Jahrhunderts, in: Geschichte und Gesellschaft 3 (1977) S. 329–351, hier S. 338 f.

108 Vgl. John T. McNeill and Helena M. Garner: Medieval Handbooks of Penance. A translation of the principal *libri poenitentiales* and selections from related documents. New York 1979, S. 34 (Einleitung), Nachweis der Quellen über das Register (Stichwort *pilgrimage*).

109 Ohler: Zuflucht (wie Anm. 28) S. 13.

110 Vgl. L. Wolff: Der Tannhäuser, in: Die deutsche Literatur des Mittelalters. Verfasserlexikon, Hg. Karl Langosch, 4 (1953) Sp. 355–368, hier Sp. 366 f.

111 Vgl. Egon Boshof: Heinrich IV., Herrscher an einer Zeitenwende (PuG, 108/109). Göttingen 1979, S. 111.

112 Concilium Lateranense II (1139), can. 18; in: Alberigo (wie Anm. 37) S. 201.

113 Friedebrief gegen die Brandstifter, in: Quellen zur deutschen Verfassungs-, Wirtschafts- und Sozialgeschichte bis 1250. Ausgewählt und übersetzt von Lorenz Weinrich (AQ, 32) 1977, Nr. 77, hier S. 310 f. Vgl. L. Carlen: Strafwallfahrten, in: HRG 5 (1998) Sp. 17–19.

114 Robert Plötz: Pilger und Pilgerfahrt gestern und heute am Beispiel Santiago in Compostela; in: Europäische Wege (wie Anm. 6) S. 171–213, hier S. 207. – C. Vogel: Bußwallfahrt, in: LexMA 1 (1980) Sp. 1134 f.

115 Louis Carlen: Wallfahrt und Recht im Abendland (Freiburger Veröffentlichungen aus dem Gebiete von Kirche und Staat, 23). Freiburg/Schweiz 1987, S. 37, 93.

116 Carlen: Wallfahrt (wie Anm. 115) S. 74. – Werner Schäfke: Die Wallfahrt zu den Heiligen Drei Königen, in: Die Heiligen Drei Könige (wie Anm. 71) S. 73–80, und hier besonders S. 74 f. mit Zahlenangaben sowie die in Anm. 23 zu S. 80 genannte Literatur.

117 Jakob Sprenger/Heinrich Institoris: Der Hexenhammer. Übersetzt von J. W. R. Schmidt. Berlin 1906, ND München (dtv) 1982, Teil III, S. 147.

118 Vgl. L. Hödl: Ablaß, in: LexMA 1 (1980) Sp. 43–46.

119 Ademar de Chabannes: Chronique. Hg. Jules Chavanon (Collection de textes pour servir à l'étude et à l'enseignement de l'histoire, 20). Paris 1897, S. 189 f., 194.

[120] Robert Plötz: Deutsche Pilger nach Santiago de Compostela bis zur Neuzeit, in: Deutsche Jakobspilger und ihre Berichte. Hg. Klaus Herbers (Jakobusstudien, 1). Tübingen 1988, S. 1–27, hier S. 18.

[121] Vgl. Bruno Bettelheim: Der Weg aus dem Labyrinth. Leben lernen als Therapie. Stuttgart 1975, S. 205 ff.: Von der Wallfahrt zum Psychoanalytischen Milieu.

[122] Die adelige Dienstmagd, in: Cervantes: Exemplarische Novellen (Exempla Classica, 22). Frankfurt/M., Hamburg 1961, S. 297–352, hier S. 339–341.

[123] Die Legenda aurea des Jacobus de Voragine. Aus dem Lateinischen übersetzt von Richard Benz. Heidelberg 1955, S. 495 (Von Sanct Jacobus dem Großen).

[124] J. C. Russel, in: Europäische Wirtschaftsgeschichte, Hg. Carlo M. Cipolla, Hg. der deutschen Ausgabe Knut Borchardt. Bd. 1 Mittelalter. Stuttgart, New York 1978, S. 41.

[125] Prokop: Gotenkrieg, IV/17; vgl. Norbert Ohler: Boten mit besonderem Auftrag, in: Streng geheim. Die Welt der verschlüsselten Kommunikation. Hg. Klaus Beyrer. Frankfurt/M. 1999, S. 35–49, hier S. 48.

[126] WkkG TA (wie Anm. 1) S. 18, Abb. 5, aus einer Bologner Chronik, um 1360.

[127] Arno Borst: Lebensformen im Mittelalter. Frankfurt/M., Berlin 1973, S. 152 ff.

[128] Eyn geistlich romfart jübel jor so ein christner mönsch mag thuon, der do ursachen halben nit gon Rom kummen kan volget clarlich harnoch; in: Johannes Geiler von Kaysersberg: Sämtliche Schriften. 1. Abteilung: Die zu Geilers Lebzeiten erschienenen Schriften. 1. Band (Ausgaben deutscher Literatur des XV. bis XVIII. Jahrhunderts, 129). Berlin 1989, S. 141–151.

[129] Ohler: Nord- und Ostdeutsche (wie Anm. 74) S. 152.

[130] Johannes Geiler von Kaysersberg: Der Bilger mit seinen Eygenschaften, 1494. In: Ders.: Sämtliche Schriften (wie Anm. 128) 1. Bd., S. 29–95, hier S. 41.

[131] Erasmus: Vertraute Gespräche (wie Anm. 34), S. 89.

[132] Platter (wie Anm. 83) S. 325.– Grimmelshausen (wie Anm. 4) Continuatio 15. Kapitel, S. 553.

[133] 3. Kapitel; Jakobsweg (wie Anm. 6) S. 90.

[134] Geiler von Kaysersberg: Bilger (wie Anm. 130) S. 47. – Vgl. Norbert Ohler: Überlegungen zur Finanzierung von Pilgerreisen, in: Wirtschaft und Reliquie im Mittelalter. Hg. Markus Mayr (Geschichte & Ökonomie, 9). Innsbruck, Wien, München (im Druck).

[135] Dies und das Folgende nach Ohler: Zur Seligkeit (wie Anm. 17) S. 89 f.; zur Kaufkraft der genannten Summen ebd., S. 85, Anm. 6.

[136] Die Erschwernis »wulln und barfuß« muß – zumindest in Norddeutschland – recht verbreitet gewesen sein; vgl. Löther (wie Anm. 47) S. 278; S. 275 weiterführende Literatur.

[137] Vgl. Leopold August Warnkönig: Flandrische Staats- und Rechtsgeschichte bis zum Jahr 1305, Bd. 3, 2 Tübingen 1839, S. 121–126 Preisliste von Pilgerfahrten. Freundlicher Hinweis von Dr. Konrad Ruser, Freiburg.

[138] Deutsches Wörterbuch von Jacob und Wilhelm Grimm. Bd. 8, 1893. ND München 1984, Bd. 14, Sp. 735.

[139] Grimmelshausen (wie Anm. 4) Continuatio, 10. und 13. Kapitel, S. 526 bzw. 542.

[140] Legenda aurea (wie Anm. 123) S. 287f.

[141] Geiler von Kaysersberg: Bilger (wie Anm. 130) S. 38.

[142] Nach Jakobsweg (wie Anm. 6) S. 57–82, hier S. 68f.

[143] Thomas Szabó: Veränderung des Reisens – Wandel der Welt: ein Prozeß wechselseitiger Beziehungen, in: Reisen und Wallfahren im Hohen Mittelalter. Hg. Gesellschaft für staufische Geschichte e.V. (Schriften zur staufischen Geschichte und Kunst, 18). Göppingen 1999, S. 38–65, hier S. 41.

[144] Vgl. z.B. Boccaccio: Decamerone II, 2: Rinaldo von Asti.

[145] Legenda aurea (wie Anm. 123) S. 492 f.

[146] Borst: Lebensformen (wie Anm. 127) S. 261.

[147] Ohler: Sterben (wie Anm. 90) S. 30.

[148] Geiler von Kaysersberg: Bilger (wie Anm. 130) S. 31ff. – *Veneranda dies*, nach Jakobsweg (wie Anm. 6) S. 70.

[149] Norbert Ohler: Elisabeth von Thüringen. Fürstin im Dienst der Niedrigsten (PuG, 114/115). 2. Auflage, Göttingen, Zürich 1992, S. 32 f.

[150] Joinville: Histoire de Saint Louis, in: Historiens et chroniqueurs du Moyen Age. Hg. Albert Pauphilet und Edmond Pognon (Bibliothèque de la Pléïade, 48). Paris 1952, S. 233. Vgl. U. Mattejiet: Urlaub, in: LexMA 8 (1997) Sp. 1325 f.

[151] Übersetzung aus dem Lateinischen nach: Missa pro peregrinantibus et iter agentibus, in: Missale Romanum. 19. Auflage. Regensburg 1936, S. 98–100.

[152] Übersetzung aus dem Lateinischen nach Adolf Franz: Die kirchlichen Benediktionen im Mittelalter, Bd. II, Freiburg i. B. 1909 (ND Graz 1900) S. 271 ff. – Vgl. Jakobsweg (wie Anm. 6) S. 64 f.

[153] Geiler von Kaysersberg: Bilger (wie Anm. 130) S. 54–69.

[154] Zu Titel und Lage dieser Kirchen vgl. WkkG Kat (wie Anm. 1) S. 100–107.

[155] Norbert Ohler: »In viam pacis dirige nos«. L'apport des pèlerins à la formation de l'Europe (Collège de France, Chaire Européenne. Leçon inaugurale, 130). Paris 1995, S. 25 f. Übersetzung: Demut / Stolz, Keuschheit / Zügellosigkeit, Geduld / Zorn, Großherzigkeit / Geiz, Glaube / Götzendienst, Eintracht / Zwietracht.

[156] Ohler: Zur Seligkeit (wie Anm. 17) S. 87.

[157] Chaucer (wie Anm. 68) S. 29.

[158] Thietmar von Merseburg: Chronik IV, 45. Neu übertragen von Werner Trillmich (AQ, 9) 1957, S. 160 f. / 162 f.

[159] Ohler: Zur Seligkeit (wie Anm. 17) S. 87.

[160] Ohler: Reisen (wie Anm. 1) S. 171.

[161] Joseph Haydn: Die Jahreszeiten (1801). Vollständige Textausgabe, Hg. Wilhelm Zentner. Stuttgart: Reclam, 1955. S. 56 f.

[162] Borst: Lebensformen (wie Anm. 127) S. 30.

[163] Ebd. S. 66.

[164] Ohler: Nord- und Ostdeutsche (wie Anm. 74) S. 163 mit Anm. 23.

[165] Grimmelshausen (wie Anm. 4) 5. Buch, 1. Kapitel, S. 389–393.

[166] Pilgerführer, 3. Kapitel; Jakobsweg (wie Anm. 6) S. 89.

[167] 7. Kapitel; Jakobsweg (wie Anm. 6) S. 101.

[168] Bernhard Bischoff: The Study of Foreign Languages in the Middle Ages, in: Speculum 36 (1961) S. 209–224.

169 Faksimile in WkkG TA (wie Anm. 1) S. 145, Abb. 56.

170 Herbert Grundmann: Religiöse Bewegungen im Mittelalter. 1935, ND Darmstadt 1970, S. 155 mit Anm. 157.

171 Gotteslob. Katholisches Gebet- und Gesangbuch. Freiburg i. Br. 1975, Nr. 303. – Vgl. »Wer das elent bawen wel«, aus dem 15. Jahrhundert, mit 26 Strophen, in: Nach Santiago zogen sie (wie Anm. 1) S. 151–161. In den Strophen 16 und 18 wird Klage geführt, daß Suppe und Bett »nit reine« und die Brote »vil zu kleine« seien.

172 Liber Miraculorum Sancti Aegidii auctore Petro Gulielmo, Nr. 13; in: Analecta Bollandiana 9 (1890) S. 397.

173 Schriftliche Mitteilung von Hubert Cluse, Münster i. W.

174 Geiler von Kaysersberg: Bilger (wie Anm. 130) S. 86–94.

175 Kapitel 7 und 8; Jakobsweg (wie Anm. 6) S. 100 und 130.

176 Rüdiger Jülch: Die Entwicklung des Wirtschaftsplatzes Wimpfen bis zum Ausgang des Mittelalters (Veröffentlichungen der Kommission für geschichtliche Landeskunde in Baden-Württemberg, B/14). Stuttgart 1961, Anhang Nr. 10, S. 152–154, hier S. 154.

177 Laszlo Tarr: Karren, Kutsche, Karrosse. 2. erweiterte Auflage. Budapest, Berlin 1978, S. 198 (Abbildung). Ein solcher Unfall auf der Höhe des Arlbergpasses im 15. Jahrhundert ist denkbar unwahrscheinlich.

178 Vgl. Achse, Rad und Wagen. Fünftausend Jahre Kultur- und Technikgeschichte. Hg. Wilhelm Treue. Göttingen 1986. S. 191.

179 Erasmus von Rotterdam: Altmännergespräch oder: Das Fuhrwerk, in: Colloquia Familiaria – Vertraute Gespräche. Lateinisch-deutsch. In: Derselbe: Ausgewählte Schriften. Hg. Werner Welzig. Bd. 6 Darmstadt 1967, S. 215–251, hier S. 251.

180 Platter (wie Anm. 83) S. 90f.

181 Alfons Schäfer: Geschichte der Stadt Bretten von den Anfängen bis zur Zerstörung im Jahre 1689 (Oberrheinische Studien, 4). Karlsruhe 1977, S. 194.

182 7. Kapitel; Jakobsweg (wie Anm. 6) S. 95.

183 R. Manselli: Altopascio, in: LexMA 1 (1980) Sp. 486f.

184 8. Kapitel; Jakobsweg (wie Anm. 6) S. 131f.

185 Liudprand von Cremona: Antapodosis V, 17; in: Quellen zur Geschichte der sächsischen Kaiserzeit, neu bearbeitet von Albert Bauer und Reinhold Rau (AQ, 8). 1971, S. 462f.

186 Vgl. H.-R. Singer: Fraxinetum, in: LexMA 4 (1989) Sp. 882.

187 7. Kapitel; Jakobsweg (wie Anm. 6) S. 96ff.

188 Platter (wie Anm. 83) S. 164.

189 Zitiert nach: Legenda aurea (wie Anm. 123) S. 300.

190 Ohler: Zuflucht (wie Anm. 28) S. 7.

191 Bischof Otto von Freising und Rahewin: Die Taten Friedrichs oder richtiger Cronica, I, 33. Übersetzt von Adolf Schmidt, Hg. Franz Josef Schmale (AQ, 17). 1965, S. 192f.

192 7. Kapitel; Jakobsweg (wie Anm. 6) S. 102. Vgl. J.-P. Leguay: Vilain, in: LexMA 8 (1997) Sp. 1671–1673.

193 Vgl. Mayer: Kreuzzüge (wie Anm. 79) S. 129–144.

194 Legenda aurea (wie Anm. 123) S. 167f. (Julianus) und 499 f. (Christophorus).

195 Jülch: Entwicklung (wie Anm. 176).

196 7. Kapitel; Jakobsweg (wie Anm. 6) S. 95f.

197 Ohler: Zuflucht (wie Anm. 28) S. 28.

198 Erich Maschke: Die Brücke im Mittelalter, in: Historische Zeitschrift 224 (1977) S. 265–292. – Josef Riedmann: Verkehrswege, Verkehrsmittel, in: Kommunikation und Mobilität im Mittelalter. Begegnungen zwischen dem Süden und der Mitte Europas (11.–14. Jahrhundert). Hg. Siegfried de Rachewiltz. Sigmaringen 1995, S. 61–75, hier S. 66.

199 Vgl. Werner Paravicini: Die Preußenreisen des europäischen Adels, Teil 2 (Beihefte der Francia, 17/2). Sigmaringen 1995, S. 52–55.

200 Joinville (wie Anm. 150) S. 234.

201 G. Landwehr: Seerecht (Seehandelsrecht), in: HRG 4 (1990) Sp. 1596–1614. – Consolat de Mar, in: Wörterbuch des Völkerrechts. Begründet von Karl Strupp, 2. Auflage völlig neu bearbeitet von Hans-Jürgen Schlochauer. Bd. 1, Berlin 1960, S. 299–300. Das Folgende auch nach: J. M. Pardessus: Collection de lois maritimes antérieures au XVIIIe siècle. Bd. 4. Paris 1837, S. 251, 417 ff., 465, 496, 506. – Karin Nehlsen-von Stryk: Die venezianische Seeversicherung im 15. Jahrhundert (Abhandlungen zur Rechtswissenschaft. Grundlagenforschung, 64). Ebelsbach 1986, S. 200 ff.

202 Dieses und das Folgende nach: Deutsche Pilgerreisen nach dem Heiligen Lande. Hg. Reinhold Röhricht und Heinrich Meisner. Berlin 1880, S. 128 f., 140 sowie S. 11–15. – Gerd Tellenbach: Zur Frühgeschichte abendländischer Reisebeschreibungen, in: Historia Integra. Festschrift für Erich Hassinger zum 70. Geburtstag. Hg. Hans Fenske, Wolfgang Reinhard, Ernst Schulin. Berlin 1977, S. 51–80, hier S. 55 und 71.

203 Zitiert nach: Geschichte des privaten Lebens. Bd. 2: Vom Feudalzeitalter zur Renaissance. Hg. Georges Duby. Deutsch von Holger Fliessbach. Frankfurt/M. 1990, S. 547 f. – Vgl. den anschaulichen Auszug aus Ritter Konrad von Grünembergs Pilgerfahrt ins Heilige Land 1486, in: Europäische Geschichte. Quellen und Materialien. Hg. Hagen Schulze, Ina Ulrike Paul. München 1994, Kapitel 8 Nr. 13, S. 992 f.

204 Imagination des Unsichtbaren. 1200 Jahre bildende Kunst im Bistum Münster. Ausstellung des Westfälischen Landesmuseums für Kunst und Kulturgeschichte. Münster 1993, Bd. 2, S. 517, D 7.28 Schiffskelch.

205 Vgl. Donner (wie Anm. 26).

206 Ohler: Elisabeth von Thüringen (wie Anm. 149) S. 32f.

207 Geiler von Kaysersberg: Bilger (wie Anm. 130) S. 70.

208 Borst (wie Anm. 127) S. 152.

209 Die Technik. Von den Anfängen bis zur Gegenwart. Hg. Ulrich Troitzsch und Wollhard Weber. Braunschweig 1982, S. 445.

210 Nach Ohler: Reisen (wie Anm. 1) S. 138–144; Ders.: Entdeckungen – trotz archaischer Verkehrsverhältnisse, in: Focus. Behaim Globus. Ausstellungskatalog des Germanischen Nationalmuseums. Hg. Gerhard Bott. Bd. 1, Nürnberg 1992, S. 316.

211 Ohler: Alltag (wie Anm. 30) S.37; vgl. Ders.: Reisen (wie Anm. 1) S. 139 Abbildung eines ›Schemelers‹.

212 7. Kapitel; Jakobsweg (wie Anm. 6) S. 87.

213 Marrus (wie Anm. 107) S. 348 f.

214 Vgl. Georg Black: Das Bayerische Pilgerbüro und sein Dienst am Menschen unterwegs, in: WkkG TA (wie Anm. 1) S. 168–173 mit instruktiven Abbildungen und Tabellen.

215 Legenda aurea (wie Anm. 123) S. 496.

216 Dies und das Folgende nach Ohler: Zuflucht (wie Anm. 28) S. 26 f.

217 Schmugge (wie Anm. 70) S. 44.

218 Ohler: Zuflucht (wie Anm. 28) S. 28.

219 Dies und das Folgende nach dem 8. Kapitel; Jakobsweg (wie Anm. 6) S. 108 ff.

220 9. Kapitel; Jakobsweg (wie Anm. 6) S. 146 f.

221 11. Kapitel; Jakobsweg (wie Anm. 6) S. 160 f.

222 Grimmelshausen (wie Anm. 4) Continuatio, 14. Kapitel, S. 543.

223 Ebd. 15. Kapitel, S. 548.

224 Platter (wie Anm. 83) S. 32 (1595, an der Rhône) und 394 (1599, im Roussillon).

225 Hierzu und zum Folgenden: Peyer: Gastfreundschaft (wie Anm. 1) besonders S. 15, 118, 135, 263.

226 Otto Hiltbrunner: Gastfreundschaft und Gast in der Antike, in: Gastfreundschaft (wie Anm. 70) S. 1–20, hier S. 19.

227 Die Regel des hl. Benedikt, neu übersetzt von P. Franz Faessler, in: Die großen Ordensregeln. Hg. Hans Urs von Balthasar. 2. Auflage. Einsiedeln (u.a.) 1961, S. 173–259, hier S. 238–240.

228 Dies und das Folgende nach Norbert Ohler: Klösterliche Gastfreundschaft im Mittelalter, in: Geschichtsblätter Kreis Bergstrasse 22 (1989) S. 37–62, hier auch Quellen- und Literaturnachweise.

229 Vgl. G. Michels: Kommende, in: LexMA 5 (1991) Sp. 1278 f.

230 MGH, Concilia. Bd. III, 1984, Nr. 7, S. 42 f.

231 Michel Mollat: Die Armen im Mittelalter. München 1984, S. 26–29 Die Lehre der Kirchenväter über die Armut, S. 48–53 Die Wohltätigkeit der Klöster, S. 53 f. Abt Richard von Reims.

232 Platter (wie Anm. 83) S. 366.

233 4. Kapitel; Jakobsweg (wie Anm. 6) S. 90.

234 Ohler: Reisen (wie Anm. 1) S. 162–164 sowie 122–137. Dieser Abschnitt nach: Peyer: Gastfreundschaft (wie Anm. 1); Egon Boshof: Armenfürsorge im Frühmittelalter: Xenodochium, Matricula, hospitale pauperum, in: Vierteljahrsschrift für Sozial- und Wirtschaftsgeschichte 71 (1984) S. 153–174; Gastfreundschaft (wie Anm. 70) und hier besonders die Beiträge von Hiltbrunner, Schmugge, Szabó.

235 K. Hofmann: Antoniusorden, in: LThK 1 (1957) Sp. 676 f., hier Sp. 677; A. Mischlewski: Antoniusorden, Antoniter, in: LexMA 1 (1980) Sp. 734 f.; Saint-Antoine-en-Viennois, ebd. 7 (1995), Sp. 1134 – Karte zur Verbreitung in Adalbert Mischlewski: Grundzüge der Geschichte des Antoniterordens bis zum Ausgang des 15. Jahrhunderts (Bonner Beiträge zur Kirchengeschichte, 8).

Köln, Wien 1976, Beilage II. – Charakteristische Abb. des hl. Antonius, auch als Schutzpatron der Pilger, in: Röckelein/Wendling (wie Anm. 81) S. 102.

236 Vgl. Arnold Lassotta: Pilger- und Fremdenherbergen und ihre Gäste. Zu einer besonderen Form des Hospitals vom Spätmittelalter bis in die Neuzeit, in: WkkG TA (wie Anm. 1) S. 128–142, hier S. 133. – Ders.: Pilger in Köln (wie Anm. 71).

237 Borst (wie Anm. 127) S. 104.

238 U. Lindgren: Hospital, in: LexMA 5 (1991) Sp. 133–137, hier 135. – Ernst Kirsten und Wilhelm Kraiker: Griechenlandkunde. Ein Führer zu klassischen Stätten. 4. Auflage, Heidelberg 1962, S. 579.

239 Indessen sei betont, daß schon der Pilger aus Piacenza (um 570, also lange vor der muslimischen Eroberung) berichtet, in Jerusalem gebe es Hospize für Männer und Frauen sowie eine Pilgerherberge; Donner (wie Anm. 26) S. 283.

240 Oberrheinische Stadtrechte. Hg. Badische Historische Kommission. 1. Abteilung: Fränkische Rechte. 7. Heft, Hg. Carl Köhne. Heidelberg 1905, Nr. 21 f., S. 83–85, 919–921. Vgl. die anschaulichen Schilderungen aus wohlhabenderen Städten, in: Stadt und Pilger. Soziale Gemeinschaften und Heiligenkult. Hg. Klaus Herbers (Jakobus-Studien, 10) Tübingen 1999, und hier die Beiträge von Werner Göttler: Die Beherbergung von Pilgern und anderen sozialen Gruppen in Luzern (16./17. Jahrhundert) S. 160–199, sowie Peter Rückert: Jakobsbruderschaft und Hospiz in der Stadt: Das Beispiel Durlach, S. 213–231.

241 Schmugge (wie Anm. 70) S. 42.

242 Vgl. R. Weigand, B. U. Hergemöller: Bruderschaft, in: LexMA 2 (1983) Sp. 738–741. – Bernhard Schneider: Zur Entwicklung von Bruderschaften seit dem Mittelalter. Ihre Bedeutung für Kirche, Gesellschaft und die Organisation der Pilgerfahrten, in: Sternenweg, Heft 5 (1990) S. 10–19, hier besonders S. 18 f. – Klaus Militzer: Jakobsbruderschaften im Kontext der Kölner Laienbruderschaften, in: Stadt und Pilger (wie Anm. 240) S. 201–211. – Wie ›modern‹ der Genossenschaftsgedanke war, zeigt die Gründung zahlreicher Selbsthilfeeinrichtungen im 19. und 20. Jahrhundert.

243 Jakobsbruderschaften waren nicht automatisch Bruderschaften von Jakobspilgern für Jakobspilger; betont von Röckelein/Wendling (wie Anm. 81) S. 114.

244 Rudolf Henggeler: Die kirchlichen Bruderschaften und Zünfte der Innerschweiz. Einsiedeln o.J., S. 95.

245 Bernhard Hanssler: Romwallfahrt der Deutschen. Deutsches Hospiz auf dem Campo Santo Teutonico, in: WkkG TA (wie Anm. 1) S. 331–340, hier S. 336.

246 Vgl. zu diesem Abschnitt in erster Linie Peyer (wie Anm. 1) vor allem S. 220–276.

247 Thomas Szabó: Xenodochia, Hospitäler und Herbergen – kirchliche und kommerzielle Gastung im mittelalterlichen Italien (7. bis 14. Jahrhundert), in: Gastfreundschaft (wie Anm. 70) S. 61–92, hier S. 90.

248 Vgl. Norbert Ohler: Gastfreundschaft und Gasthäuser nach Boccaccios Dekameron, in: Reisen und Literatur im Mittelalter und in der Frühen Neuzeit. Hg. Xenja von Ertzdorff und Dieter Neukirchen unter redaktioneller Mitarbeit von Rudolf Schulz (Chloe. Beihefte zu Daphnis, 13). Amsterdam, Atlanta G.A. 1992, S. 507–530, hier besonders S. 524 f.

249 Zitiert nach Borst (wie Anm. 127) S. 174.
250 Erasmus: Vertraute Gespräche (wie Anm. 34) S. 35 (Gasthäuser); vgl. ebd. S. 253.
251 Grimmelshausen (wie Anm. 4) Continuatio 15. Kapitel, S. 548.
252 Die Chronik Arnolds von Lübeck (Geschichtsschreiber der deutschen Vorzeit, 71). 2. Auflage Leipzig o. J., S. 10 f.
253 7. Kapitel; Jakobsweg (wie Anm. 6) S. 95, 101.
254 Erasmus: Vertraute Gespräche (wie Anm. 34) S. 27–35 (Gasthäuser). Auch aus dieser Quelle schöpft Stephan Heym in seinem Roman ›Ahasver‹, Frankfurt/M. 1983; das 2. Kapitel (S. 8–25) dürfte die Atmosphäre in einem Gasthaus des 16. Jahrhunderts gut getroffen haben.
255 Vgl. Justin Stagl: Die Methodisierung des Reisens im 16. Jahrhundert, in: Der Reisebericht. Die Entwicklung einer Gattung in der deutschen Literatur. Hg. Peter J. Brenner (suhrkamp Tb, 2097). Frankfurt/M. 1989, S. 140–177, hier S. 156.
256 Vgl. Carlen (wie Anm. 115), besonders S. 147 ff.
257 *Veneranda dies*, nach Jakobsweg (wie Anm. 6) S. 71–76.
258 Legenda aurea (wie Anm. 123) S. 493 f.
259 Ringholz (wie Anm. 22) S. 84: Als Pilger verkleidete Krieger überfallen Rheinfelden. – Für das Folgende: Grimmelshausen (wie Anm. 4) Continuatio 15. Kapitel, S. 549.
260 Ebd. 17. Kapitel, S. 561. – Platter (wie Anm. 83) S. 333.
261 Vgl. U. Mattejiet: Wald, B. Literarische und kulturgeschichtliche Bedeutung, in: LexMA 8 (1997) Sp. 1944–1947.
262 7. Kapitel; Jakobsweg (wie Anm. 6) S. 103. – Platter (wie Anm. 83) S. 333.
263 Jakobsweg (wie Anm. 6) S. 76 f.
264 Den Wert von reinem Bienenwachs mögen Angaben aus Ingolstadt verdeutlichen (16. Jahrhundert; jeweils ein Pfund): Wachs 40, Fleisch 4, Salz 1 Pfennig; ein Schreiner hatte einen Tagelohn von 24 Pfennig; nach Finkenstaedt (wie Anm. 296) S. 30.
265 Decreta Buch 1, Kapitel 94, Frage 41 bzw. 71, in: Migne: Patrologia Latina Bd. 140, Sp. 576.
266 A. Erler: Menschenraub, in: HRG 3 (1984) Sp. 484–482.
267 8. Kapitel; Jakobsweg (wie Anm. 6) S. 119 f.
268 Erler (wie Anm. 266). Wesentlich niedrigere Zahlen bringt Yves Dossat: Les Ordres de Rachat, les mercédaires, in: Assistance et Charité (Cahiers de Fanjeaux, 13). Toulouse 1978, S. 365–387.
269 Vgl. Norbert Ohler: Kriegsgefangenschaft und Heiligenverehrung. Verbindungen zwischen dem Offizierslager VI in Soest und dem Limousin, in: Soester Zeitschrift 101 (1989) S. 184–187.
270 Jean-Noël Biraben: Les hommes et la peste en France et dans les pays européens et méditerranéens (Civilisations et Sociétés, 35/30). Bd. 1–2. Paris, La Haye 1975/76, S. 169–174.
271 Platter (wie Anm. 83) S. 517.
272 J. C. Goethe (wie Anm. 85) S. 20.
273 Acta Sanctorum, Oct. VI, S. 342–362, hier S. 349. Vgl. Ohler: Boten (wie Anm. 125) S. 40.

[274] Plötz: Deutsche Pilger (wie Anm. 120) S. 23 f.
[275] Borst (wie Anm. 127) S. 416.
[276] Jakobsweg (wie Anm. 6) S. 73. – Der anschauliche Bericht des Nicolo Albani aus Neapel (1743–1745) von den Verführungskünsten eines außergewöhnlich hübschen, als Pilgerin gekleideten Mädchens, in: Nach Santiago zogen sie (wie Anm. 1) S. 319 f.
[277] Legenda aurea (wie Anm. 123) S. 494 f.
[278] 11. Kapitel; Jakobsweg (wie Anm. 6) S. 160 f.
[279] Vgl. H. Zapp, H.-J. Becker, P.-C. Timbal: Asyl, in: LexMA 1 (1980) Sp. 1156–1158.
[280] R. Kaiser: Gottesfrieden, in: LexMA 4 (1989) Sp. 1587–1592.
[281] Quellen… Verfassungsgeschichte (wie Anm. 113) Nr. 36, § 8, S.140–147, hier S. 144 f.
[282] MGH Constitutiones 1, Nr. 425, § 16, S. 607.
[283] Canon 14, in: Alberigo (wie Anm. 37) S. 193. – Zum besonderen Schutz von Pilgern und Kreuzfahrern zusammenfassend R. Naz: Pèlerinage, in: DDC 6 (1957) Sp. 1313–1317, sowie Edmond Bernardet: Croisade, bulle de la, ebd. 4 (1949) Sp. 773–799.
[284] Canon 11, 12, 15, 18; Alberigo (wie Anm. 37) S. 199 ff.
[285] Vgl. E. Kaufmann: Landfriede, I, in: HRG 2 (1978) Sp. 1451–1465.
[286] Platter (wie Anm. 83) S. 340.
[287] Platter (wie Anm. 83) S. 393; J. C. Goethe (wie Anm. 85) S. 154.
[288] Schmugge (wie Anm. 70) S. 59.
[289] H. P. Glöckner: Strandrecht, Strandregal, in: HRG 5 (1998) Sp. 19–26.
[290] W. Ogris: Heimfallsrecht, in: HRG 2 (1978) Sp. 51–55, hier Sp. 52. – Schmugge (wie Anm. 70) S. 57.
[291] ›Pilgerführer‹, 7. Kapitel; Jakobsweg (wie Anm. 6) S. 97.
[292] Ludwig Schmugge: Der falsche Pilger, in: Fälschungen im Mittelalter, Teil V (MGH Schriften, 33/V). Hannover 1988, S. 475–484, hier S. 477 f.
[293] Henri Gilles: Lex peregrinorum, in: Cahiers de Fanjeaux 15 (1980) S. 161–189, bes. S. 177 f. mit Anm. 58; hier nach Schmugge (wie Anm. 70) S. 57.
[294] 6. Kapitel; Jakobsweg (wie Anm. 6) S. 93f.
[295] Vgl. Karl Möseneder: Feuerwerk, in: Reallexikon zur deutschen Kunstgeschichte 8 (1982) Sp. 530–607, mit zeitgenössischen Abbildungen.
[296] Helene und Thomas Finkenstaedt: Stanglsitzerheilige und Große Kerzen. Kerzen und Stangen der Bruderschaften und Zünfte in Bayern. Weißenhorn 1968, S. 38 f.
[297] Grimmelshausen (wie Anm. 4) 5. Buch, 1. Kapitel, S. 391.
[298] Cordelia Spaemann: Wallfahrtslieder, in: WkkG TA (wie Anm. 1), S. 181–192, besonders S. 183.
[299] Gotteslob (wie Anm. 171) Nr. 892 (Text 1692, Melodie Einsiedeln 1773).
[300] Kurt Flasch: Mit Steinen nach der Venus werfen, in: Frankfurter Allgemeine Zeitung 23. 3. 1999, Nr. 69, S. L 14 mit einer Abbildung der ›Venus demolita‹.
[301] Abraham a Sancta Clara: Blütenlese aus seinen Werken, von Karl Bertsche. Bd. 1–2, Freiburg i. B. 1917/19; Bd. 1, S. 196, Bd. 2, S. 279.

302 Ohler: Alltag (wie Anm. 30) S. 31.
303 ›Pilgerführer‹, 8. Kapitel; Jakobsweg (wie Anm. 6) S. 108.
304 Libellus de translatione sancti Annonis archiepiscopi et miracula sancti Annonis. Bericht über die Translation des hl. Erzbischofs Anno und Annonische Mirakelberichte (Siegburger Mirakelbuch). Lateinisch-deutsch. Hg. Mauritius Mittler OSB (Siegburger Studien, III-V). Siegburg 1966–1968, hier Annonische Mirakelberichte I 82, S. 71.
305 Vgl. Pierre Riché, Danièle Alexandre-Bidon: L'Enfance au Moyen Age. Paris 1994, S. 20 und 56: Abbildungen vom Ende des 13. bzw. aus dem 15. Jahrhundert zeigen Pilger, die in einer Art Kiepe Kinder tragen.
306 Ohler: Alltag (wie Anm. 30) S. 20. – Vgl. die Schilderung Emile Zolas von Sonderfahrten für Schwerkranke und Behinderte mit der Eisenbahn nach Lourdes, französisch zitiert von Marrus (wie Anm. 107) S. 350.
307 Zitiert nach Haus Jantzen: Die Gotik des Abendlandes. Idee und Wandel (DuMont Dokumente, Reihe I). Köln 1962, S. 213 f.
308 E. R. Labande: Les Pèlerinages au Mont Saint-Michel pendant le Moyen Age, in: Millénaire monastique du Mont Saint Michel, Bd. 3, Paris 1971, S. 237–250, hier S. 244. – Ringholz (wie Anm. 22) S. 240, 250. – Ludwig Schmugge: Deutsche Pilger in Italien, in: Kommunikation und Mobilität (wie Anm. 198) S. 97–113, hier S. 106.
309 ›Publikandum‹, mit anderen anschaulichen Einzelheiten als Faksimile und in Transkription, in: Wynands (wie Anm. 101) Dokument 3, S. 450–453.
310 Nun danket alle Gott, 1636 von Martin Rinckart verfaßt, nach: Gotteslob (wie Anm. 171) Nr. 266.
311 Ohler: Zuflucht (wie Anm. 28) S. 30.
312 Ohler: Alltag (wie Anm. 30) S. 22.
313 Ohler: Zuflucht (wie Anm. 28) S. 31.
314 Spätestens um das Jahr 570 wurden Votivgaben, darunter wertvoller persönlicher Schmuck, unmittelbar auf das Heilige Grab in Jerusalem gelegt; Bericht des Pilgers von Piacenza, c. 18, in: Donner (wie Anm. 26) S. 278.
315 Pilgerführer, Kapitel 8; Jakobsweg (wie Anm. 6) S. 111 f.
316 Montaigne: Journal (wie Anm. 3) S. 141 f. Deutsche Übersetzung: Tagebuch einer Badereise. Übersetzt von Otto Flake, bearbeitet von Irma Bühler (Bibliothek klassischer Reiseberichte). Stuttgart 1963, S. 233 f.
317 WkkG TA (wie Anm. 1) S. 310, 384 f.: Abb. 136, 174, 175; vgl. Neue Zürcher Zeitung 5. 6. 1981.
318 Abbildung in: Sankt Elisabeth. Fürstin, Dienerin, Heilige. Aufsätze, Dokumentation, Katalog. Sigmaringen 1981, Nr. 101.
319 Vgl. Edgar Harvolk: In gefährlichen Kindts-Nötten. Gelübde und Votivgaben, in: Vater, Mutter, Kind. Bilder und Zeugnisse aus zwei Jahrhunderten. Hg. Münchner Stadtmuseum. München 1987, S. 147–151 mit zahlreichen Abbildungen.
320 Das Leben Bischof Bennos (wie Anm. 104) S. 376 / 377.
321 Ohler: Zuflucht (wie Anm. 28) S.23.
322 Dies und das Folgende nach Ohler: Zuflucht (wie Anm. 28) S. 23 mit Anm. 67 und 64a.

323 Vgl. WkkG TA (wie Anm. 1) Abb. 31, 34, 35, S. 88, 94 f. und öfter.

324 Maria Angela König: Weihegaben an U. L. Frau von Altötting vom Beginn der Wallfahrt bis zum Abschluß der Säkularisation. 1. Band. Überzeitliche Zusammenhänge. München 1939, S. 30 f.

325 Vgl. WkkG Kat (wie Anm. 1) S. 28–41.

326 Zur anthropologischen und soziologischen Sicht vgl. Marcel Mauss: Die Gabe. Form und Funktion des Austauschs in archaischen Gesellschaften (Suhrkamp Tb Wissenschaft, 743). Frankfurt 1990 (Französische Erstveröffentlichung 1923/24), S. 17–19, 147, 149–151, 157, 189.

327 10. Kapitel; Jakobsweg (wie Anm. 6) S. 159 f.

328 Vgl. Der Schatz von San Marco in Venedig. Hg. Hansgerd Hellenkemper. Eine Veröffentlichung des Römisch-Germanischen Museums der Stadt Köln und der Società Olivetti. Mailand 1984 mit Abbildungen und Einzelnachweisen.

329 WkkG TA (wie Anm. 1) S. 501.

330 Barrie Dobson: The Monks of Canterbury in the Later Middle Ages, 1220–1540, in: A History of Canterbury Cathedral, Hg. Patrick Collinson, Nigel Ramsay, and Margaret Sparks. Oxford 1995, S. 69–153, hier S. 150.

331 Ohler: Alltag (wie Anm. 30) S. 5.

332 Ebd. S. 12.

333 Zitiert nach Schäfke: Wallfahrt (wie Anm. 116) S. 74.

334 Ohler: Nord- und Ostdeutsche (wie Anm. 74) S. 154 f.

335 Johannes von Hildesheim: Die Legende von den Heiligen Drei Königen. München (dtv) 1963, S. 75.

336 Ohler: Zuflucht (wie Anm. 28) S. 20.

337 Thomas von Aquin: Summa theologica. 1, qu. 105, 7; Die deutsche Thomasausgabe, Bd. 8, Heidelberg u. a. 1951, S. 60 ff.

338 Jakobsweg (wie Anm. 6) S. 61 f.

339 Ringholz (wie Anm. 22) S. 54.

340 *Veneranda dies*, nach: Jakobsweg (wie Anm. 6) S. 71.

341 Plötz: Deutsche Pilger (wie Anm. 120) S. 19.

342 Cap. 17; Mansi: Sacrorum Conciliorum nova et amplissima collectio, Bd. 22, Sp. 791 f. – Zu liturgischen Tänzen in Pilgerkirchen vgl. von Mandach (wie Anm. 6) S. 55, ferner WkkG TA (wie Anm. 1) S. 480 (Montserrat).

343 Nach Santiago zogen sie (wie Anm. 1) S. 144, Anm. 47.

344 Ringholz (wie Anm. 22) S. 296.

345 Der Bischof Arkulf und der Abt Adomnanus (um 680), nach: Donner (wie Anm. 26) S. 336.

346 ›Pilgerführer‹, 9. Kapitel; Jakobsweg (wie Anm. 6) S. 141 f.

347 Dante: Göttliche Komödie, Hölle 18, 28–33.

348 Von Mandach (wie Anm. 6) S. 53.

349 Vgl. Hanssler (wie Anm. 245).

350 Engemann (wie Anm. 26) S. 160–162; Johannes von Hildesheim (wie Anm. 335) S. 76.

351 *Veneranda dies*, nach: Jakobsweg (wie Anm. 6) S. 66.

352 Vgl. Kurt Köster: Mittelalterliche Pilgerzeichen, in: WkkG TA (wie Anm. 1)

S. 203–223 mit zahlreichen Abbildungen und instruktiven Karten; weitere Abbildungen in WkkG Kat (wie Anm. 1) S. 41–51.

353 WkkG TA (wie Anm. 1) S. 206.

354 Schäfke: Wallfahrt (wie Anm. 116) S. 73.

355 9. Kapitel; Jakobsweg (wie Anm. 6) S. 143.

356 Schäfke (wie Anm. 116) S. 77–79 sowie Katalog Nr. 273–313, mit instruktiven Abbildungen.

357 Johann Wolfgang Goethe: Italienische Reise. Hg. Ernst Beutler (Artemis-Gedenkausgabe, Bd. 11). Zürich, München 1950, S. 70–72, hier S. 72.

358 WkkG TA (wie Anm. 1) S. 15 mit Anm. 44 sowie S. 373. – Zum frühen Einsatz gedruckter Medien als Werbemittel für die Wallfahrt vgl. Harry Kühnel: ›Werbung‹, Wunder und Wallfahrt, in: Wallfahrt und Alltag (wie Anm. 12) S. 95–113.

359 Faksimile in: Ringholz (wie Anm. 22) zwischen S. 91 und 92.

360 Jakobsweg (wie Anm. 6) S. 62.

361 9. Kapitel; Jakobsweg (wie Anm. 6) S. 139 f.

362 9. Kapitel; Jakobsweg (wie Anm. 6) S. 151.

363 Zitiert nach Joan Evans: Das Leben im mittelalterlichen Frankreich. Köln 1960, S. 86.

364 Ademar de Chabannes (wie Anm. 119) S. 194.

365 Ohler: Elisabeth von Thüringen (wie Anm. 149) S. 63 f.

366 Geiler von Kaysersberg: Bilger (wie Anm. 130) S. 95.

367 Ohler: Zur Seligkeit (wie Anm. 17) S. 89.

368 Vgl. Sankt Elisabeth (wie Anm. 318) S. 454 zu Katalog Nr. 95: Zwei Pilgermuscheln in Höhe des unteren Rippenbogens eines in der Stadtkirche St. Dionysius zu Eßlingen a. N. im ausgehenden 12. Jahrhundert Bestatteten.

369 Geiler von Kaysersberg: Bilger (wie Anm. 130) S. 95.

370 Zitiert nach Heinz Hürten: Kurze Geschichte des deutschen Katholizismus 1800–1960, S. 71.

371 Vgl. die instruktive Karte in François Jean Himly: Atlas des villes médiévales d'Alsace (Publication de la Fédération des Sociétés d'Histoire et d'Archéologie d'Alsace, 6a). Nancy 1970, S. 43.

372 Nach Frankfurter Allgemeine Zeitung Nr. 245 vom 21. 10. 1999, S. R 3.

373 Vgl. van Herwaarden (wie Anm. 27) S. 46 f. zu *curiositas*.

374 WkkG TA (wie Anm. 1) S. 155.

375 Vgl. die Pläne der Basiliken von Compostela, Conques und Toulouse, in: von Mandach (wie Anm. 6) S. 51.

376 G. Binding: Heiliggrabkapellen, in: LexMA 4 (1989) Sp. 2030.

377 8. Kapitel; Jakobsweg (wie Anm. 6) S. 121.

REGISTER